三联生活周刊 中读·文丛

THE GLORY
and
THE ROAD

光荣与道路

中国大时代的精英记忆

《三联生活周刊》·编著
李鸿谷·主编

中国出版集团 现代出版社

图书在版编目（CIP）数据

光荣与道路：中国大时代的精英记忆 /《三联生活周刊》编著；李鸿谷主编．-- 北京：现代出版社，2019.3

ISBN 978-7-5143-7611-1

Ⅰ．①光… Ⅱ．①三… ②李… Ⅲ．①名人—列传—中国—现代 Ⅳ．①K820.7

中国版本图书馆 CIP 数据核字（2018）第 290289 号

光荣与道路：中国大时代的精英记忆

作　　者：《三联生活周刊》
主　　编：李鸿谷
责任编辑：张　霆　姚冬霞
出版发行：现代出版社
通信地址：北京市安定门外安华里 504 号
邮政编码：100011
电　　话：010-64267325　64245264（传真）
网　　址：www.1980xd.com
电子邮箱：xiandai@vip.sina.com
印　　刷：三河市南阳印刷有限公司

开　　本：710mm×1000mm　1/16
印　　张：24.5　　　　字　　数：320 千
版　　次：2019 年 3 月第 1 版　　印　　次：2019 年 3 月第 1 次印刷
书　　号：ISBN 978-7-5143-7611-1
定　　价：55.00 元

目录

序言一　创造者：光荣与道路

主笔　谢九

18 世纪末，英国国王乔治三世派马戛尔尼访华，希望清政府开放天津、宁波等几个近海城市发展中英贸易，以及在北京和伦敦互设使馆。乾隆皇帝在给乔治三世的信函中表示："天朝……种种贵重之物，梯航毕集，无所不有。然从不贵奇巧，并无更需尔国制办物件。"

总而言之，就是我大清什么也不缺，没兴趣和你们做买卖。以清朝当时的国力来看，乾隆确有骄傲的资本。按后世经济学家的推算，当时清朝的经济总量占全球比例大概 1/3。这是什么概念呢？今天的美国占全球 GDP 的比重大概是 1/4，也就是说，仅从经济总量来看，当时清朝在全球的地位比今天的美国还高。而当时的英国虽然已经成为西方的第一大帝国，而且已经将中国的邻国印度纳入殖民版图，但从经济总量来看，乾隆时期的清朝国力大概是当时英国的 7 倍，也超过了当时的整个欧洲。

不过，乾隆盛世的巅峰，其实已经是中国封建时代最后的余晖。仅仅几十年之后，在工业革命滋养下成长的西方列强，很快就用坚船利炮轰开了清政府的大门，外强中干的清朝不可挽回地走向衰败。到1911年清朝灭亡时，其经济总量占全球的比重已经从巅峰时期的1/3下降至不到9%。不过，封建帝制的落幕，并没有给中国经济带来好运。民国以来，战火连连加之国民党的统治无能，使得中国经济实力继续萎缩，到中华人民共和国成立时，中国经济总量占全球的比重下降到只有4.6%。

中华人民共和国成立之后，中国经济终于止住了持续萎缩的势头。虽然经历了“大跃进”和“文化大革命”等事件，但在苏联计划经济模式的催动下，中国经济还是开始实现了恢复性增长。从1952年到1978年，20多年的时间里，中国的经济总量增长了两倍，如果以鸦片战争为起点来看，这大概是100多年来中华民族难得的一段经济增长期。到1978年，中国经济总量占全球的比重大概回升到5%。

苏联的经济模式虽然短期内帮助中国经济实现了恢复性增长，但是计划经济的种种弊端也很快显现出来。20世纪50年代中期，不仅知识界对这种模式提出了批评，毛泽东本人也对此有深刻反思，认为苏联计划经济体制的主要弊病在于“权力过分集中于中央”。1956年，毛泽东在中央政治局发表了《论十大关系》的讲话，重点讨论了重工业和轻工业、农业的关系，沿海工业和内地工业的关系，经济建设和国防建设的关系，国家、生产单位和生产者个人的关系，中央和地方的关系，等等。

以此为开端，中国在1958年开始了第一次经济改革，改革的主要重点是向各级地方政府放权让利。但由于向地方政府放权并不等同于向企业和个体经营者放权，并没有触及计划经济的本质，加之“大跃进”也几乎同时拉开了序幕，中国的第一次经济改革尝试，最终以失败告终，中国重新回归计划经济。

毛泽东逝世两年之后，中国再次开启了新一轮经济改革的尝试。1978年12月，中共中央召开十一届三中全会，全会停止使用“以阶级斗争为纲”的口号，做出了把工作重点转移到社会主义现代化建设上来的战略决策，中国浩浩荡荡的改革开放由此启航。

现在来看，改革开放40年取得了无数惊人的成就，但是重回历史现场，改革开放的进程并非一帆风顺。由于改革开放并没有现成的蓝本可作参照，加之计划经济和市场经济带来的意识形态之争，改革开放在很长时间里仍是摸着石头过河。

十一届三中全会首先重新肯定了毛泽东的《论十大关系》，会议认为：“毛泽东同志1956年总结我国经济建设经验的《论十大关系》报告中提出的基本方针，既是经济规律的客观反映，也是社会政治安定的重要保证，仍然保持着重要的指导意义。”在很大程度上，十一届三中全会的改革路线，是建立在《论十大关系》之上的，改革的重点也还是以下放权力为核心。不过，和1958年毛泽东主导的经济改革不同的是，当时的分权主要是中央政府向地方政府放权，而1978年的这一轮改革，主要是向国有企业放权让利。十一届三中全会的公报表示：“现在我国经济管理体制的一个严重缺点是权力过于集中，应该有领导地大胆下放，让地方和工农业企业在国家统一计划的指导下有更多的经营管理自主权。”

向国有企业放权让利的改革很快就提高了企业的积极性，但是负面效应也很快显现出来，由于当时仍处计划经济时代，真正的市场经济体制还没有形成，对国有企业放权让利并不能形成资源的优化配置，反而引发了很多矛盾。由于企业可以自己保留利润，政府的税收减少，财政赤字和通胀水平双双上升。这一轮以国企放权让利的改革逐渐销声匿迹，改革开始重新寻找新的方向。

尽管政府主导的这一轮改革并不成功，但幸运的是，改革的活力还是在其他地方萌芽并且茁壮生长，农村成为当时改革开放的前沿阵地。农民对包产到户的积极探索，让政府重新看到了农村经济复苏的希望。1980年，中央正式批准了家庭联产承包责任制，充分释放了农民的生产积极性。紧随其后，乡镇企业也开始蓬勃兴起，在国企改革陷入困境时，乡镇企业成为当时中国经济最有活力的部分，也为日后中国民营经济的兴起埋下了种子。邓小平在一次讲话中表示：“农村改革中，我们完全没有预料到的最大的收获，就是乡镇企业发展起来了，突然冒出很多行业，搞商品经济，搞各种小型企业，异军突起。这不是我们中央的功绩……如果说在这个问题上中央有点功绩的话，就是中央制定的搞活政策是对头的。”

在经历了改革开放头几年的各种经验和教训之后，中国对于改革开放的方向有了更加清晰的认识。1984年的十二届三中全会通过了《中共中央关于经济体制改革的决定》，确定改革的重点从农村向城市转移，更重要的是，这次会议首次确认了商品经济的地位。“改革计划体制，首先要突破把计划经济同商品经济对立起来的传统观念，明确认识社会主义计划经济必须自觉依据和运用价值规律，是在公有制基础上的有计划的商品经济。商品经济的充分发展，是社会经济发展不可逾越的阶段，是实现我国经济现代化的必要条件。只有充分发展商品经济，才能把经济真正搞活，促使各个企业提高效率，灵活经营，灵敏地适应复杂多变的社会需求，而这是单纯依靠行政手段和指令性计划所不能做到的。”

正式确认商品经济的地位，这是中国改革开放的一座里程碑。邓小平对于十二届三中全会给予很高的评价，在全会结束的第二天，邓小平表示：“这次经济体制改革的文件好，就是解释了什么是社会主义，有些是我们老祖宗没有说过的话，有些新话。”此后，中国关于市场经济和计划经济虽然仍有争论，但总体上仍是朝着市场经济的大方向前进。1992 年召开的“十四大”首次明确提出了建立社会主义市场经济体制，1993 年的十四届三中全会，明确提出要在 20 世纪末建立起新的市场经济体制。

改革开放之初的活力主要在农村绽放，随着思想解放的力度越来越大，对改革的认识越来越深刻，改革的活力开始在更大范围内释放出来。经济特区的建立，使得中国经济重新打开国门，热情拥抱外国资本，而在 21 世纪初加入世界贸易组织（WTO），更使得中国全面融入世界经济，无论对中国还是世界都带来了深刻改变。

放在历史的坐标下，引入外资和加入 WTO，意味着中国在封闭了数百年之后，开始重新打开国门拥抱世界。从古代历史来看，在相当长时间里，中国其实一直是一个相当开放的国度，和外界保持着积极正面的交往，汉朝时期就开辟了“丝绸之路”，和中亚各国开始了大规模的对外贸易，唐朝之后，对外贸易的重点转向海上，宋元时期也继续延续了海外贸易的繁荣，广州、厦门、泉州等著名港口城市的兴起，就是当时中国对外贸易最好的例证。到了明朝，郑和下西洋的壮举成就了中国古代历史海上力量的巅峰，但也就此成为绝唱，明朝的统治者开始推行海禁，对于海外贸易毫无兴趣，重新回归到自给自足的农耕时代。中国海上力量的主动收缩，也为后来欧洲国家的海上探险留出了广阔的舞台，15 世纪以来，葡萄牙、西班牙和英国等海上霸主相继崛起，最终在 19 世纪来到中国海岸，轰开了清朝的大门。

改革开放意味着中国结束了数百年的闭关锁国，重新回到世界舞台，仅仅用了 40 年的时间，中国和世界的关系就发生了翻天覆地的变化。从 1978 年到 2017 年，中国的 GDP 年均增长 9.5%，从总量上看，中国的 GDP 实现了 34 倍的增长，占全球经济的比例跃升至 15%，成为全球第二大经济体。

鸦片战争以来，中华民族从巅峰跌入谷底，民族复兴成为中国人民孜孜以求的梦想。从孙中山率先喊出“振兴中华”的口号，到《十九大报告》提出“为实现中华民族伟大复兴的中国梦不懈奋斗”，复兴之梦贯穿了中华民族 100 多年的历史。在经过了改革开放 40 年的高速增长之后，中华民族正前所未有地接近复兴之梦。

鸦片战争之前，中国曾经在 1000 多年的历史里保持着全球最大经济体的地位，如果将恢复全球头号经济体视为民族复兴的重要部分，今天的中国离这一梦想已经并不遥远。2017 年，中国的 GDP 大约为 12 万亿美元，美国约为 19 万亿美元，假设中国的 GDP 增速比美国每年高出 3%，大约 15 年之后，中国的经济总量将可以超过美国，这个时间点大致对应着2032年，假设中国的GDP增速比美国每年高出2%，大约需要23年，这个时间点大致对应着2040年。

这也就意味着，如果未来20年中国经济不出现大的波动，将很有可能重新成为世界头号经济体，这将是中华民族伟大复兴的历史性一刻。《十九大报告》其实也暗含了这样的愿景："从2020年到2035年，在全面建成小康社会的基础上，再奋斗15年，基本实现社会主义现代化。到那时，我国经济实力、科技实力将大幅跃升，跻身创新型国家前列。"

不过，经济总量重回全球第一，并不意味着中华民族已经完成了复兴之路。经济总量只是意味着国强，在我国大规模的人口基数之上，国强并不完全意味着民富，只有国强民富两大目标双双实现，才算真正实现了中华民族的伟大复兴。

我国的经济总量虽然已经高居全球第二，但人均GDP的排名并不乐观，2017年的人均GDP将近9000美元，虽然已经跻身中上收入国家水平，但在全球排名只在70位左右，远远不能和中国经济总量的地位相匹配，也不能和中华民族历史上曾经的辉煌相比。

今天我们谈论中华民族的复兴，总是难免会提及历史上曾经的中华盛世。如果从人均GDP这个指标来看，按照经济学家的测算，在公元1世纪初，罗马帝国的鼎盛时期，西欧的人均GDP高于中国，当时大概对应着汉朝。但罗马帝国崩溃之后，中国的人均GDP长期领先于西欧，尤其是唐宋时期的经济保持了较长时期的繁荣。如果将人均GDP理解为民富的指标，这也就意味着，在过去相当长的时间里，中国不仅是全球最大的经济体，中国人民也一直是这个星球上最富足的人民，而今天我们的生活水平还只能勉强跻身全球中上水平，从这个角度来看，我们的复兴之路还有很长的路要走。

对于中华民族的伟大复兴而言，实现国强只能算是完成了第一步，只有实现民富才是真正的全面复兴。对于任何一个国家而言，国强固然重要，但如果只有国强而没有民富，国强的地位也很难长期维持。从中国自身的历史来看，清朝就是一个很典型的国强民不富的时代，而这种国强民不富的结构导致清朝只是外强中干，对于西方列强的入侵毫无还手之力。

18 世纪末的乾隆时期，这是距离我们最近的一个“盛世”，虽然当时经济总量占全球的比重高达 1/3，达到了中国历史上占全球比重的巅峰，但从人均 GDP 来看，当时的中国不仅大大落后于西欧，甚至已经落后于全球平均水平，当年马戛尔尼访华时的副使曾有记载：遍地都是惊人的贫困，人们衣衫褴褛，像叫花子一样破破烂烂的军队。和同时期的欧洲列强相比，欧洲已经开始了工业革命，而中国还处在相当封闭的农耕时代，不仅人民富足程度不及欧洲，经济质量也远不及西欧诸强，看上去强大的大清帝国，只不过是外强中干。

大清帝国貌似繁荣，也在很大程度上误导和迷惑了西方列强，英国国王派出马戛尔尼访华时，主要目的是为东印度公司开拓贸易市场。当西方列强远渡重洋轰开中国国门之后，其实远远没有得到预期中的贸易红利，当时的中国除了广州之外，对外贸易的程度相当有限，到 19 世纪末，中国的进出口规模还停留在相当有限的水平上。也正是由于经济结构的脆弱，从乾隆盛世到大清灭亡，中国占全球经济的比重从 1/3 迅速瓦解到不到 9%。

今天的中国所进行的民族复兴事业，对于国强民不富的表面盛世显然已有足够清醒的认识。《十九大报告》安排了两个 15 年的奋斗目标，来实现中国经济从国强到民富的复兴路径："综合分析国际国内形势和我国发展条件，从 2020 年到本世纪中叶可以分两个阶段来安排。"

"第一个阶段，从 2020 年到 2035 年，在全面建成小康社会的基础上，再奋斗 15 年，基本实现社会主义现代化。"这个阶段的任务如果完成，中国将大概率成为全球最大经济体，意味着中国将完成国强的目标。不过，中国的民族复兴事业并没有仅满足于此，在实现国强之后，《十九大报告》还有更高的目标。"第二个阶段，从 2035 年到本世纪中叶，在基本实现现代化的基础上，再奋斗 15 年，把我国建成富强、民主、文明、和谐美丽的社会主义现代化强国。到那时，我国的物质文明、政治文明、精神文明、社会文明、生态文明将全面提升，实现国家治理体系和治理能力现代化，成为综合国力和国际影响力领先的国家，全体人民共同富裕基本实现，我国人民将享有更加幸福安康的生活，中华民族将以更加昂扬的姿态屹立于世界民族之林。"如果第二阶段的目标能够实现，中国的人均 GDP 将跻身世界前列，意味着中国的改革开放实现了国强到民富的目标，唯有如此，中华民族的伟大复兴事业方可算得上真正成功。

不过，所有这些美好蓝图，都是建立在中国经济持续保持中高速增长的基础之上，世界经济发展的真实历史，同时也展现出另外一幅残酷的画面——能够长时间保持中高速增长的国家只是凤毛麟角，绝大多数国家都是在保持了一段时间的高增长之后就难以为继，在很长时间里止步不前，陷入所谓的中等收入陷阱之中。世界银行曾经对 1960

年到 2008 年的全球主要经济体做过研究，1960 年处于中等收入阶段的国家，到了 2008 年进入高收入的只有十几个国家，包括日本、以色列、韩国、新加坡等，其他绝大多数国家在将近半个世纪里始终处于中等收入阶段，无法继续向上突破，尤其是很多拉美国家更是频繁陷入动荡之中。

按照世界银行的标准，一个国家的人均 GDP 达到 4000 美元，就可以算得上中等收入国家，人均 GDP 实现 1.2 万美元，就算进入了高收入国家之列。我国人均 GDP 在 2010 年超过 4000 美元，正式进入中等收入国家行列，2017 年人均 GDP 接近 9000 美元，开始向高收入国家迈进，同时也开始面临中等收入陷阱的残酷考验。

改革开放 40 年之际，中国经济来到了一个相当关键的十字路口，过去 40 年的高速积累，为中国的民族复兴事业提供了坚实的基础，甚至可以说，实现中华民族的伟大复兴几乎已经是触手可及。但与此同时，这个阶段的中国经济又处于风险重重的时刻，稍有不慎就有可能跌入中等收入陷阱之中，距离民族复兴之路越来越远。

回首过去的 40 年，中国的改革开放从来都不是一帆风顺的。改革开放之初的第一次尝试，国企放权让利的改革就以失败告终，20 世纪 80 年代末的通货膨胀压力，90 年代初的中央财政危机，90 年代末的国企改革带来前所未有的职工下岗潮，以及 1997 年的亚洲金融危机和 2008 年的全球金融危机……幸运的是，一切困难都没有阻止中国改革开放前进的步伐，中国经济这艘大船成功穿越无数的惊涛骇浪，化解了一次又一次的危机。

未来 30 年，是中华民族实现全面复兴的关键时刻，即将面临的困难和挑战，比过去 40 年只多不少。对外，中国已经成长为藏不住的大象，面临的外部压力越来越大，成长空间越来越小；对内，在经过了 40 年的高速增长之后，过去不合理的发展模式积累下来的矛盾也越来越多，可以利用的红利也越来越少。在中华民族实现伟大复兴的最后阶段，如何避免功亏一篑，还需要这一代中国人表现出更多的智慧和勇气，将改革开放推向更高的层次。

【参考资料】

1.（英）安格斯·麦迪森：《中国经济的长期表现：公元 960—2030 年》，上海人民出版社。

2.（英）安格斯·麦迪森：《世界经济千年史》，北京大学出版社。

序言二　我们创造的历史，我们的中国梦

主笔　贾冬婷

1978年到2018年，中国的改革开放之路是一部非凡的戏剧。这一崛起故事的最独特之处，是并无一张清晰、完整、现成的蓝图，而是在“摸着石头过河”的行动理念下，由众多充满乐观、活力、想象力和探索精神的个体共同创造的。

1978—1988年，破土

对于很多中国人来说，“改革开放”仿佛就在昨天。如果仔细分辨这40年翻天覆地变化的起点，应该要追溯到1976年9月9日毛泽东逝世。

可以说，毛泽东的逝世是10亿中国人预料之中的震惊，人们花了远超自己想象的时间从震惊中恢复过来，重新思考没有毛泽东的未来。带着充满矛盾的历史遗产，有些转变是疾风骤雨般的，比如“四人帮”

的被捕、“文化大革命”的结束以及邓小平的复出；有些则是茫然无措的，比如经济改革，没有任何蓝图在手，也不知何处是目的地。

“文化大革命”10 年后，整个国民经济几乎到了崩溃的边缘。占人口总数 80% 的农民人均年收入只有 40 美元，人均粮食产量还不及 1957 年的水平。1976 年 12 月，华国锋在接任国家主席之后的第一次讲话中，就强调了经济发展和改善人民生活水平在新一代政府工作中的重要性。但要开启经济改革，首先要面对的，是怎样才能做到既维持国家稳定，又为社会松绑。

1978 年 5 月 11 日，《光明日报》发表了一篇名为“实践是检验真理的唯一标准”的特约评论员文章，胡耀邦和邓小平表示了支持。这篇文章旗帜鲜明地挑战了当时风行的“两个凡是”的政治主张，引发了一场关于真理标准的大讨论。

召开于 1978 年 12 月 18 日至 22 日的十一届三中全会被公认为中国实行“改革开放”政策的正式宣言。74 岁的邓小平再次回归，成为“改革开放”的主导者。在会议公报中，明确了“把全党工作的着重点和全国人民的注意力转移到社会主义现代化建设上来”的迫切要求，而且要求“大幅度地提高生产力”，希望社会主义现代化成为一次“新的长征”和“广泛、深刻的革命”。尽管公报里几乎没有给出任何具体措施，但心态上已经开始整装待发了。

国企改革成为之后一系列改革措施的重头戏。正如在三中全会公报中所写的那样，“经济管理体制的严重缺点，是权力过于集中”。因此，政府尝试让“地方和工农企业在国家统一计划的指导下有更多经营管理自主权”。而这一时期中国开始派出以副总理谷牧带领的官方访问团，密集出访各国。邓小平本人也亲自出访，其中 1978 年参观日产汽车给他留下了深刻印象，他感慨道：“现在我明白什么叫现代化了。”于是，在接下来的几年里，企业改革成为经济体制改革的焦点，而国营企业“放权让利”更是重中之重，为此引入了经营承包责任制。原本以为，把在农村改革中一试就灵的“承包制”拿到国企中来就可以了，谁知道，其复杂程度远远大于农村经济，中国企业改革开始陷入经济学家高尚全总结的“一统就死，一死就叫，一叫就放，一放就乱，一乱就统”的循环中。

在国企改革陷入停滞之时，突破性的改变正在社会主义经济的边缘暗潮涌动。在这些“边缘革命”中，最为重大的变革是在农村爆发的。当时农村人口占全国人口总数的 80% 以上，但农业是整个国民经济中最为薄弱的环节。毛泽东去世后，农业政策仍然建立在中央计划的基础上，“农业学大寨”和“以粮为纲”是当时农业的指导思想。真正意义上的农业改革，“包产到户”和家庭联产承包责任制，是自下而上展开的。

1978 年底，安徽省凤阳县小岗村的 18 户农民秘密签署了一份契约：“我们分田到户，每户户主签字盖章。如此后能干，每户保证完成每户全年上交公粮和不再向国家伸手要钱要粮。如不成，我们干部坐牢杀头也甘心……”到丰收之时，这些农民所获的粮食远比他们的邻居多得多。下一个耕种季节，邻村的村民也加入其中。其实，“包产到户”并非小岗村的新发明。自 1956 年大力推进农业集体化之后，中国至少经历了“包产到户”的三次回潮，但都被打压下去。这一次，以小岗村为标志的“包产到户”在政府内部经历了一年多的激烈辩论，最终获得默许。1982 年 1 月，时任中央农村政策研究室主任的杜润生在当年的“一号文件”里创造性地提出“家庭联产承包责任制”概念，这一提法冲淡了一些担忧。北京大学国家发展研究院教授周其仁当时以学生身份参与到杜润生的研究中，他阐释，在这套制度下，集体的土地分给农户，以农户承担一定的责任为前提。在开始的时候，农户的责任通常联系着“产量”——以相应土地面积的常年平均产量为基线，农户承诺将交多少给国家、多少给集体，以此交换土地的承包经营权。很明显，这是一个“增加的产量归农民”的合约，对生产积极性的刺激作用不言而喻。此外，承包到户的土地，并没有改变“集体所有制”的性质——它们还是公有的，只不过按照约定的条件交给农户使用而已。自此，家庭联产承包责任制成为一条国策。

与“包产到户”一起，另一项变革几乎同时在农村上演，这就是乡镇企业带领的农村工业化革命。1987 年，邓小平在与南斯拉夫官员会谈时，将乡镇企业的崛起形容为一个惊喜：“农村改革中，我们完全没有预料到的最大的收获，就是乡镇企业发展起来了。突然冒出来搞多种行业，搞商品经济，搞各种小型企业，异军突起。”事实上，乡镇企业并不是“突然冒出来”的，它们当中有很多是从原来的社队企业发展起来的。正如杜润生所说，取消公社，政企分开后，过去的社队企业便能像经济动物一样行动，对市场需求做出反应了。在整个 80 年代，乡镇企业成为中国经济发展最快的部分。到 80 年代中期，乡镇企业的产值不但占据了全国农村经济总量的半壁江山，甚至达到了全国工业总产出的 1/4。而乡镇企业也对国营企业构成了越来越大的挑战，为它日后的衰落埋下伏笔。

中国城市的边缘力量也开始萌动。随着“文化大革命”的结束，城市青年“上山下乡”政策终止，到20世纪80年代初，大约有2000万知青和工人回到了城市，形成了数量庞大的“待业青年”群体。而与此同时，城市里存在着巨大的个体经济需求，居民需要各种小饭店、便民店、修理铺和小商店。著名经济学家、时任国务院经济顾问的薛暮桥在1979年7月20日的《人民日报》上发表了一篇文章，督促政府开放个体经营，让“待业青年”自谋出路。邓小平像之前以饥荒为理由允许农民“自己找活路”一样，在1979年也借城市青年日益增长的犯罪率，允许城市青年做“个体户”，一时间，个体户如雨后春笋般涌现出来。1981年11月，中共中央、国务院联合发布决定，将个体经济提升为社会主义集体经济的“必要补充”。但一开始，雇工人数被严格限定在不能超过7人，理由是马克思在《资本论》中的著名论断：“雇工到了8个就不是普通的个体经济，而是资本主义经济，是剥削。”

不久，在安溪芜湖，自称“傻子”的个体户年广久就给经济学家出了一道难题。他以炒卖瓜子起家，炒出的“傻子瓜子”引来一片叫好声，生意越来越兴旺，一天就能卖出两三千斤，他便请来一些待业青年当帮手，一数，居然有了12个人。很快，一场大辩论在全国范围内开始了——“安徽有个年广久，炒瓜子雇用了12个人，算不算剥削？”这场辩论一直持续到1982年，年广久的瓜子工厂已经雇用105人，他本人也成为中国第一批百万富翁之一，但关于雇工几个人的争论仍是尘埃未定。如何定夺小小一颗瓜子里面的大是大非？

周其仁当时供职于杜润生领导的中共中央农村政策研究室，他回忆，杜润生组织了关于“傻子瓜子”来龙去脉的调查，并把有关材料报到了邓小平的案头。传回来的邓小平指示上，斩钉截铁就是“不要动他”四个大字。在 1987 年十三大上，关于个体户雇工人数的限制正式解除了。这也是邓小平改革方式的又一次胜利：不争论，先尝试，见效之后再推广。

在改革开放最初 10 年的诸多“边缘革命”中，不可忽视的还有经济特区的开辟和发展。最早的突破来自临近香港的广东省保安县，时任招商局董事长的袁庚走到了前台。1979 年，袁庚刚刚接手招商局，就提出一份大胆的建议，要中央给招商局一块工业用地，“这样既能利用国内较廉价的土地和劳动力，又便于利用国际的资金、先进技术和原料”。最后划定的蛇口工业区仅 2.14 平方公里，但袁庚争得了两个权力：一是可以自主审批 500 万美元以下的工业项目；二是被允许向外资银行举债。袁庚在螺蛳壳里做道场，蛇口很快成为中国最开放的“工业区”，也是最醒目的制度试验场，企业和人才纷纷涌入。在蛇口开发区筹建半年后，1980 年 5 月，深圳、珠海、汕头、厦门 4 个经济特区正式设立。1984 年，邓小平在建立经济特区之后第一次视察深圳，在目睹深圳的高速发展之后，他称赞深圳是中国改革开放政策的成功样板。

新制度经济学鼻祖、诺贝尔经济学奖获得者罗纳德·科斯（Ronald Coase）一直关注着中国的改革。他认为，四大边缘力量——家庭联产承包、乡镇企业、个体经济和经济特区，是 20 世纪 80 年代中国经济转型的先锋力量。这些经济试验能够破土而出，也正是因为它们是在社会主义经济的边缘地带进行的。到了 1987 年 10 月，随着十三大的召开，中国经济总量已然是 1978 年的两倍。政府宣布兑现了发展经济的承诺，提出要以经济建设为中心，坚持四项基本原则，坚持改革开放。

笔者出生在20世纪80年代初，差不多可以算是“改革开放”的同时代人。笔者没赶上这出伟大戏剧的开场，但笔者知道，对父母那一代来说，这是很多人的命运转折点。1976年知青返城，1977年恢复高考……以此为开端，这一代人和下一代人才有了更多自主抉择的机会。不久前翻看刘香成当年拍下的大江南北一幕幕日常影像，很多看似不可思议的场景似乎已经离我们很远，但其实也不过40年而已：一个学生在校园里毛主席雕像下滑冰，伸展着胳膊，如鸟儿一样；高考刚刚恢复时，很多人家里灯不够用，学生们借着天安门广场的路灯夜读；上海照相馆里拍摄结婚照的新婚夫妇为了省钱，只身着西式婚纱的上半身；还有云南思茅3个戴着廉价墨镜的朋克青年，对着镜头摆出一副酷劲儿……这些从“文化大革命”的影响中走出来、重新燃起人文精神的中国人，眼神中充满了急切与新奇。

1978年到1988年，如同共和国的青春期。在刘香成拍摄的图景里，1978年开启的改革开放也是一个重建“常识”的过程，那是曾经暂时失去的意识。随后的80年代是充满闲散的浪漫年代，人们充满好奇地向“前”看，缓慢地抛弃过去，思考着随改革的深入而带来的新事物。

1988—1998年，深入城市

在即将退休之时，邓小平决心攻克一个改革遗留问题——“价格闯关”。原来由国家规定和控制的物价，要放开由市场决定，这也是建立市场经济的关键。此前，中国已经形成了一种“价格双轨制”，即按计划指令生产的产品由国家定价，超计划增产的产品则按市场供求决定价格。1984年提出并论证“价格双轨制”的经济学家张维迎告诉我们，双轨制是从计划调节到市场调节的一个过渡阶段，类似大禹治水中把“堵”变为“疏”的思路，在当时避免了剧烈震荡，但最终的目标是市场价格，是不断地“放”，直到“放”完为止。20世纪80年代末，双轨制已经显现出越来越多的负面效应，同一个产品的“市场价”高于其“计划价”数倍甚至十数倍，以至于“寻租”盛行，腐败滋生。

周其仁指出，价格改革之所以被称为“闯关”，是因为此前波兰因放开食品价格，影响民生，导致大罢工和波兰共产党下台。中国价格改革的代价究竟有多大，能不能平稳推进，谁都不能打包票。但在1988年，邓小平义无反顾地决定取消物价管制，宣布在3到5年内完成物价改革。

但是，物价改革的时机似乎不怎么好。当时通货膨胀正在加剧，很多商品已经供不应求。1988年8月19日放开物价管制的消息一公布，已经疲于应付通胀的城市居民立刻陷入惶恐，引发了全国性的恐慌性购买。据报道，武汉的一个消费者购买了200公斤食盐，南京则有人买了500盒火柴。8月30日，物价改革宣布终止，“闯关”失利。9月，政府启动了一项紧急财政紧缩方案，中国经济进入了长达4年的“治理整顿”期。

在近10年的经济强劲增长后，中国经济改革遭遇了第一个真正意义上的全面危机。1989年，经济进一步滑坡，政治氛围紧张，邓小平也在这一年的11月正式退休。而让所有人始料未及的是，他还将在3年后再次启动中国经济的引擎。

改革开放可以不问姓“社”姓“资”吗？——类似的意识形态争论曾被抛在脑后，而90年代初，这种自我怀疑重被提起，甚至改革的大方向也有逆转的危险。已经88岁的邓小平决定出手拯救改革。1992年1月17日，他在子女的陪同下，坐上了开往南方的专列，要亲眼看看市场化改革最为深入的地方，是什么样的景象。他在一周时间里视察了武昌、深圳、珠海、上海等地，其间的讲话被整理成文，形成著名的“南方谈话”——“不改革开放，只能是死路一条”，“发展才是硬道理”。对于长期困扰中国改革的姓“社”还是姓“资”的问题，他的回答十分坚定：“计划多一点还是市场多一点，不是社会主义与资本主义的本质区别。计划和市场都是经济手段。”

邓小平深化改革的呼声一经公开，最直接的响应来自私营企业和个人。此前不久，股票市场——市场经济的显著信号——分别于 1990 年和 1991 年在上海和深圳开设。而在邓小平“南方谈话”后，最令人瞩目的现象当属“下海”——政府官员、国企员工、科研院所学者扔掉了手中的“铁饭碗”，辞职从商。据统计，1992 年有多达 12 万政府公职人员辞职，停薪留职从商的人超过了 1000 万。而在 1992 年 10 月的十四大上，政府第一次正式提出了“建设社会主义市场经济体制”的目标。

在邓小平“南方讲话”的推动下，“价格关”也终于闯过。到 1993 年春，中国社会零售商品总额的 95%、农副产品收购总额的 90%，以及生产资料销售总额的 85%，全部放开由市场供求决定。“用市场价格机制配置资源”从此成为中国经济制度的一个基础。

为了应对价格扭曲和恶化的财政状况，1994 年，时任副总理的朱镕基启动了税制改革。科斯认为，新的分税制带来的最根本变化是，让中国的企业摆脱了中央财政政策对其直接而快速的影响，同时将微观经济环境从政府的宏观经济政策中分离出来。长远来看，它将地方政府各自为营的混乱局面转化为一个高效的竞争环境，刺激了区域经济的发展。

价格改革和税制改革为单一价格体系和全国市场的建立铺平了道路。由此，国企改革也再次开启。这次的新目标超越了“放权让利”和经营责任承包制，要建立一个脱离政府干预并由市场监管的现代企业制度。但这一改革目标的悖论在于，国家所有的企业如何能不受国家干预，而变成自主逐利的商业企业?

当时的国企状况不容乐观。1994 年，由九部委组成的联合调查组对上海、天津、沈阳、武汉等 16 个大城市进行调研，结果显示，这些城市国企的亏损面已达 52.2%。与此同时，国企在工业生产中的比重大幅下降，到 1995 年只有 34%。是什么阻碍了国企的发展呢？科斯指出，产权界定是建立市场经济的先决条件，这一基本思路也为中国的国企改革提供了便捷通道。

突破口来自两个实践。一是颇有争议的“诸城经验”。1996 年 3 月，经济学家吴敬琏突然接到通知，要他参加一个视察组前往山东诸城，带队人是副总理朱镕基。在此之前，这个山东省的县级小城已经悄无声息地完成了一系列改制举措，将辖区 288 个国企或集体企业中的 272 个变成了股份合作制企业，背后的推动者是市委书记陈光。因为政府无力继续补贴国企的亏损，1992 年 12 月，诸城国营电机厂被变卖给职工，成为第一家被改制的国企，新公司以“股份合作制”的形式进行了重新注册。但在当时，股份合作制并未被正式承认为国企重组的手段。在陈光大刀阔斧的改革之下，诸城大多数国企要么转为股份合作制，要么被直接关闭。“诸城改制”进入了决策层的视野，意味着有可能作为正面典型推广，也有可能成为国有资产流失的反面案例。陈光日后回忆："那时候我的人生就好像一枚半空中的硬币，连自己都不知道会翻到哪一面。"视察组调研了三天半，朱镕基对诸城的小企业改制的成效表示赞赏，陈光悬着的心终于放了下来。对"诸城经验"的肯定，与吴敬琏之前提议的"放小"路径不谋而合。也就是说，那些没有竞争力也无关国计民生的中小企业将被"放掉"，政府将主抓那些有潜力、有实力的大企业和盈利能力强的产业。

另一个实践来自上海。有着众多大型国企的上海，走的是另一条改革之路。上海成立了一个新的政府代理部门——"国资委"（国有资产监督管理委员会），一改过去不同部门各管一摊的局面，统一接管所有国企。经过对不同类型的企业实施改制，国企的数量直接下降，保存下来的国企也不再受政府直接管控，取而代之的是国有资产管理公司。

诸城和上海的实践在十四届三中全会上被正式接受。这意味着它们的策略——"抓大放小"、股份制等成为改革新手段，国企改革进入一个以所有权改革为主题的时期。在1997年召开的十五大上，总书记江泽民提出了"混合所有制"概念，认为"非公有制经济"已经是社会主义市场经济的一个重要组成部分，股份制公司也得到了正式的认可。这一轮国企改革自1992年开始，几乎覆盖了整个90年代。从宏观层面来衡量，产权清晰化是大势所趋。而从微观层面看，无论是企业还是个人，也上演了一幕幕悲喜剧。发生在最大工业城市上海的景象是一个缩影。从1990年到1999年，上海一直在进行"退二进三"的战略转型，大量工业企业被解体或者迁出城市中心区，这是一个十分艰难和痛苦的过程。其中1990年到1995年，上海失业人口的平均增长速度高达13.75%。在很多工业城市中，"下岗"成为很多老国有企业职工不得不面对的现实。以至于在 1994 年北京的一次会议中，朱镕基向与会的 12 名经济学家提出了一个难题——如何在进行企业改革的同时，避免大规模失业的发生？用他的话说，任何人只要能解决这个问题，都绝对有资格获诺贝尔经济学奖。

90 年代中期，随着越来越多的国企面临亏损，地方政府开始放弃对它们的所有权控制，这一举动从根本上改变了政府和辖区内企业的关系。当手中的国企成了财政负担，地方政府便迫不及待地发展工业园，作为新的财政收入来源。1992 年以来，各种各样不同级别的工业园——高新经济区、自由贸易区、出口加工区和经济技术开发区等——在各地如雨后春笋般出现。在很大程度上，工业园区扮演的角色与 80 年代四大经济特区、1984 年 14 个沿海城市对外资开放，以及 1990 年的浦东新区类似，都极大地刺激了区域经济的发展。

在区域竞争中，为争夺资本投资，各地方政府可谓煞费苦心。所谓“政府搭台，企业唱戏”，政府纷纷打造良好的基础设施环境和商业环境，确立各自的产业集群策略，以谋求企业青睐，从而增加就业，创造税收，拉动当地经济发展。但由于工业园无处不在，相互间竞争异常激烈，也造成了重复投资，比如绝大多数外国汽车制造商在中国的合资企业都不止一家。不过，科斯认为，重复投资虽然导致了有形资本的浪费，但它对生产技术在中国的传播起到了相当大的作用。在这一过程中，中国的制造能力——包括实体投资、个人技能及管理水平——无论在速度还是规模上都得到了惊人的提高，这也被公认为中国全球制造业大国崛起背后的驱动力。在区域竞争中，整个中国变成了一个大实验室，不同的经济实验遍地开花，还发展出很多以地方命名的发展模式。科斯认为，中国空间上的优势因此被直接转化为经济发展的速度——“空间换时间”，这也是理解为什么中国市场转型速度如此惊人的关键所在。

1997 年 2 月 19 日，邓小平去世。哈佛大学教授傅高义在《邓小平时代》里写道：“邓小平完成了一项过去 150 年里中国所有领导人都没有完成的使命：他和同事们找到了一条富民强国的道路。在达成这个目标的过程中，邓小平也引领了中国的根本转型，不论在它与世界的关系方面，还是它本身的治理结构和社会。假如中国人要感谢某一个领导人改善了他们的日常生活，这个人就是邓小平。”

在邓小平的领导下，中国改革开放的前 20 年，呈现了不同寻常的高速发展，也释放了最大的改革红利。随之而来的问题是，当中国的经济规模越来越不容忽视，中国日益成为一个超级大国，它将如何处理和世界的关系？

1998—2008 年，中国与世界

1998 年，美国麻省理工学院的博士生张朝阳将尼葛洛庞帝的《数字化生存》搬上了他刚创办的网站。他当时还没想好这个网站具体要做什么，但沉浸在尼葛洛庞帝描绘的未来里：“信息技术的革命将把计算机解放出来，使之成为我们能够交谈、抚摸甚至穿戴的对象。这些发展将变革我们的学习方式、工作方式、娱乐方式——一句话，我们的生活方式。”在此之前的 1995 年，中关村大街上立起了一个巨大的广告牌——“中国人离信息高速公路还有多远——向北 1500 米”。它被很多路人当作路标，实际上，通向的是一个叫瀛海威的小公司，也是中国

最早的互联网公司。到了 1997 年，搜狐、网易以及新浪的前身四通利方集体起步，开启了门户网站、搜索引擎、风险投资等全新商业概念，这一年也被公认为中国的“互联网元年”。那个时候，美国的互联网行业刚刚破茧而出，当中国第一代网民在一个无限开放的信息世界中畅游的时候，他们感到世界从未如此触手可及。互联网向世人显示了魔力，也在不久之后展现了它的虚幻。2000 年，IT 泡沫破裂，纳斯达克指数应声而落，新浪、搜狐、网易等几家在美国上市的中国互联网公司也不能幸免。不过，中国的 IT 产业刚刚起步，受到的打击相对较小。

让中国更切实地融入世界的，是 2001 年 11 月 10 日，中国正式加入了世界贸易组织（WTO）。在很多中国人的印象里，“入世”不是一个旦夕生成的结果，而是一个持续而渐进的过程。从 20 世纪 90 年代开始，美国和中国就最惠国待遇问题进行了多次谈判，到 1999 年美国表示支持中国加入 WTO，再到 2001 年最终“入世”，这一企盼已久的结果标志着中国进入了全球自由贸易的赛场，也意味着中国开始了全球化之旅。

“入世”不仅是在谈判桌上发生的，更多是按照 WTO 的开放市场时间表，在实践中一步步达成的。1998 年初朱镕基当选国务院总理时，其承诺之一即是“用三年时间让国有企业摆脱困境”，而在此之后国企产权改革的深化便是应对“入世”的重大战略决策。从 1998 年到 2003 年，国有及国有控股企业数量从 23.8 万减少到 15 万，减少了 40%。尤其有标志意义的是垄断企业的主动变革：一是大规模整体海外上市，中国电信、中国联通、中国石化等先后成功上市；二是基于打破垄断、增强竞争的大跨度拆分重组，中国电信一分为五，中国石油、中国石化重新分家。2003 年 3 月，国务院宣布成立国有资产管理委员会，接受管理总量 17.84 万亿元的国有资产，标志着中央政府对国有资产的新型管理制度成型。

这一轮国企改革的特征被普遍解读为“国退民进”。据 2000 年的统计数据，国有企业数量大为减少，但效益飞速提高，全年共实现利润 2000 多亿元，创下 20 世纪 90 年代以来盈利水平的最高纪录。但也存在法制监管缺位、政策界定混沌的问题，为日后关于国有资产是否流失的争论埋下伏笔。争论背后并不仅仅是针对某一家公司或个人，更是对“国退民进”的不同观点：一派认为国有资产流失、经营者分食了盛宴；另一派则认为尽管改制中存在种种灰色行为，但是改革的总体方向和积极效应是不容置疑的。针对中国制度变革的复杂局面和深层矛盾，2005 年的全国“两会”上，经济学家吴敬琏指出：“中国变革已经进入‘深水区’，每前进一步都会触及一些人和一些部门的既得利益，遭到现有利益格局的反对，因而必然遇到阻力，延缓改革的进展。”深水区，成为人们对下一步改革的共识。

亚洲金融危机之后，中国面临巨大的经济下行及人民币贬值压力，朱镕基决定在 1998 年放开房地产市场，以刺激内需。国务院叫停了已经实行了 40 多年的福利分房，允许住房抵押贷款，推行住房货币化。房改之后，被压制已久的住房需求随之释放出来，私人资本最为雄厚的浙江及珠三角地区市场很快升温，随后蔓延到上海。此外，大规模的基础设施建设也释放着持续性投资需求，形成地方政府对土地财政的路径依赖，其狂热一直延续至今。中国经济的参照系之一——2007 年的《福布斯》“中国富豪榜”可作为注脚，当年榜单的前 4 位均为地产商，分别是碧桂园的杨惠妍、世茂集团的许荣茂、复兴国际的郭广昌和富力集团的张力，而前 100 名中有 39 人从事地产业。

如果说房地产打开了闸门，成为拉动内需的第一驱动力，那么，“中国制造”则启动了外贸市场的引擎。2002 年，美国零售业巨头沃尔玛决定把亚洲采购中心从香港搬到深圳，它当年在中国的采购商品总额为 120 亿美元，相当于中国与俄罗斯之间的贸易总额。2004 年，中国外贸规模突破了万亿美元大关，超过了日本，“中国制造”取代“日本制造”“欧洲制造”成为世界制造业代名词。

房地产和“中国制造”的双重拉动，让加入 WTO 后的“中国崩溃论”不攻自破，甚至在 2003 年遭“非典”入侵几个月之后，中国依然是当年经济增长最快的国家之一。日本管理学家大前研一曾是“中国崩溃论”的提出者之一，他也转变了观点：“我现在成了中国经济繁荣论的最积极的鼓吹者。未来 10 年，世界最重要的课题就是如何与一个强大的中国相处。”尽管世界因 2001 年的“9・11”事件而对全球化产生了疑虑，但短暂的放缓之后，全球化在新世纪的前 10 年里依然势不可当。2005 年，托马斯・弗里德曼出版了《世界是平的》，形象地描绘了全球化对世界的席卷。他认为，柏林墙的倒塌、个人电脑的普及、离岸经营、开放源、供应链等，共同将世界“抹平”。这是一个乐观的全球化宣言，中国当然也是重要的参与者和推进者。

在中国向世界迈进的过程中，有一些标志性的共同记忆：2001 年 7 月，北京获得奥运会主办权；2001 年 11 月，中国加入 WTO；2002 年 12 月，上海赢得世博会主办权；还有 2004 年底，联想并购 IBM 的 PC 业务，“以市场换品牌”，被认为是中国企业走出去勇气与冒险并重的一步。2008 年北京奥运会，让中国的全球化进击达到高潮。8 月 8 日晚，从永定门开始沿着北京城中轴线一路向北，艺术家蔡国强设计的 29 个“大脚印”焰火踏响在夜空中，一步步跨入“鸟巢”上空。曾经的“体操王子”、后来的企业家李宁从天而降，在欢呼中点燃火炬。以至于印度裔美国学者法瑞克·扎卡利亚在《未来属于中国吗？》一文中断言：“中国的崛起不再是一个预言，它已经是一个事实。”

2008—2018 年，新经济

近 10 年开端的 2008 年注定不寻常。在汶川地震、北京奥运会高强度冲击着人们的情感，同时也考验着国家的应对能力之后，9 月 15 日，次贷危机波及下美国雷曼兄弟公司倒闭，全球金融海啸席卷而来，中国经济政策也随之大转弯。在此之前，中国已经连续 5 年 GDP 增速超过 10%，而到 2008 年 11 月，出口却出现了史无前例的负增长，经济政策开始从紧缩转为扩张，全力“保 8”。11 月 9 日，中央政府宣布将启动拉抬内需计划，两年内扩张投资 4 万亿元，其中最大比例部分 1.5 万亿元，都用于铁路、公路、机场等重大基础设施建设。

“4 万亿”强心剂立竿见影，中国经济出现了 V 形反弹。不过，这一刺激政策也给未来经济留下了后遗症。民众体会最深的是房价，在政策的拉动下，“北上广”等一线城市的房价增幅均超过 100%，核心地段的房价增幅超过 200%，房子成为每个人在未来 10 年生活中绕不开的关键词。而随着人口红利消失，“城市化”速度放缓，房价泡沫的隐忧浮现，外延式发展模式开始不可持续。房地产狂飙的另一面，是实体经济的低迷。“中国制造”的成本优势和规模优势逐渐丧失，面临转型的拐点。与此同时，中国经济在2010年左右爆发出新的红利，这一轮是由互联网带来的。

回溯中国互联网的发展史，在此之前已经经过了两次浪潮的冲击。第一次浪潮是自1997年开始，伴随着丁磊创立网易、张朝阳创立搜狐、王志东创立新浪，三大门户网站成型。第二次浪潮是“BAT”（百度、阿里、腾讯）三足鼎立局面基本确立：1998年马化腾创立的腾讯，将“人”和“人”进行了连接；1999年马云创立了阿里巴巴，将“人”和“商品”进行了连接；2000年李彦宏创立百度，将“人”和“信息”进行了连接。第三次浪潮，则是自2010年开始至今，从PC互联网到移动互联网。在BAT一统江湖下，各种创新模式层出不穷，以不可思议的速度改变着人们的日常生活。

“只要站在风口，猪也能飞起来。”这是雷军总结的“风口理论”。事实上，自2010年开始的这些年，互联网的风口变换特别快，而只有勇敢者和幸运儿才能在风口上飞起来。2011年，雷军站在了他认为的风口“智能手机”上，与乔布斯发布iPhone如出一辙，发布了小米手机，小米手机成为当时最畅销的手机产品。下一个风口是团购，也是在2011年，吴波的“拉手网”成功获得融资，在几个月内引发5000多家团购网站入场，堪称“百团大战”，尽管一年后硝烟散尽，最终只有1%活了下来，“美团”和“大众点评”形成对峙，依然让人们见识到“O2O”（线上到线下）被激活的魔力。之后是微信，2012年，腾讯的微信朋友圈功能上线，仅仅一年多后，用户数即破亿。微信迅速颠覆了之前的博客和微博模式，它让传播变得更加有效，也更加碎片化，极大地改变着媒体和商业生态。还有2012年张一鸣创立的“今日头条”，以算法精准推送新闻，程维的“滴滴打车”，改变着出行方式。而这些风口，都建立在移动互联网的基础上。

移动互联网时代，一方面，BAT 把控着互联网最重要的三个应用入口——百度坐上了搜索引擎的头把交椅；阿里利用淘宝和支付宝重新定义了消费；腾讯则借助微信占据了社交媒体制高点。而另一方面，2016 年以来，各种新玩法仍层出不穷：共享单车、直播、快手、抖音……往往是掀起一股狂潮之后，就被更新的产品取代。可以说，互联网颠覆着人们的生活方式和认知边界，而反过来，它也颠覆和重新定义着自身。

无疑，互联网驱动下的“新经济”已经成为中国经济的新引擎。如果说在互联网时代，中国互联网公司还只是模仿者和跟随者，那么到了移动互联网时代，昔日的模仿者则摸索出了本土化的生存方式和盈利模式，而且已经从虚拟经济继续渗透到了实体经济的方方面面。2016 年，李克强总理在当年的《政府工作报告》中第一次提出“新经济”：“当前正处于一个关键时期，必须培育壮大新动能，加快发展新经济。”他强调，要依靠“大众创业、万众创新”，推动形成新的经济模式、新的业态，为中国经济提供新的动力。

大约从 2014 年起，改革进入“下半场”形成共识。如果说“上半场”的驱动力是投资、出口、消费“三驾马车”，下半场则转向供给侧驱动，转向创新驱动。事实上，从 2012 年起，中国的 GDP 增速开始回落。中央政府在 2014 年提出“新常态”，认为这是经济增长阶段的根本性转变，中国已经告别过去 30 多年平均 10% 左右的高速增长，因此，需要“改变一切向钱看的增长方式”。

四十不惑。从1978年到2018年，中国改革开放历经40年，对于经济、政治和文化而言，都是前所未有的大转型。这不仅仅是经济体制从“计划”向“市场”转型，也意味着一个几千年来占人类1/5以上人口的农业社会进入到现代工业社会和后工业社会。转型已经发生，也将在未来面临更多的挑战和不确定性。周其仁说，如果说前40年的改革是“摸着石头过河”，那么，现在水面上已经露出了一些大大小小的石头，很多石头露出很久了，能否去面对和跨越这些“石头”，是下一步改革的关键。

比如制度建设的挑战。在改革的后半程，学者们一直保持着对制度滞后的警惕。1991年，经济学家吴敬琏就提出“制度大于技术”，之后更是充满忧患地呼唤法治市场经济。而2003年，在两大经济学家林毅夫和杨小凯关于“后发优势”和“后发劣势”的著名论辩中，杨小凯的警告发人深思：“落后国家可以在制度不够完善的条件下，通过对技术和管理模式的模仿，取得发达国家必须在一定制度下才能取得的成就。但是，用技术模仿代替制度改革将产生很高的长期代价。”

还有中国在世界的角色。在目前全球化逆转的危机下，中国似乎成了唯一在推进全球化的大国。在中国问题专家郑永年看来，中国融入国际秩序经历了三个阶段：20世纪80年代是第一个阶段，中国实行“请进来”政策；第二个阶段是20世纪90年代，实行“接轨”政策，以加入WTO之前的努力为代表；第三个阶段则是从21世纪初开始的“走出去”政策，再一次积极出击，“一带一路”将创新出一种新的经济全球化模式。

对身在其中的每一个亲历者来说，对下一步改革的期待也是多元的。一方面，不同代际、不同阶层的人都是改革开放的受益者，另一方面，做大蛋糕之后，怎么分蛋糕又构成了不同的利益群体。而且，影响不仅是物质层面的，也是精神层面的，特别是当我们面临越来越多的食品安全、空气污染等社会问题时。正如20世纪80年代初拍摄中国的刘香成所说，如果说西方国家经历的现代化是一个缓慢的过程，一步接着一步，那么，中国经历的现代化就像是高速前进的车。40年改革开放是中国专注弥补“失去的几十年”的一种方式，人们是如此迫不及待地想要寻求一个物质上安全的未来。如今巨大的变革已经发生，但一个个里程碑式的成就和问题是交织在一起的，“中国梦”在精神层面还在延续。

【参考资料】

1.（英）罗纳德·哈里·科斯、王宁:《变革中国》，中信出版社。

2. 吴晓波:《激荡四十年》，中信出版社。

3.（美）傅高义:《邓小平时代》，生活·读书·新知三联书店。

4. 郑永年:《不确定的未来》，中信出版社。

第一章
企业：破冰

主笔　邢海洋

改革开放开启了中国人的富裕之路。自此以后，一部分人首先富裕起来，先富带后富之财富创造过程得以滚滚而来。英语企业家（entrepreneur）一词是从法语中借来的，其原意是指“冒险事业的经营者或组织者”。如果用其原始意义形容，改革开放以来的一代代企业家正符合冒险者的形象。尤其是在消灭了有产阶级，完成了工商业者的赎买之后，中国可谓已经完全实现了财产上的人人平等，但也意味着人人都只拥有在生存线上的财富。如何聚敛财富，攫取到第一桶金，一个巨大的挑战就摆在了第一代创业者面前。

鲁冠球的创业始于“文化大革命”期间，颇为罕见，但也揭示出社会运动本身的多面性以及人性复杂的一面。1969 年 7 月，鲁冠球带领 6 名农民，集资 4000 元，创办宁围公社农机厂，当时乡党委书记的工资才 53 元，而鲁冠球能拿到 60 元，就是这种最原始的动力带领着“万向”走过了 40 多年的风风雨雨。先知先觉的一部分人机缘巧合踏入商海，形成了以柳传志、鲁冠球、张瑞敏、王石，包括任正非在内的“84派”，他们是改革开放后的第一代企业家。

随后的1992年，邓小平南方谈话激荡起第二波改革开放潮，大批政府机构、科研院所的知识分子辞职下海，开启了按照现代企业制度创办市场化企业的下海浪潮。及至互联网带来的新经济兴起，一批站在网络前沿的“海归”和“土鳖”迎潮踏浪，脱颖而出。随着互联网2.0乃至3.0和掌上终端的普及，“码农”不再独占技术的制高点了，那些眼界更宽广的文科人才从不同的角度杀入了移动通信领域。

所谓英雄不问出处：柳传志，40岁开始摆地摊；马化腾，27岁初创QQ，假扮女孩子和别人聊天；马云，30岁搞翻译社经营惨淡，靠卖袜子补贴家用；宗庆后，42岁蹬三轮车走街串巷卖冰棍。如今，这些当年的艰苦创业经历都成为年轻人创业的励志段子了。

企业家都有着颇为传奇的登场，“万向”销毁了3万套不符合标准的万向节，鲁冠球从此打出了“万向”的金字招牌。海尔砸冰箱更是经典的管理与营销案例。在30多年前，张瑞敏一把斧头砸了不合格的冰箱，这成为中国企业经理人登上这辆快速奔跑着的经济列车的一段佳话。那是1985年，张瑞敏刚被调到这家垃圾遍地、工人三天打鱼两天晒网的小厂一年，厂里400余台存货中竟有76台不合格。张瑞敏一斧子砸下去，一台冰箱就是一名工人一年的收入，工人心疼得流泪了。3年后，海尔拿到了中国冰箱行业的第一个国家质量金奖。这就是著名的海尔“OEC”管理模式，强调将公司的工作落实到每个人每一天的每一项工作上，并及时检查调整。“OEC”“市场链”管理及“人单合一”发展模式当时还引起国际管理界的高度关注，哈佛大学等多所院校专门对此进行案例研究。

企业家是企业的灵魂，巴菲特选股的精髓，概括为一句话就是“选取能干且幸运的企业”。“能干”两个字，道尽企业家精神的本质。2017年，为了保护企业家的干劲，国家层面曾有一场企业家精神的大讨论。何为企业家精神，“创造性破坏”经济学理论的倡导者熊彼特认为，经济增长的动力在于创新，在于企业家的创新行为偶然地、间断地打破了市场的均衡状态，这一过程也是企业获取利润的过程。一个企业最大的隐患，就是创新精神的消亡。一个企业，要么增值，要么就是在人力资源上报废，创新必须成为企业家的本能。但创新不是“天才的闪烁”，而是企业家艰苦工作的结果。当然创新也是多层面的，包括从产品创新到技术创新、市场创新、组织形式创新等。

对企业家精神，“阅遍青山”的企业家自有其独到的理解，在王石看来，“摸着石头过河”就是最大的企业家精神。企业家最擅长的能力，就是远见、规划、管理、组织、协调、说服、动员、妥协。如果不把这些才能贡献给社会，仅仅是拿出一些钱来做“慈善”，谈不上是真正的“企业社会责任”。“去冲，去拼，去赶，去闯，去试，不要怕犯错误”，是新希望集团董事长刘永好心中的企业家精神，他曾在企业领袖年会上指出，四平八稳地做不叫企业家精神。

历史潮流滚滚，时势造英雄。40年改革开放的大舞台上，企业家应时而出，万舸争流，比远见、比胆识、比执行力，在激烈的竞争中脱颖而出，创造出远超他们能消费得掉的财富。这就是“看不见的手”的力量，唯有爱护这种力量，使“有恒产者有恒心”，方不辜负时代给予我们的富国强民的大好时机。

宗庆后

娃哈哈是从市场经济中发展起来的

口述 | **宗庆后**　采访、整理 | **张从志**

人近中年，白手起家，短短几年将一个校办企业经销部打造成中国食品饮料行业的巨无霸，花甲之时又跻身中国首富，宗庆后和娃哈哈创造的奇迹正是改革开放40年历史的一个缩影。

我17岁初中毕业那年刚好赶上"上山下乡"运动，就下了农场，开始在舟山干了一年，拉土堆石，围垦海涂，但海填起来后发现那地方种不了棉花。我们又被调到绍兴的茶场，在那里待了14年。前后在乡下15年，劳动虽然很艰苦，但锻炼好了我的身体，培养了克服困难的意志，这给我后面的创业打下了基础。

1978年，我回到杭州，以顶替母亲岗位的身份进入上城区邮电路小学校办工厂做工人。当时全国老百姓都是无产者，吃平均主义大锅饭，农村人口比城市人口多，但生产的粮食还是不够吃，什么都要票，过的都是穷日子。我回来时是12月份，不久之后，十一届三中全会召开，决定把国家工作重心转移到经济上来。农村是先改革的，实行了家庭联产承包责任制，过了几年，城市也开始改革。就是趁着这个机会，

1987 年，我承包了上城区校办企业经销部，终于能够放开手脚自己干了，当时有一大批人都是用承包这种方式开始创业的。

经销部最初只有我和两个退休教师，开办费 4 万元，其余 14 万元都是贷款，要靠我们自己赚钱还。领导给我们定的当年利润指标是 4 万元。那时整个校办企业的利润也就几千块钱，但我说我保证上交 10 万元。之前我在校办工厂做供销员，糊过纸箱，卖过电表、电扇，在底层摸爬滚打近 10 年，我了解市场，所以有信心。我们先从做小生意开始，给各个学校供应文具、纸张等日用品，后来给人代销、代加工花粉口服液。一年后，我们拿出成绩单，上缴利润 22.2 万元。

1989 年，我们开发了自己的第一个产品——娃哈哈儿童营养液。我那时跟小学接触较多，看见很多小学生面黄肌瘦，照理来说大家吃不饱的问题这个时候已经解决了，不应该是这种状态。后来一调查发现，很多小学生都有营养不良的问题。因为当时实行独生子女政策，一家只有一个孩子，爷爷奶奶外公外婆都很宠爱，使很多孩子养成偏食、不爱吃饭的习惯。我就请了当时浙江医科大学的朱寿民教授帮我们开发儿童营养液，主要功能是开胃，改善儿童的营养结构。我们还请了全国很多有名的营养专家帮助我们调整配方供应商，也得到了陈云夫人于若木同志的大力支持。后来投放市场，孩子们喝了以后效果非常好。就是这一年，我们正式更名为杭州娃哈哈营养食品厂。

当时市场经济刚刚起步，还是紧缺型市场，而且我们敢为人先做了广告，知名度一下子就提高了，产品很快就供不应求。我们想扩大生产，新建厂房，但娃哈哈当时还是一家很小的企业，去审批土地很困难。刚好这时一街之隔的杭州罐头厂（以下称“杭罐”）亏损严重，资不抵债，杭州市听说我们想扩大生产，就拍板让我们兼并罐头厂。实际上，当时我们只有十几个正式员工，带了100多个农民工，而杭州罐头厂有2200多名正式工，还有500多名退休工人。娃哈哈创办才4年，而杭罐的历史悠久辉煌，计划经济时代曾是全国十大罐头厂之一，也是外贸部定点出口加工企业，旱涝保收，福利诱人，是无数杭州人向往的大国企。

为了稳妥起见，杭州市最初提出了代管或者联营等几种方案，也曾提议两家企业搞合并，娃哈哈不需要花一分钱，仅仅接收500个工人就可以。这样，娃哈哈就可以用最快的速度把杭罐的厂区、厂房吃下来，快速开工。我没接受这些方案，要兼并就彻底兼并，否则旧账不清，企业很难放开手脚发展。最后市里给的方案是由我们出资整体收购杭罐，同时负责接收原来企业的500名合同制工人，其他的员工解除劳动合同，通过提前退休、下岗等途径分流，退休人员由杭州市负责安置。我告诉市领导，人员分流不用政府考虑，我们愿意接收全部员工。

结果工作组进去后，遭到了杭罐员工的极力反对，觉得一个小学校办的企业来兼并他们国营大厂，让他们很没面子。社会舆论当时也很不利，指责我们在搞资本主义复辟，瓦解公有经济。当时领导压力也很大，找我谈话，我说既然管了，我就要把它管好。

我去厂里跟员工对话，我告诉大家，一个是谁大谁小的问题。你们的确人比我们多，但没有生意，工资都发不出来，而我们现在产品供不应求，当年的利润就达到了2000多万元，员工一个月光奖金能发七八十块，当时杭罐员工一个月的收入才30来块钱。而且我承诺他们，头3个月可以按照娃哈哈的标准给大家发放奖金，后面大家靠自己劳动去获得。还有一个抵制的力量来自厂里的干部，他们怕我们兼并以后把他们的位置都拿掉，说实话，我们一共十几个人，想顶也没人顶得上去。我说干部一个不动，表现好的提拔，表现不好的当然不行。大家一听完就鼓掌通过了。

最后我们总共是花了8000多万元兼并了杭罐，也接下了他们所有的债务和员工。花了3个月时间，杭罐所有债务还清了，罐头厂实现了扭亏为盈。今天来看，这是娃哈哈规模经营关键的一步，让我们真正从一个小厂变成一个大企业，接收下的2000多名工人也成了我们后来发展的重要力量。

其实那时姓资姓社的讨论正在进行，经济还是以国有企业为主，没什么民营企业，个体户有时还是会被批作投机倒把。我们兼并掉一家大国企，在当时国内还是首次，比较轰动，报纸都叫作“小鱼吃大鱼”。当时浙江省委书记李泽民同志公开表态支持我们，《杭州日报》《解放日报》也发了好几篇文章声援我们。直到1992年“南方谈话”以后，这种模式就开始公开地推行，阻力也小了很多。

1994年，三峡水利工程正式启动，国家号召我们去对口支援西部贫困地区。我也很认同当时小平同志提倡的先富带动后富精神，没有东西部整体的富裕，国家强不起来，我们就实实在在地去西部干。当时西部地区观念比沿海更加落后，各方面条件也很差，我们对口的是重庆涪陵，我去了以后决定在那里投资建厂，打电话回杭州让各个部门抽调干部组成了一个考察团来调研，结果大家一致反对在涪陵建厂，理由很多，交通不便、气候太差等。

但我还是决定要办。一方面是响应国家号召支援当地经济建设，以实际行动为国家分忧；另一方面，四川人口多，我们在那里也有市场，但当时交通不便，货从杭州发过去很困难，而且铁路运输有指标限制，一个月才能发一趟，对我们开发市场很不利。所以在那边建厂，离市场更近一些，运费也能省不少。最后厂建起来了，投产第一年就创产值5000多万元，实现利润400多万元，当年就跻身重庆市工业企业“五十强”。这也成了对口支援的一面旗帜，得到了很多中央领导的肯定，后来很多贫困地区、少数民族地区，还有革命老区都希望我们去投资。所以我们才开始真正走向全国，陆陆续续在杭州以外建设了80多个生产基地，这里面有一半以上都是在老革命根据地、少数民族地区、边远和贫困地区。尽管在当时看来，这些地区条件都很差，好像不适合办厂，但事后证明，这不仅拉动了当地经济的发展，对我们企业自身的发展也是有利的。

娃哈哈是从市场经济中发展起来的，我们对市场的了解就是一个逐步摸索的过程，最后才总结出自己的经验。刚开始，国家的销售网络还很健全，一级站、二级站、三级县公司、四级批发，一直到零售店，我们就利用这些渠道销售产品。改革开放后出现了许多农贸批发市场，因为它成本低，也不用交税，价格比国营的低，国营的网络被冲垮了，我们便进入农贸批发市场。后来农贸批发市场多了，相互之间打价格战，娃哈哈的销量也受到了影响，我们才开始建立自己的销售网络，从市一级延伸到县一级，一步步发展。虽然产品当时供不应求，但还是遇到了坏账的问题。从1994年开始，我们又推行“联销体”制度，要求经销商必须先打保证金才能拿货。当然我不会让你吃亏，我给你付比贷款更高的利息，这样就解决了坏账的问题。这么多年就是靠这种模式，我们现金流一直比较充裕，经济再困难我们也能挺得住。后来联销体基本成了行业里面通行的做法。

在各地投资办厂的过程中，也有地方政府表示可以多给我们一些土地拿去搞房地产开发，那时候房地产市场确实在崛起，但我没有去做。我想，有的钱适合你赚，有的不适合，我们还是要坚持发展主业。如果在那个年代我们去搞房地产可能也能做得很大，因为我们当时资金比较雄厚，跟政府关系也比较好。但我不后悔，我们踏踏实实把主业做大也不比房地产差。现在很多做地产的小公司都被套牢了，一开始他们可能是暴利，但是到了后面就越来越困难。

我们那一代的老企业家很多都是白手起家，都很勤奋，开始是为了自己的生存而拼命，资产积累多了就要去承担社会责任的。如果我们能帮老百姓富起来，真正实现共同富裕，没有什么贫富矛盾，社会和谐，企业家的财富也会受到尊重。我本身是从社会最底层起来的，过过穷日子，理解穷人的生活，我也还在接触社会的最底层。现在很多人，特别是留在城市工作的人社会压力大，房子买不起，甚至租都租不起，教育、医疗成本也都很高，政府也要努力去解决这些问题，提高他们的收入。总的来说，老百姓只要生活好了，一切就都好了。

● 采访手记

杭州市上城区清泰街160号，一栋六层的灰色办公楼，像是隐藏在四周的居民楼之间。这里是娃哈哈诞生的地方，也是如今集团总部所在地，低调朴实，很难让人们联想起那个在市场上叱咤风云的娃哈哈。

对宗庆后的采访便在这里进行。1945 年出生的宗庆后如今已年逾古稀，但依旧保持着惊人的工作强度，每天早上 7 点开始工作，一直到晚上 11 点。他的办公室连着卧室，居住和工作一体，也就似乎没有上下班之分。宗庆后说自己做惯了，歇不下来。

谈起过往，这个久经沧桑的老人平静从容，声音不大，有着吴侬软语特有的腔调。他们那一代人像是活在历史中，又穿梭到现实里，个人命运与时代脉搏如此紧密相连，有些人引领了时代，有些则被淹没。宗庆后无疑是前者，他带领娃哈哈创造了中国经济史上的许多奇迹，甚至以某种方式推动了改革大潮。

但宗庆后始终不忘，自己是从最底层崛起的凡人。在他前半段的人生经验中，政治运动、贫穷、饥饿感是更刻骨的记忆。他 42 岁才开始创业，而这也是出于生存的需要，是没有出路的年代里使劲为自己找一条出路。

“摸着石头过河”既能形容那个时代整个国家的状态，也是对企业家的真实写照，他们开始创业时对市场对管理几乎一无所知，只能下狠功夫，想死办法，真正扎到泥土里去。宗庆后曾踩着三轮车给杭州各个小学送校簿、送冷饮，背着老式落地电扇去全国各地推销，没钱进展销会就在门外铺地摊……就是这样用双腿去丈量中国市场。后来有海外媒体把他誉作“中国经营大师”，因为他把许多外来的跨国公司看不懂的东方市场——尤其是农村和城镇市场——玩得出神入化，这样的评价并不夸张。

在市场中的耕耘给了他回报。在宗庆后带领下，娃哈哈用几年时间就成为中国食品饮料行业的龙头企业，产品遍布大江南北，甚至走出国门。宗庆后的个人财富也达到顶峰，2010年，他首次荣登胡润全球百富榜中国内地榜首。2012年，《福布斯》发布2012年福布斯中国富豪榜单，他以100亿美元的净资产重新登上首富的宝座。

不过，"首富"的桂冠在他看来更多意味着责任。身为人大代表，他提出了一系列关乎民生的议案，2013年"两会"期间，宗庆后建议国家建立阶梯式的供房制度，降低老百姓的住房成本。他还是免征工薪阶层个人所得税的提倡者，多年来在人大和许多其他公开场合呼吁通过税制改革提高老百姓收入。但他自己却过着简朴的生活，穿布鞋去开会，坐高铁二等座出差，一年花销只有五六万元，这样的细节屡见报端，成为人们津津乐道的话题。

时代仍在飞速变化，娃哈哈需要继续改革。宗庆后说，自己以前做的事、管的事的确太多，让大家有依赖性。娃哈哈正在逐步培养管理层，3个副总在负责集团内部管理的改革。但他又明白，团队成熟需要时间，自己还不能完全放手。"这一步总归是要走的"，他希望的是娃哈哈能走得更远更好。

曹德旺

我在美国做玻璃

口述 | **曹德旺**　采访、整理 | **吴丽玮**

作为中国"走出去"最成功的企业家之一，曹德旺从承包乡镇企业开始，开辟了公司治理的先河，又一步步进军海外，建立了全球最大的汽车玻璃企业，他是改革开放政策极有说服力的时代见证者。

我最早出国卖玻璃是 1990 年，那时候我做的是维修市场。维修玻璃跟配套玻璃不一样，配套玻璃量大，单片利润薄，维修玻璃量小，但单片利润大。那时候中国一年进口车总共才几十万辆，我一年能做几万片玻璃出来，多出来的就拿到中国香港、加拿大等地去卖。那时中国人有误解，认为出国销售一定要有门路。我没有门路，我到香港第一次卖玻璃是靠找它的黄页，查汽车修理店、维修玻璃店等的电话号码。打过去，没想到人家听说过我，说市场上有个内地的个体户，玻璃做得不错，于是专门请我吃饭。我的产品当时在香港挺受欢迎的。

接着我又去了加拿大，是通过一个台湾中间商做介绍。后来他又介绍我去美国，在底特律去一个经销商家里吃饭。那人也是个台湾人，饭吃到一半，我觉得他脸色不对，他把我的中间商叫出去说了一会儿话。等我们吃完饭，我的中间商跟我一起回到酒店，他跟我说，他明天有事，会有一个他的女同事来陪我逛逛。现在我知道，台湾经销商是觉得我一年卖 10 万片到美国来，量太小了。但当时我还不明白，心情很差。这个女同事陪我四处转转，后来又带我去了福特汽车博物馆，她跟我说，这是美国的一部工业历史，但我当时心情很焦虑，虽然也在福特博物馆里转了一圈，但并没有心情参观，只想着我一个小老板，花了几万美元到美国来，没想到白跑一趟，她的话我都没听进去。等我上了飞机，倒时差睡不着觉，这才反应过来，这趟我其实没白来，我应该再到福特博物馆去认真看看。既然是美国的工业历史，我应该去找出中国和美国的工业和经济差距有多大，看看在同样的历史时期，美国在做什么。于是等我回到香港，没过几天又跑到美国去了。

把福特汽车博物馆里的各项经济指标作为标尺来衡量中国经济，我发现我们跟美国差 100 年。1900 年，美国农业人口的比例是 60%，跟中国 20 世纪 90 年代差不多。1884 年，道琼斯指数开始反映美国股票市场的总体走向，《华尔街日报》有了关于股票的专业报道，如果用这些数据来衡量美国经济水平的话，我们跟美国的差距是非常大的。福特汽车博物馆里，最早的波音飞机就像蜻蜓一样，用板车的轮胎做起落架，等我到美国考察的 1992 年，才过去了几十年时间，一架波音飞机就可以坐几百人了，在芝加哥机场，飞机一架架起飞，时间间隔非常短。当一个产业或者一种产品被认定之后，它的发展就是不可限量的。那么 100 年前，美国在转型时期做了哪些事呢？我在福特汽车博物馆里看到，传统工业是当时的排头兵，钢铁、PPG 玻璃、家电玻璃都是在这个时期涌现出来的，而且现在仍然没有过时。这个很好理解，经济转型期，需要传统工业提供建筑材料，那么对于我们来说，做玻璃肯定是很好的，因为我们的玻璃工业才刚起步，远远没有普及。事实证明我的判断是正确的。

但最初在美国经营得并不十分顺利。我们的产品从 1992 年开始进入美国，到 1995 年，可以在美国建仓库了。我当时想得很美，但是经验不足，1995 年至 1998 年亏了 1000 多万美元，当时是很大的一个数字。我原本想把玻璃放在自己的仓库里做批发，结果没有意识到，这在美国是行不通的。玻璃运到码头，再从码头运到仓库，再搬出来分装，人工成本非常高，这是一个决策上的失误。我请了一个顾问公司，想知道为什么会亏本，他们告诉我，我这是混业经营。我自己做玻璃自己卖，怎么成混业经营了呢？原来在美国卖玻璃是服务业，你生产出来再分销出去，这就跨行业了。顾问公司问我，可不可以混合包装？我说可以，一个箱子大概可以装 4 种玻璃，几个品种凑齐一个箱子，几个箱子再凑齐一个货柜，直接发到客户那里，改分销为直销，把仓库也卖掉，到了 1999 年，就把前面亏的 1000 多万美元全都赚回来了。

2014 年，福耀开始对美国大规模投资的时候，我才开始真正坐下来研究美国税负的问题，研究后发现美国的税负比中国轻很多。首先，中国有增值税，美国没有。其次，虽然美国的人工成本很高，占营业成本的 40%，中国这一项仅占 20%，但是中国企业缴纳的保险比例很高，美国是按照应付工资的 11% 缴，占营业成本的 4.4%，我们的“五险一金”按照应付工资的 40% 缴，占营业成本的 8%。虽然我们的工资比它低一半，但这样算下来，我们比美国又高了接近 4%，再加上汽车玻璃的增值税，这就在 12% 左右。最后，美国能源价格比中国低，天然气价格是中国的 1/5，电价格只有中国的 40%，汽油价格只有中国的一半，运输成本和物流成本都比较低。那些基础材料，价格又便宜 4% ~ 5%，总体算下来便宜 16% ~ 17%。如果我把玻璃从国内运到美国去，运费让成本还要再增加 15% ~ 20%。于是我联系了新华社写内参给中央，给相关部门提意见。后来也引起了舆论的轩然大波，但大多数专家是认可我的意见的。不过税负的问题，国家处理起来确实有困难，但是不处理也不行。

有人说我去美国建厂是要逃跑。跑哪里去？我是中国人。我公开讲这些，不是我在抱怨，也不是我要跑，我只是为了提醒政府，也提醒企业家要有危机感。企业家要有高度的责任感，得有担当，自觉给祖国出谋划策。改革开放之后，我承包了自己参与创办的乡镇企业，做水表玻璃，当时很好卖，但我发现了一个问题，我们按照水表玻璃图纸生产出来的产品，送到不同的水表厂，每一次都会有不同的反映，有时候说行，有时候说不行。这是为什么呢？我召集各个部门的人员一起开会，将第一机械工业部对水表玻璃的要求和建材部对水表玻璃的要求进行比对，结果发现，是部与部之间所定标准的不同造成了市场的混乱。玻璃归建材部管，建材部对同一片玻璃厚度公差的允许值是 ±0.2 毫米，一机部仪表局对水表玻璃设计的公差允许值却是 ±0.02 毫米，两个公差允许值相差 10 倍，这就给采购人员制造了很大的寻租空间。我觉得这会把风气搞坏，就拿着图纸，坐着火车去北京找一机部仪表局，后来又找到上海热工所，最终解决了这个文件标错的问题。我想这不是一般企业家会去做的事。当初选择承包企业，初衷就是想践行改革开放的任务，想做一个开山人，因为我坚定地相信改革会成功。

企业家必须要有这样的政治自信，听党的话，跟政府走。企业只是社会一分子，聪明的企业家能通过政策去分析后果怎样，会演变出什么，从而为自己的决策做参考。但前提条件是，你要真正做到“敬天爱人”，相信政府，不要做犯法犯规的事，不侵犯员工、供应商和消费者的利益。

2001 年 2 月底，我们得知美国商务部接到三家美国玻璃公司的起诉，起诉中国的玻璃倾销。当时公司有两种不同意见。一种认为无所谓，不应诉，毕竟我们的产品在国内处于供不应求的状态，而且内销利润比外销高。在美国打官司会给企业造成沉重负担，而且胜负难料。另一种认为应该积极应对。如果这次不去应诉，就等于承认了倾销，福耀从此就退出国际市场了。我认为应该应诉。首先，我们的客户主要是全球八大汽车厂，他们实行的是全球采购策略，中标的供应商是提供全球服务的，退出美国市场，最终也意味着要退出中国市场。其次，反倾销诉讼是国际贸易组织唯一允许使用的行政壁垒，当企业被起诉时只能依靠自己去说清楚，如果我们放弃，国家也不能出面讲，这个黑锅中国就背定了。最后，我认为美国这次找错了欺负的对象。它以为我是民营企业，肯定账目不完整，但实际上我们从 1999 年开始，就使用了 Oracle 信息集成系统，保证了会计资料完整而可信。况且我们是民营企业，没有政府补贴，跟他们打官司打了 3 年，最后我们赢了。

在近两年的交锋中，我发现自己有一点幼稚，我原本以为美国是宪治国家，可实际上在反倾销官司上根本没有法律。反倾销是一个政治问题，律师跟我讲，为了拖垮我们，首先会判我们输，等上诉时，再用高额的税单把企业拖垮。最后我们找到中国银行开信用证，拿信用证做保证金，不需要利息，官司打赢以后再把信用证收回来就可以了。福耀是中国加入世贸组织以来第一个反倾销胜诉的案例，也成为中国企业反倾销案的经典。

福耀反倾销胜诉，最重要的原因是我们相信条约的尊严。市场经济是条约经济，一切都是按合同来完成的，公开透明。市场经济的整个分配方案里，国家通过税收、股东通过分红来参与企业的分配，于是就要把详细的数据拿给股东看，赚了多少钱，钱从哪里来，又去向哪里，给国家缴多少税，都要有完整的数据作为依据。向银行贷款也需要完整的报表，银行要知道我的企业经营状况，值不值得放贷，如果你的经营成本控制得好，报表很好看，银行可以低息贷给你。完整信息的收集、归纳、集成和使用，对企业来说是非常关键的事情，牵扯企业成败的问题。

现在大家都在谈美国总统特朗普加税的问题。但你要清楚，做生意有个最简单的道理，我如果不愿意卖，你肯定买不了我的货，你如果没有需要，也不会跟我买。买卖双方的意愿缺一不可。那我问你，这还打什么仗？这回我们也上了它的制裁名单，增加 25% 的关税，这明明就是刁难。美国政府叫美国汽车生产商不要向我们买东西，但结果怎么样呢？汽车厂商说："我们坐下来讨论讨论。首先，政策还不一定会实行，如果真的实行的话，你们出一点，我们出一点，一起分担这 25%。"

特朗普这么打贸易战，长期看会入不敷出。美国从 20 世纪 70 年代开始了"去工业化"进程，到 80 年代进入高峰，人们一股脑地去做虚拟经济，年轻人去华尔街，去硅谷，现在工业企业里每个档次的管理干部都是缺乏的，我在美国的工厂缺几百号工人。现在美国40%的服装和30%的鞋都是从中国来的，中国和美国谁都离不开谁，加税最后都会是老百姓买单。

我在美国投资，是中国制造业在美投资最大的企业。有人说制造业难赚钱，我说不一定的。我算了一笔账，这30年白手起家，总共赚了1000亿元，给国家缴税接近150亿元，给股东派息大概140亿元，刨去我向股东募集的资金约80亿元，股东分红加税收支出约200亿元，我觉得这样的成绩还是可以的。还是那句话，长期的制造业投资是因为我对国家的改革开放政策有信心，同时感恩于社会的理解、供应商的帮助和员工的努力。你应该大胆承认，没有他们就没有你，所以要有感恩之心，跟社会分享，有这个胸怀，才能做更大的事情。

● 采访手记

曹德旺是一个敢说敢为的“炮筒子”。2016年，他在美国投资10亿美元建玻璃厂后，发表言论谈到了中美税负差异的问题，按照他在中美两国建厂的经验，中国制造业的综合税负比美国高35%，引起了社会各界的广泛议论。于是很多人把他跟李嘉诚撤资相类比，说“曹德旺跑了”，而他又特别耿直，在参加一次企业家活动时说：“我什么时候跑了？我跑哪里去了？我家在福清，企业在A股上市，在国内有大批生产工厂，我为什么要跑？”

见到他本人之后，更发现他性格里有一种直率和专注。曹德旺一天的日程排得特别满，我们采访的时间被安排在早上 8 点，等我们到的时候，他已经完成了早晨的第一拨工作。他每天凌晨 4 点就起床了，这个习惯是他小时候跟父亲做小生意时养成的。他是一个埋头做事的人，绝不会为了摆架子牺牲工作效率。

曹德旺是地道的农民出身，没上过几年学，他从承包小的乡镇企业开始，一步步创造出了世界最大的汽车玻璃制造企业，几乎每一步的发展都是改革开放的见证。1976 年，他与朋友一起筹划创办了生产水表玻璃的乡镇企业。1983 年，国家发布《当前农村经济政策的若干问题》，对家庭联产承包责任制做出进一步肯定，并特别指出，有的企业可以试行经理（厂长）承包责任制，曹德旺带头承包了水表玻璃厂，仅用了 4 个月时间，就赚回了全年的承包费用。

当国务院发布《国营工业企业暂行条例》规定后，水表玻璃厂开始探索镇政府与私人承包者合资经营，当其他个人出资者相继退出之后，曹德旺甚至将自己的房产做抵押，向银行贷款融资成为最大的个人股东。“那时，其他几个承包者骂我是傻子，如果承包政策变了，我们就会变成投机倒把分子被抓。但我坚信政策只会变得越来越好，改革开放一定会取得成功。改革总得有人先行一步，我愿意做一个探路者。”而到了 1991 年，已转而生产汽车玻璃的福耀集团又被选为福建省试水证券市场的试点企业，经过两年多的筹备，成功上市。

在此之后，福耀集团开始了全球销售与生产的历程，成为中国企业“走出去”最成功的典范之一。同时曹德旺也是名副其实的中国首善，累计个人捐款超过 100 亿元。他说，正是因为社会的和谐与稳定，以及无数人的支持帮助，才让他从一个一文不名的贫困青年，成长为今天跨国集团的董事长。人应该懂得感恩。

2009年，曹德旺荣获“安永全球企业家大奖”，这个有企业界奥斯卡之称的奖项自设立以来，他是首位华人获奖者。颁奖词中写道：“他的成就远远超过汽车玻璃领域。福耀集团真正推动了中国汽车工业在海外的发展。”曹德旺说，选择汽车玻璃行业源自自己的一份追逐事业的责任感，而这种坚守正在向全世界证明，中国制造不但可以做到全球领先，未来还将会有更为广阔的发展。

刘永好

民营企业有“希望”

口述 | **刘永好**　采访、整理 | **黄子懿**

“改革开放 40 年，我们企业 36 年，体会很深。”

1982 年，我们一家四兄弟都大学毕业了。大哥在电子厂做工程师，二哥在县教育局工作，三哥在县里当农业技术员，我在大学当老师。看似安稳，但我们都不甘心，总想做点事。因为父母是 1949 年后第一批国家基层干部，父亲曾官至县团级，能订阅《参考消息》。我们经常看这些报纸，了解外部世界，看看窗外的天空是怎样的，有很大的兴趣和志向。

无线电技术刚刚兴起，我们四兄弟就成了发烧友，学会了手动组装矿石收音机、晶体管收音机甚至电视机。现在可能很多人不知道，装一个电视机需要 32 根电子管，一根电子管有一个矿泉水瓶那么大。我们自己研究线路、购买器材、安装调试，最后看到电视机呈像、听见声音，简直激动得不得了。这可能是那个年代成都第一台私人组装的电视机。

当时在我任教大学的宿舍里，摆满了各种音响，全是学校的老师同学让我装的，装一个收他们两三块钱，类似于现在的卡拉 OK，我一共装了十几台。四兄弟把音响抬到大街上卖，看的人很多，最后连百货公司的人都跑过来问："多少钱？卖给我们算了。"

有人提议，我们可以办厂卖。我当时没敢想，办厂一要人工，二要场地，三要资金，这些都没有。有一天，三哥想到一个办法：我们当知青下乡的生产队有很多小伙子在家待业，那里有仓库可做厂房，还有草绳机，可卖了做启动资金。我们就兴冲冲地找到生产队长，队长一听就答应了。我们算过一笔账，装一台音响的成本大概是五六块钱，每台能卖到十几块钱，利润生产队拿大头，我们拿小头。我们和公社书记说这个事，他一听说要分钱，桌子一拍就说："走资本主义道路？坚决不行！"

我们当时连名字都想好了，叫新艺电子厂，灵感来自爱迪生的 GE（通用电气）。但书记一发话，第一次创业就夭折了。那是 1980 年，气氛还不是很成熟。现在想想，如果当时真做起来了，1984 年中央开会讨论的，或许就不是动不动"傻子瓜子"，而是动不动刘家兄弟了。

第一次创业的想法被毙了，我们很不甘心，之后天天关注新闻报道。我一个人订阅的报纸量，和整个学校一样多，弄得收发室的阿姨开玩笑说："你应该付给我工资。"1982 年，通过媒体我们了解到，家庭联产承包责任制在农村逐渐推广了，我们就想着不妨在农村试一下去做农业。

三哥是农学院毕业的，有技术，也有场地。但经过上次的失败，我们有了经验，四兄弟这次直接找到县委书记，说现在国家政策允许，想到农村去做专业户。书记想了很久，说："好，农村专业户缺乏科学技术，需要有技术的人，到农村去是好事，符合党的政策，我支持。"但书记提了一个条件，我们每年必须带动10个专业户，让他们富裕起来。

最早种蔬菜、养鸡，然后是养鹌鹑。鹌鹑每天下蛋，周期快，价钱也更高。我们在川西一带养得很火爆，养鹌鹑、卖鹌鹑饲料，带动当地养了千万只鹌鹑，是规模最大的鹌鹑养殖基地。即使如此，鹌鹑还是小众，猪肉才是大众商品。养猪需要饲料，所以后来转战到饲料市场，四兄弟一起研发猪饲料卖。4人各司其职，我负责市场采购和营销。

我算得上是刷墙广告的鼻祖。中国最早的农村墙头广告、电线杆广告等，都是来自"希望饲料"。"养猪希望富，希望来帮助"——20世纪80年代末的川西农村，家家户户的墙上都刷上了这句广告，宣传效果非常好。我当过教师，会刻蜡纸，每到过年都刻上有"希望"标志的门神、对联送给农户。蜡纸看着红火，农民朋友特别高兴，一直问："要钱吗？"我就说："不要不要，送你们的。"这就是我们早期的市场营销，由此慢慢做大起来。

到1991年，希望公司的规模达到千万，全国却出现了"姓资姓社"的大讨论，就有人说我们是走资本主义道路。办事变得困难：招人人不来，买东西人家不卖。"是不是国家不允许私人办企业了？"我们一度感觉社会又要大变，连母亲都劝我们放弃。想了好久，最后找到县委书记，提出干脆把工厂交给国家，"当个工厂管理者算了"。县委书记听了后，又沉思良久，说："你们当初去农村做专业户我是支持的。目前我并未接到通知说要没收资产，但既然现在社会上确实有声音，你们就悄悄做吧，不要宣传了，就夹着尾巴做。"

1992 年，突然有一天，《光明日报》全文转载了邓小平南巡纪实《东方风来满眼春》。我看了非常激动，立马叫二哥来看。那篇文章太重要了，让我们知道国家进入新格局，春天就要来了。此后 10 年，我们开始大规模地踏出家门和国门，在全国各地收购、建厂，一度成了中国最大的民营企业。1995 年，市场经济刚确立不久，国家工商总局做了一次也是迄今唯一一次全国私营企业排名，希望集团排名第一。

在 1993 年前，希望公司还只是饲料公司，不是集团——当时中国还没有一个集团化的企业，但我们在全国扩张，没有集团化体系，管理很难，所以找到县工商局提出成立集团的申请。县里一听吓到了，说要请示市里；市里说这事太大，要请示省里；省里直接请示北京。我到北京跑了十几趟国家工商总局，领导说："这是大事，会认真研究，正在看国外案例。"半年后，领导打电话说，国家研究决定，希望饲料符合成立集团的条件，可去地方申请，已打好招呼。这样，我们才成为改革开放后第一家企业集团公司。

之所以动"集团"的念头，也是因为注意到海外有很多集团公司，他们走规模化、集团化的现代企业制度管理之路。1991 年前后，我们在中国饲料市场已做出很大成绩，算是最好的。一家美国知名的跨国饲料企业就找到我，说看好中国市场的潜力，想要跟我们合作。我问怎么合作，对方说换股。什么叫换股？我当时一点概念都没有，对方就继续解释并邀请我去美国参观。

在美国，我看到了美国的大农业、高速公路、超市……甚至是商场的扶梯，都让我惊讶，因为当时中国还什么都没有。那是一个冬天，对方董事长邀我去他家做客，他家别墅的游泳池，冬天可将水温加热，人能在室外游泳。我当时太诧异了，原来我们的差距有这么大，心里很不是滋味。对方说，将派会计和律师谈合作，会提供 3 年的财务报表和资产评估，希望我们也能给他们。我一听就傻眼了，什么是财务报表？中国那时也没什么会计和律师事务所，我们的财务制度、公司制度都很不完善。我心里很明白，合作肯定黄了。

回国后，我就暗下决心，要规范企业，采用现代企业制度，并且尽可能像这家公司一样现代化、规模化、国际化。1993 年，我们从成都走出来，在全国各地兼并收购了近 20 家工厂。1995 年，为完善治理结构，理顺产权，四兄弟分家调整。大哥热爱电子科技，去做电子科技行业；三哥学农，继续深耕农村做种植业；二哥和我留在饲料业。

那几年，民营企业逐渐被认可。1993 年，我当选全国政协委员，那年约有 23 个民营企业家当选，是改革开放后的首批。“两会”上，我做了一个大会发言，叫“私营企业有希望”。有领导说，讲私营企业是不是太敏感，我说这是我的感触和体会，私营企业是改革开放的受益者和参与者，一样能成为国家的建设者。他说要再请示一下，最后高层领导通过了。我没想到，标题刚念出口，台下就爆发出热烈的掌声。最后效果很好，新闻中心为此还专门安排了中外媒体联合采访。

还是 1993 年，我当选全国工商联副主席，是其成立以来首位民营企业家副主席。工商联是政府和民营企业的桥梁，我在任 10 年间，工商联组织了多次全国民企的调研。这些调研发现，民营企业普遍规模较小，同时很难参与一些行业。最重要的是，他们融资非常困难，在成长发展阶段得不到资金支持，国有银行不给他们贷款，而有些国有银行坏债率极高，达 20%，按照国际标准早该破产了。

我们就想，可否在银行领域做个试验，由工商联牵头，是会员单位的民企出资，办一个民营的全国性商业银行。1993 年“两会”期间，我联合 40 多家民企提出提案，第二年经叔平先生以工商联名义给时任央行行长的朱镕基写信。朱镕基很快回复：“请人民银行予以考虑。”1996 年 1 月 12 日，中国民生银行成立。过程并非一帆风顺。当初大家听说这想法都很高兴，报名就报了 100 多位、资金 100 多亿元，结果到交钱时，好不容易才凑了 13.8 亿元。那时民企普遍比较小，拿得出钱又符合条件的少之又少。有人说，是不是再找些企业？我说，既然没人规定注册资金一定要达到多少，不妨从小做起，就此求得发展。今天的民生银行，资产规模已有近 6 万亿元，年化税后利润约 500 亿元。民生银行的实践证明，只要政策允许，通过规范运作，很多事情民企是可以做到的。

1982 年，我们创业时还没有民营企业这一说法，个体工商户都被认为是不务正业的，当年就有人说我“好好的教师不当，为什么去不务正业”。改革开放 40 年，我们企业 36 年，体会很深。最高兴的还是源于改革开放，今天民营企业用近 40% 的资源，缴纳了 50% 以上的税收，创造了 60% 以上的 GDP，贡献了 70% 以上的技术创新，提供了 80% 以上的就业岗位。可以说，40 年间，民营企业成了中国经济的重要组成部分，已得到社会各界的认同。

● 采访手记

在四川，“希望饲料”可谓耳熟能详。记忆中的川西农村、四川电视台、电线杆广告里，有它的频繁印记。甚至，就连今日的四川火锅中，被木签穿成一串的鹌鹑蛋吃法，都来自20世纪80年代刘氏兄弟的灵感。有市场营销学教材曾分析，在改革开放起步的年代，“希望”的品牌名称呼应了人们当时对未来的美好憧憬，这也是其成功的原因之一。

“希望”之后，是“新希望”。对刘永好的采访，被放在新希望集团的北京办公室。他皮肤黝黑，轮廓分明，看着比实际年龄67岁要年轻许多，脸上一直挂着笑容，不禁让人想起刘父当年为刘氏四兄弟起名时的期望：“言行美好。”

说到投入时，刘永好会闭上双眼，沉浸在40年来的回忆中。长达36年的创业历程，让刘永好成为了解40年来民营企业家概况的最好样本：几乎与共和国同龄，当过知青，走过“文化大革命”，在改革开放后下海创业……近70年的社会变迁，他是见证者乃至参与者。

而在改革开放后的第一代创业者中，刘永好是为数不多的硕果尚佳者。当年与他同为政协委员的诸位民营企业家中，还在参加“两会”，甚至在商界沉浮的人已屈指可数。多数人或急流勇退，或被时代抛下，他却平稳地迈过了民企原罪般的几个大坎儿：创业、政商关系、企业传承、创新发展等。经济学家厉以宁曾评价他，“至今几乎没有大的战略失误”。

他从养殖起家，后转战饲料领域，击败改革开放后一度占领中国市场的泰国正大集团，借市场经济东风开启跨越式发展，创下了1949年后中国民营企业家的诸多“第一”：第一个企业集团、第一个民营企业家出身的工商联副主席、1994年《福布斯》首次公布中国富豪排行榜时名列第一等。除了以农牧业为主导的“新希望”连年位列中国企业五百强前茅外，刘永好还将眼光投向地产、化工、金融投资等领域。

他坚持“快半步”的企业经营哲学，“永远快半步，半步刚刚好，快多了容易踩虚”。刘永好说，中国市场变幻莫测，因而民营企业的现代化、规模化是必经之途。刘氏兄弟分家后，他开始涉足多元领域，同时力求家族企业向现代企业转型——即使是成功接班的女儿刘畅，其过渡期也长达数年，为此还聘请了北京大学国家发展研究院教授陈春花担任总裁。

厉以宁还曾评价他，“从没有被财富扭曲，这更加难能可贵”。他说，这得益于自己青少年时期的经历，也与国运紧紧绑在一起。“文化大革命”期间，刘父被划为走资派，家里经济陷入窘境。“那时我最喜欢下大雨刮大风。”刘永好回忆，这意味着他可以捡到很多树枝和树干拿去卖，补贴家用。即使事业有成后，他也严格要求后辈绝不炫富。一家人出游，儿女要全权负责行李、交通、食宿，“我们坐头等舱，他们一定坐经济舱”。

20 岁前，刘永好没有穿过一双自己的鞋子。曾经，他有机会作为红卫兵来北京接受检阅，家人在废品店买的废胶鞋被踩坏了，他打赤脚不能被检阅，最后想办法打着绷带接受检阅。家里给他凑了十几块钱，他拿着钱，赤着脚去王府井买组装收音机用的电子配件。

他将 36 年的经营体会总结为 12 个字：“埋头拉车、抬头看路、仰头看天”。埋头拉车，即做好老本行，力求在产品等方面做到极致；抬头看路，随时观察市场有何变化，哪些行业和格局在变；仰头看天，时而看看“天气”怎么样，如“一带一路”等政策环境和国际格局影响，“是太阳高照还是阴雨绵绵”。

改革开放，就是最好的“天气”。刘永好及其企业的经历说明，虽曾有过微风细雨，但1978年后，中国的天空开始放晴了，“至少没鞋穿的问题不会再有了”。

张瑞敏

“不划算”的自创品牌

口述 | **张瑞敏**　采访、整理 | **王海燕**

在张瑞敏看来，改革开放最大的价值在于，为中国企业创造了一个机会，可以在新的时代里，和世界同行站在同一起跑线上。

改革开放，创造了很好的机遇，问题是你能不能抓住。海尔在改革开放里做大做强就两条：第一，没有改革开放就没有海尔，20 世纪 80 年代早期海尔还是一个很落后的小厂，有了改革开放，我们才能够引进德国的生产线，引进先进设备先进技术，才能够起死回生；第二，我们抓住了改革开放的一些时机，比如像小平同志“南方谈话”之后，我们马上收购了 18 家企业；2000 年，中国加入 WTO，就是外国商品可以入关了，当时一听说入关，我们先跑到国外，在美国南卡罗来纳州设立了自己的工厂，并将设计中心放在了洛杉矶，将营销中心设在纽约，直接在当地招聘 200 多名员工。那时候我们的这一举动引起很大争议，大家都觉得，都是美国到中国设厂，你怎么到美国设厂。其实我们的主要目的是想将触角延伸到海外，直接在海外生产、销售，一方面降低成本，一方面提高机动性，适应国际环境。

20 世纪 80 年代末 90 年代初，很多地方还盛行出口创汇，国家有关部门也颁布了“适当减免税额，对创汇有突出贡献的企业适当奖励”等政策，当时有很多企业想借此机会多赚些钱，争着去做低价出口生意。

但海尔从开始走出国门一直到今天，一直坚持的是以创牌为导向的。到现在为止，我们依然是中国企业里面很少有的一台代工都不做的企业。这个过程肯定非常难，我们从 90 年代早期就开始部署进入欧洲的计划，最早去的就是德国这样的制造业大国，后来我们也费了很大劲才挤入主流渠道，欧洲消费者也很认同，价格甚至比当地品牌价格还要高。但我们做过实验，先问消费者这款冰箱怎么样。回答说很好。但如果告诉他这是一个中国牌子，对方就说还要考虑一下，当场就表现出来，这就是我们的处境。

但我们坚持一直做创牌，而且到全世界各地树立起自己的牌子，包括欧洲、美国、日本这些发达国家和地区，其实不单单是创一个品牌，我们是融入当地，满足当地消费者需求。这个可能真不是投多少钱的问题，你再有钱，短期也做不到。我们坚持了很多年，很多人问：为什么你们做，别人不做？因为国际上有一个定律，到你本国之外创立品牌，会亏 8 年。当时我们还疑惑为什么。可能用不了吧，心里还是有怀疑的。但我们在美国亏了真是不止 8 年、9 年、10 年，这就是其他一些企业不干这一件事的原因。为什么要创品牌，代工没有任何损失呀，大家算算账，就不愿意去创了。我们当时至少赔了几百亿元，现在的利润率可以到 10%，但是最低一年利润率降到 1%，是咬牙做下来的。

其实关于品牌，我个人认为应该分三类：一类是传统的产品品牌，像耐克、阿迪达斯这些，中国企业根本赶不上它们，因为第一它们有品牌溢价，研发可以走到前面，第二有全世界最广的销售网络、研发网络，中国企业没有办法追赶的；第二类是互联网时代的平台品牌，比如电商一下子可以做得很大，以前我们要么是名牌企业，要么给名牌企业打工（中国很多企业都是给名牌代工），到平台品牌时，要么你拥有平台，要么被平台拥有。

下一步我觉得应该是生态品牌，一切以用户为中心，在这个生态里面，应该形成共赢体系，给用户创造价值。而且以后的品牌是以用户为中心的，和原来的品牌应该不一样，大家现在也看到了，很多传统的产品品牌都找不着了。最典型的就是日本，日本原来有很多好的品牌，现在都不行了。从这个角度，在这个时代，企业不应该以百年老店作为目标，只应该把企业成为生态作为目标，如果成为生态，这个企业就不是原来的结构，只是一个生态组织而已。为什么要追求百年老店？这没有什么意思。

其实海尔在海外的贡献，除了创牌，还有一个是管理模式。在管理企业方面，我们原来是学习人家，模仿人家，比如改革开放初期学习日本，20 世纪 90 年代学习美国，没有自己的管理模式，没有自己的管理方法、管理思想。但现在到了物联网时代，我们有了“人单合一”这一独创的管理模式（“人单合一”模式从字面上讲，“人”就是员工，“单”是用户需求和用户价值，“合一”就是实现员工价值与用户价值的统一。通过“人单合一”模式的实践，海尔每个员工都面向用户，满足用户的需求），就是将市场目标分解到订单上，再以分订单的形式下发给员工，由员工对各自的订单负责，海尔通过“人单合一”模式基本实现了生产的低库存、低成本和快速反应，希望能够成为一种引领世界企业的管理模式。

改革开放，从改革的角度，就是给了我们企业更大的自主权，从开放的角度，我们只是其中的一分子。中国企业原来是学生，都是亦步亦趋跟在外国企业后面学习，但是现在可以创造了，现在我们处于互联网阶段，以后可能会是物联网的阶段，在这两个阶段里，大家都在一个新的起跑线上，我们反而可以跑在一些国际大公司前面。

所以我的概念不是弯道超车，应该是换道超车。弯道超不过人家的，难道他要减速，你不减速？但换道就不是，都是重新起跑，而且他们比我们更麻烦，麻烦在于原来的资产今天都变成负债，某种意义上，我们反而可以轻装上阵。改革开放 40 年的变化，最有价值的就在这里，不是简单的我的量比你大多少，生产比你多多少，那只是外在表现。

● 采访手记

在青岛，可以轻易地找到海尔的印记，海尔路、海尔酒店、海尔小区、海尔学府、海尔工业园……这些以海尔为内核的机体，变成了城市部件，密密麻麻地遍布在这座半岛形的北方城市上，临水眺望着广阔的太平洋。而这一切都是在短短 30 多年里生发而出的，这个时间甚至应该算得更短一些，因为“海尔”这个名称实际上来自青岛电冰箱总厂引进生产线的德国公司“利勃海尔集团”，到 2004 年末才正式启用如今为人熟知的中英文新标志。

作为海尔的灵魂人物，张瑞敏毫无疑问是最能代表改革开放成果的那一类企业家之一，事实上，在海尔为其管理模式举办的论坛上，有来自全国超过10家的媒体，都想要问问张瑞敏有关改革开放的问题，以至于公关都笑着说：“最好别问砸冰箱的问题了，砸了两次冰箱，说了30年。”而在后来的访谈中，张瑞敏也的确对改革开放的问题谈兴寥寥，相反，他力图解释的，更多的是“多元化、生态、平台”这类通常更多出现在互联网领域的词语。

在海尔给出的资料里，同样可以看到，这些年海尔推出了堪称体系复杂、用词独特的各种新概念、新战略、新模式。对于海尔这样早已成为家电巨头的公司来说，很难在短时间内去评判这些“新”所带来的变化。但正如张瑞敏对“百年老店”的不以为意，这种对“新”的追求展示的是，在改革开放40年以后，世界正在变得更加瞬息万变，这些曾见证了曲折与光明的企业家，前方依然是曲折和光明并存。

陈东升

中国拍卖 25 年

口述 | **陈东升** 采访、整理 | **张星云**

离开体制下海从商，并一手创办了中国第一家国际性的中国嘉德拍卖行，陈东升见证了中国艺术市场的所有重大时刻，25 年后，他成为苏富比单一最大股东。

20 世纪 80 年代，大部分年轻人了解世界的窗口只有两个：一个是《参考消息》，一个是中央电视台《新闻联播》最后 5 到 8 分钟的国际新闻。经常会有索斯比（Sotheby's）、克里斯蒂（Christie's）等拍卖行的新闻，我印象非常深刻。有一次新闻里说：今天伦敦拍卖了印象派大师凡·高的《向日葵》，创了天价，《向日葵》被一个神秘买家通过电话买走，听说这个买家来自日本。我一辈子都忘不了电视里的那个画面，古老的建筑里，一个文质彬彬、打着领结、五十开外的长者，站在高高的拍卖台上，指点江山，俯视着拍卖大厅里坐着的那些雍容华贵的男男女女。那是西方上流社会的一种高雅游戏，那么遥远、那么神秘、那么高贵，我觉得永远达不到。

1991 年，我在国务院发展中心《管理世界》做副总编辑时，去杂志社下属的文化市场研究所，当时天已经黑了，在北京南城马路的路灯下，研究所所长李刚和副所长杨林给我拿出一份《羊城晚报》，上面有一篇评论文章，说中国有五千年悠久的文化传统和历史，却没有一个有影响力的艺术品拍卖行。他俩说：我们搞拍卖行怎么样？当时就触动了我脑海里电视上关于拍卖场面的画面，我说行啊。我觉得自己最初建立嘉德的动机就是再造中国文化和精神上的上流社会。

1992 年，《有限责任公司规范意见》和《股份有限公司规范意见》两个文件颁布，我知道机会来了。我拿着报纸天天看，一点点学。我创办嘉德的合同书、章程全是按照这两个文件的条文自己写出来的，然后又拿着报纸到文化部、人民银行跟他们宣传这些，讲马克思在《资本论》里对股份制的思想和观点，把老祖宗搬出来说服这些体制内的官员。

我因为之前搞中国五百家大企业评选，与国有企业领导关系很熟，很快募集到 2000 万元股本。多年来的经验让我对体制很了解，知道申请执照一定不能直接提出或触及文物拍卖，只能打擦边球，说做工艺品，因为工艺品不受文物管制。但光是这样还是不够的，我们向文化部申请办公司，要一个有实力的和文化艺术相关的单位做股东。我就找了中国画研究院，给了他们 5% 的股份，2000 万中的 100 万。中国画研究院出个文，由他们向文化部打报告，文化部受理了。我们还需要国家文物局批准，我很敬佩当时国家文物局局长张德勤，他冒着极大的政治风险率先批了，他说拍卖是为了保护文物的流通和利用，收藏也是一种保护，不是流失。随后我又去国务院生产办和国家工商局注册登记。这就是改革之初的时代，各种变革在变与不变之间，在合法与没有法律支持之间，突破旧体制的作为与如何作为，都体现了人们的胆识与智慧。

1993 年 5 月 18 日，全部程序走完后的第二天，“中国嘉德国际文化珍品拍卖有限公司”在长城饭店租了 4 个房间，正式开张。筹备期间，长城饭店公关部总经理王雁南有一天和我说：“索斯比有人来北京，见不见？”我说见，到访者是索斯比拍卖行管家具拍卖的梅森。他和我说，拍卖一定要公正，卖高了、卖便宜了都会伤客人，拍卖行不能跟买家、卖家抢生意，只能做中间人。一定要保证艺术品的品质，不能欺骗人，因为别人早晚会知道，知道了，就不舒服，就会离开你。梅森的一席话对我影响很大，嘉德从此坚定不买不卖，诚信经营至今。

1949 年后，国家规定文物专营，只有文物部门直属的文物商店和外贸部下属的工艺品进出口公司可以出售文物。而嘉德这种文物艺术品拍卖的交易方式，对于原来陈旧落后的文物商店体制无疑是一种革命性的颠覆。1993 年，我们第一次征集拍品时，他们还没有意识到我们对他们的挑战。中国画研究院副院长赵榆陪我去了很多地方，当时嘉德没有自己的专家，每一件东西拿回来都得找外面的专家看，包括徐邦达、耿宝昌、章津才，他们也没有钱的概念，看了也不收钱，觉得我们去请教就很高兴。

嘉德从 1993 年 5 月至 1994 年 3 月，用了几乎一年时间征集第一次拍卖的拍品，那时长城饭店 4 间办公室的日租就要 400 多美元。天天付房租，月月付工资，我压力非常大，时常胸闷、心痛，晚上睡不着，做噩梦，没有经历过压力的人，体会不到心冒冷汗的感觉。

1994 年 3 月 27 日，终于迎来了首场拍卖的日子。我们请徐邦达先生给嘉德开首槌，为中国拍卖行业的未来发展敲下了开创性的一槌。第一次拍卖基本是朋友帮忙，友情制胜，165万元的齐白石《松鹰图》被国旅总社买下，张大千的《石梁飞瀑》拍了195万元，被中关村信用社买走。全场拍卖成交额1400万元，在中国艺术品市场创下齐白石、张大千个人绘画价格的世界纪录。当晚，我们去了长城饭店旁边亮马大厦里的萨拉伯尔韩国烧烤店，庆祝首拍成功，喝真露酒，我们全都喝醉了，我在办公室椅子上睡了一宿。

我的青少年时期是在“文化大革命”中成长起来的，嘉德刚成立时，我就想拍卖《毛主席去安源》。《毛主席去安源》是“文化大革命”早期的著名油画，曾在中国革命博物馆展览，受到大家推崇。我有这种敏感，这张画会写进历史。最终在1995年秋天，建行以550万元拍下了它，加上10%的佣金总计605万元，相当于现在三四个亿，轰动全球，也给嘉德带来了巨大的声誉。接着嘉德又搞了一场新中国美术拍卖，当时我去菲律宾出差，在机场看到好几份杂志的封面和封底都是嘉德拍卖的报道，影响很大。

影响最大的拍卖还是天安门宫灯。开国大典用的宫灯一共8个，是用铁棍和竹皮做框架，外面的红布每几年一换。1994年国庆开始采用新式灯笼代替原来的8个旧式宫灯。当时天安门管委会需要筹集几十万元给郊县老百姓打两口深井，于是我们给他们出主意，8个宫灯，管委会自己留一对，送一对给中国历史博物馆，送一对给中国革命博物馆，剩下一对嘉德卖掉，用于筹钱打井，最后他们同意了。

拍卖当天爆棚了，像政府开记者招待会一样，拍卖桌上堆满了话筒，起码有几十家中外媒体的记者。下午2点拍卖开始，场内气氛非常凝重，七八个买家争到 800 万元以后，就剩下中华百亭鱼乐园和国安广告公司两家了，他们一直咬到 1380 万元，最后是中华百亭鱼乐园买到。整个过程太快了，从无底价到 1380 万元用了不到 7 分钟，出乎所有人的意料。我坐在后面，心里一直在说：疯了！疯了！

那时候，老百姓家家都看中央电视台《新闻联播》后面的天气预报，收视率特别高，节目里预报每个城市天气的时候都有个背景图片，其中就有北京的中华百亭鱼乐园，那是一个宁波的开发商搞的房地产项目。拍卖结束，大家围住我要采访，我脑子里一片空白。最后记者说：这样吧，你就说一句，天安门宫灯成功拍卖是最好的爱国主义教育。就这么一句话我说了 5 遍才把它说清楚。

当时社会的舆论环境对我们有很大压力，很多人质疑拍卖会不会加速文物的流失，好像拍卖是卖国一样，因此我觉得必须以事实让大家看到拍卖有利于文物保护。在开始拍卖的第二年，1995 年秋天，我们举办了"杨永德藏齐白石书画专场"。杨永德是香港的大收藏家，收藏了很多齐白石的画，他给了我们 165 件，拍了将近 1300 万元。这是国内第一次因为拍卖促成海外流失文物艺术品大量回流，拍卖一下子从"卖国"变成了"爱国"，从此改变了拍卖的政治形象。

这个专场意义重大，但为了使这场拍卖成功，我向杨永德垫付了 1500 万元保证金，从而错过了张先的《十咏图》。1995 年的一天，有个人找到嘉德，说有件"东北货"，北宋张先的《十咏图》。那时我入行时间不长，不知道北宋的东西到底有多值钱，没有这个文物知识。黑乎乎的画说要 400 万元，要我们先垫付 200 万，但那时我把钱都垫付给了杨永德。我将信将疑，没有同意，谁知他扭头就去找了瀚海。1995

年 10 月 3 日，我永远记得这一天，张先的《十咏图》在瀚海拍了 1900 万元。这场拍卖改变了中国书画市场的格局，瀚海在古画拍卖上越来越好，嘉德则在近现代绘画和油画领域卖得好。

当天晚上，我正郁闷地开着一辆黑牌沃尔沃漫无目的地在长安街上行驶，当路过天安门时，突然接到一个电话，说："东升同志，今天中国人民银行党组通过了泰康人寿的创办申请。"

嘉德初创时，我自己做董事长兼总经理，掌控宏观和建立各种人脉关系。人家说我像设计家，我觉得我就是督促着别人干活的，尤其是第一场拍卖之前，压力大得天天逼着大家干活。从 1996 年创办泰康人寿保险公司起，我就只做嘉德的董事长，把总经理的位置交给了王雁南。

嘉德 20 周年的时候，我们去纽约做推广和答谢活动。到纽约的第一天，我就去见了苏富比的梅森，当年嘉德初创时，他对我这名新入行的年轻人的谆谆教诲，成了我一生最宝贵的财富。因此，我和王雁南还特意与他合了影，以作纪念。

● 采访手记

20 世纪 90 年代，中央电视台的《东方时空》广受欢迎，基本上人人都要看。1994 年 3 月 27 日，陈东升创立的嘉德首场拍卖成功后，《东方时空》的现场报道引用他的话，说嘉德的这声槌响，预示着纽约、伦敦、北京三足鼎立时代的到来。

"那时这完全是一句祝福的话，没想到 25 年后居然成为现实。"陈东升感慨地说。如今纽约、伦敦、香港和北京已经形成全球四大拍卖交易中心，艺术品市场就此被分为西方艺术和东方艺术两大板块，其中东方艺术就是以中国文化艺术为核心。

1744 年成立于伦敦一片果园和花卉市场的苏富比，正是陈东升创办嘉德拍卖之初崇敬与学习的对象。在苏富比香港拍卖会上，这位中国企业家第一次真实见到了他在《新闻联播》里憧憬已久的拍卖现场，他扛着在日本留学的弟弟送给他的摄像机，“偷偷摸摸拍现场的一切，牌子、记分牌的样子、拍卖师，连预展时用的玻璃罩子是几厘米厚等细节都仔仔细细抄在小本子上”。

作为“92 派”企业家的代表人物，陈东升离开体制下海从商，在 1993 年创办嘉德拍卖，1994 年创办宅急送之后，1996 年移交了嘉德拍卖的实际管理权，创办泰康人寿，并任董事长兼首席执行官至今。2016 年，泰康人寿更是以 16.25 亿元人民币控股 13.52% 成为苏富比单一最大股东。“今天，我们用 25 年的时间，走过他们 200 年时间走过的路，与他们形成鼎立之势。”陈东升说，“为什么能这么快？是因为中国改革开放和经济的高速增长，让中国成为世界第二大经济体，也让中国艺术品市场像其他市场一样繁荣起来。”

25 年里，中国拍卖行业从无到有，他经历了一切。当年艺术品价格不高，老干部、知识分子、收藏爱好者等中产阶层都可以买到，而今艺术品市场发生了彻底的变化，艺术品慢慢集中到少数大收藏家手中。他认为这些企业家和大收藏家是人类文化的守护人。“因为艺术最后要被人鉴赏，被人保留，艺术品被价值化是很重要的，人们就会珍惜它，就会把它收藏进博物馆。”也正是艺术品市场的繁荣，评论家、美术杂志、鉴定家、博物馆等一个生态群体才会繁荣起来。

梁建章

中国人出游的互联网故事

口述 | **梁建章**　采访、整理 | **王海燕**

作为一个带着互联网基因入场、中国最早盈利的电子商务公司，携程讲述的是一个中国传统行业爆发式增长的故事，它的国际化故事才刚刚开始。

1998年，互联网在中国悄然兴起，我觉得干一番事业的机会成熟了。当时互联网非常热，风险资金也充裕，这是很好的创业机会。于是，我做了一个大胆之举，离开了供职的甲骨文中国公司，决心自立门户。为什么将创业的目标瞄准旅游业，选择做旅游类网站？我想，一方面是出于对国内旅游市场的预期，另一方面也是一种直觉。

我在美国读书生活的时候，几乎每个周末都会开车去旅游，都是拿着地图，自己开车，订酒店，寻找旅游路线，那个时候美国的在线旅行社已经有了一定的发展，所以这样的自驾游很方便。但当时的中国，旅游业发展还相当缓慢滞后，人们出门游玩基本上都是跟团，“上车睡觉，停车撒尿，下车拍照”，这是当时的真实写照，游客的自由时间非常少，根本没有“自由行”的概念。除了景点游玩受限，订酒店、买机票都十分不方便，以前的旅游，酒店只能通过朋友或者公司的协议价来定，没有门道的，只能去了景点再找住处。每逢节假日旅游旺季，很多游客到了景点，却没有住处，到处奔波找房，旅游的大半时间在找房中度过。

我有一个同事讲过一件事。有一年，她和朋友去千岛湖游玩，碰上旅游高峰，全镇都没有房间，他们坐着出租车满镇子跑，看到一家客栈就跳下去问，找得真是快哭了，最后终于找到一间房，两男两女就在那间房里窝了一晚上，可想而知，体验有多么糟糕。

可以看出，当时传统旅行社提供的服务是很不到位的，很难满足游客的需求。有不足，就意味着旅游业的想象空间、成长空间会更大。而从宏观经济的角度来看，虽然当时中国人均 GDP 不足 1000 美元，但是有数据显示，1990 年到 1997 年期间，中国实际人均 GDP 年平均增长率最高达到 9.9%，大大高于改革开放早期的水平。1998 年，中国的旅游业规模就达 2391 亿元人民币，旅游成为老百姓的第二大支出，甚至还高于汽车行业。按照这个发展趋势，伴随着人均 GDP 的增长，中国的旅游产业一定会是朝阳型的支柱产业。

另外，回到 1999 年携程创立的时刻，还有两个背景值得注意。一是为了拉动内需促进就业，1999 年中国正式设立了“五一”“十一”两个黄金周，直接把旅游业推入了大爆发时期，旅游也正式成为我国国民经济中发展最快、最具活力和总体运行质量较好的一项新兴产业；二是当时国内刚刚兴起在线预订，同时在线旅游行业又不需要物流配送，一定会成为中国最早崛起的电子商务。

有了创意后，构建团队成了创业的关键。一开始就是几个朋友，与我相熟的沈南鹏、季琦成了携程最初的创始人。当时我是甲骨文公司中国咨询总监，有较深厚的技术背景；沈南鹏是耶鲁 MBA，有多年投资经验，具备相当的融资能力和宏观决策能力；季琦则有丰富的创业经验，擅长管理、销售。后来，我又找到了时任上海旅行社总经理的范敏，力邀加盟，和我们原来的 3 人构成了携程最早的管理团队，就是后来人们说的“携程四君子”。携程成立时，正逢互联网高潮，所以当时我们拿着计划书，就迅速从 IDG、软银、晨兴等风险投资商那里融资了 500 多万美元。

但在我的设想中，携程并不是一家纯粹的网站。现在的人可能很难想象，当时旅游业的各种配套有多落后，比如飞机出行，直到 20 世纪 90 年代早期，在中国买一张机票，都还需要介绍信，后来发展到可以直接在票台购票了，但依然没有全国的购票网络。为了买一张机票，还要给卖票人递烟，这种奇怪的经历在当时见怪不怪。携程很早就开始做机票分销业务了，也拥有很好的和各大航空公司的联系网络、一个在当时比较好的呼叫中心，但规模始终比较小。

面对这个市场，2000 年 11 月我们并购了北京现代运通订房中心，这是当时国内最大的电话订票呼叫中心。紧接着到了 2002 年 3 月，携程又并购了当时北京最大的散客票务公司——北京海岸航空服务有限公司，这个团队的模式是利用呼叫中心为客户订票，还提供送票服务，这方面和携程颇为吻合。收购海岸之后，我们改革了海岸公司原有的管理体系，同时将票据业务放到网上来。我们当时的想法就是要打造国内第一个全国性的预订平台，包括网络和电话呼叫中心。

通过整个团队的努力，一年后，携程的机票订量增长很好，配合不断增长的机票预订业务，技术部门重新设计和开发了一整套机票预订平台，这个技术就是携程发展出的“异地购票”的功能，在行业内属于里程碑式变革。这份创新，在业界造成了非常大的轰动，打开了机票预订的新天地，给我们当时的机票预订带来了很大的增量。

上面提到呼叫中心，这也是携程初创时的一个特色。在携程的早期，差不多一半的员工都扑在公司接电话，和客户沟通、在酒店下单，都是通过电话完成的。有些人可能会奇怪网站为什么还要建电话呼叫中心。这是因为中国和美国的国情不同。在当时的中国，人们仍然习惯通过电话一对一交流，事实也证明，当年携程 70% 的业务就来自传统的呼叫中心。2003 年 11 月，我们开始了携程的上市全球路演，在不到两个礼拜的路演之旅中，我们走遍了中国香港、新加坡、伦敦、波士顿、纽约、芝加哥、旧金山等地，最忙的一天，连续开了近 10 场与投资者的见面会，在这些见面会上，我们不断向投资人讲述呼叫中心的故事，我们得向他们解释中国在线预订和电话预订之间的逻辑关系，这是一个非常有中国特色的故事。

正是凭借新兴行业的技术和管理优势对传统行业的整合，2002 年，携程的营业额就已高达 1 亿元人民币，净利润也让平均净利润率只有 1% ~ 2% 的传统旅游行业难以望其项背，这和很多人印象中互联网公司的烧钱模式是不一样的。2003 年 12 月 9 日，携程正式登上了纳斯达克的舞台，实际上，2000 年中国正遭遇起源于美国的第一次互联网寒潮，在这个背景下，我们成为 2001 年到 2003 年期间在美国上市的第一个中国公司，首日股票涨幅也是那三年全球在纳斯达克上市的公司中最高的。

如今，携程已经走过了19年历程，和1999年的中国旅游环境相比，中国的旅游业已经发生了翻天覆地的变化。比如，2018年1月至7月，携程平台上西成高铁旅游产品预订量同比增长1倍。我们注意到，除了“高铁+酒店”这一常规产品，不少游客还有租车、目的地景区游玩等多样化需求。所以，携程最近刚刚上线了“高铁游”频道，这是一个高铁综合旅游平台，不但有一目了然的高铁地图和公里数，还专门为高铁游客带来优惠的酒店价格和其他打包产品的优惠。实际上，截至2017年底，中国高铁总里程已经达到2.5万公里，位居世界第一。高铁网日益完善，高铁成为越来越多游客首选的出行方式。不少高铁沿线的中小旅游目的地被纳入游客行程，为当地旅游产业带来爆发式增长。

记得在组建公司时，大家就有一个鲜明的目标，要打造一家专业化的、规模化的上市公司。现在，我们目标依然清晰：打造一家世界级的旅游服务公司。中国在几年内，将拥有世界上最大的旅游行业市场，完全有可能培育出万亿级交易额的世界五百强公司。

● 采访手记

梁建章现在更多以人口学家而非携程创始人的身份出现在公众视野。梁建章的少年时代是以电脑神童的身份被人认知的，13岁就因开发电脑写诗程序，拿到了全国第一届电脑程序设计大赛金奖，其后在美国攻读的也是计算机专业。但他身上并没有表现出很多互联网公司创始人的技术极客气质，而是表现出作为企业家在复杂形势里杀伐决断的理性和作为学者对宏观世界的情怀投入。

很容易看得出他如今的兴趣倾向，即使在9月17日携程的新产品“高铁游”新闻发布会现场的记者采访中，他也很少以绝对笃定的语气去评价这款公司产品的市场未来，就像大多数企业家会在产品发布会上做的那样，他讲述更多的是中国高铁的发展、世界高铁发展中的国家经济背景。

梁建章曾在携程两进两出，第一次是带领携程在短短4年间上市；第二次是2013年后重回携程，带领公司在新的移动互联网环境中，从群雄逐鹿中厮杀出来，继续稳稳保住了在线旅行服务行业的领头位置。梁建章本人身上的这种复杂性和传奇性很容易让人忽略，在中国的互联网企业中，他一手创办的携程同样是一个极其特殊的存在。这个公司创立于中国第一次互联网浪潮巅峰时期的1999年，那时的风投环境很容易让人想到几年前移动互联网浪潮再次席卷中国时的情景，而携程的特殊之处在于，它在互联网尚未在中国完成普及、走进普通老百姓的日常生活时，就成为中国最早盈利的电子商务公司。

某种程度上，这是一个中国故事，而非典型的美国式互联网故事。携程曾被称为“发卡发出来的上市公司”，其缘由是，2001年，刚刚从一个纯旅游资讯网站起步的携程，开始真正渗入旅游业当中的酒店预订。这一年，携程开始在写字楼里敲门发放订房卡片，这种方式看起来和改革开放以来所有草根生长的民营企业一样，粗暴、直白、接地气，但也卓有成效。根据携程老员工的回忆，在发卡之前，通过携程完成的酒店预订量一个月是300间、500间，发卡之后立刻翻番，这种模式随后催生的场景是，携程的发卡大军出现在了全国的交通枢纽，携程的订房量也从1000间暴增到10万间。令人瞠目结舌的增量背后，是中国蓄积已久的旅游需求的释放和爆发。

另外，少有人关注的是，十几年前，携程就在江苏省的南通经济开发区建设了两栋8万平方米的12层建筑，打造了全球最大的旅游业服务中心，包含12万个人工座席，这个服务中心正来自梁建章口述当中让人惊叹的呼叫中心，也就是说，携程这个根植传统旅游行业，并对其进行了巨大改造的科技公司，背后依然是庞大的人力系统支撑。直到如今的移动互联网浪潮里，这种人力支撑的模式依然是如美团、饿了么之类的中国互联网巨头崛起的决定因素。

2018年，在携程公司创立18周年的纪念纪录片《成行》中，我们看到了这样一幅图景：在上海长宁区凌空SOHO，状如高铁的建筑群入口，挂着一块块的屏幕，全中国和全世界出现的订单，在这里被抽象成五颜六色的光点，伴随着每一秒时光的律动，中国地图和世界地图上的房间订单，此起彼伏；机票订单则划出流星般的轨迹，交错纵横。大屏幕的背后，是连接着全世界5000多个城市的200万条航线，以及全世界400多万房型的庞大系统。在系统中，预订一张机票的速度只有7秒，而每一秒，则提供1万条房价变动信息。在建筑物内，还有50台打印机，每天从早上8点到下午3点，一刻不停地打印着机票发票，仅仅江浙沪地区的机票发票，就要装满25个28寸行李箱，再变成7万份快递送往各地。在签证中心，成箱的护照每天被源源不断地送往各国使领馆，每年数百万的人从这里走出国门。

这幅绚烂如科幻电影的场景，展示了中国成为世界第二大经济体后人口流动的极大繁荣。得益于中国庞大的人口基数。在2017年底，携程就已成为月活跃用户数世界第二的在线旅行社，并声称将在3年内成为世界第一。但即便如此，我们仍然很难说携程是一家国际化的公司，因为即使涉及国门之外的业务，其服务对象依然绝大多数是中国人，这也和很多规模在全世界名列前茅的中国互联网巨头一脉相承。正如梁建章所说，携程的上半程讲述的是一个中国故事，而下半程的国际化故事，才刚刚开始。

第二章
创新：中国式

主笔　杨璐

中国的国情为创新提供了土壤和发生的时机。《创新驱动中国》的作者把它总结为供给侧和需求侧的双重推动。在供给侧，中国拥有规模庞大但成本相对较低的工程师和科学家团队，有国家和地方政府在基础设施和科技园区上的投入，有互联网和相关产业的快速发展。在需求侧，中国广阔市场快速成长，不用取代现有企业就可以轻松引入新的产品和服务。也因为快速成长，为失败提供宽松的环境，企业敢于冒更大的风险，快速验证。中国又是一个从物资贫乏而稀缺的环境里成长起来的市场，用户习惯几乎是一张白纸，是各种创新的试验田。

创新的机遇摆在每个人的面前，能抓住它的人却需要企业家精神。现代管理学之父彼得·德鲁克在管理学名著《创新与企业家精神》中把企业家精神总结为有战略的前瞻性，对市场趋势敏感，并且能够建立团队，提高资源产出，甚至开创新市场。改革开放40年来，中国不缺乏这种有眼光、有谋略的企业家。

我们采访的俞敏洪，看到出国留学将成为未来中国的一个趋势，放弃了出国留学的计划，全力以赴创办和经营新东方。新东方的故事告诉我们，创新远不是刻板印象里某一项前无古人的发明，根据《奥斯陆手册：创新数据的采集和解释指南》的定义，在商业实务、工作场所组织或外部关系中，推出新的或有显著改善的产品（货品或服务）、流程、新的营销方法或组织方法都属于创新。我们从生产力很低的水平起步，走过了从山寨到根据中国自己的特点改进的创新。中国的互联网巨头百度、阿里巴巴和腾讯，都从已有的互联网模式中获得灵感，并且最终成长为超级公司。这其中，即时聊天软件始于1996年以色列研发的ICQ，腾讯学习了它的核心技术，开发出了QQ，这是如今腾讯拥有数亿用户的一个基础。可腾讯并没有止步，2011年又推出了微信，虽然同属于即时聊天软件，可QQ有在线和下线的区别，属于电脑时代，而微信始终在线，更适用于移动互联网时代。微信等于是把数亿用户接入了互联网，它所创造和衍生出来的机会远远超出了即时聊天软件的功能和价值。

到今天，百度、阿里巴巴、腾讯都不是一骑绝尘了，新一代的王兴、张一鸣、王小川、黄峥等人正在奋力地追赶前辈，同时寻找可能成长为新一代巨头的市场空隙。我们采访的王小川，他的创业经历也广为人知，从做搜索起家，搜狗输入法成为国民级别的应用，现在他又积极投入人工智能领域。在这一条创新道路上，他甚至不算晚辈，过去的两年中，他是中国最先和最用力鼓吹人工智能技术的互联网公司CEO，同时也率领整个公司在发展和宣传方向上转向了人工智能。

除了模仿和改进，中国人一直很懂得闭门造车的弊端，在创新这条路上最聪明的企业家善于博采众长和开放。华为每年拿出不少于销售额10%的比例投入研发，在2016年研发投入甚至超过了微软、谷歌等大公司，它被看作是中国企业创新的一个典型，但任正非曾经公开表示，华为不是为了追求“自主创新”而关起门来自我循环，而是一种开放式创新，引进全世界最先进成果进行集成。另外一家明星企业小米，也被管理学者看作是开放式创新的案例，它的开放性平台由平台服务和“米粉”组成的社区构成，“米粉”与公司团队之间互动交流，相当于参与到产品研发当中。

我们还采访了李斌，他创办的蔚来汽车刚刚在纳斯达克上市。新能源汽车最近几年一直是舆论关注的领域，这看起来又是一个赶上风口的崛起故事。可从创新的角度看，我们感兴趣的是中国企业家已经从产品本身转移到用户行为的深层理解上来。李斌在采访时说，企业家必须去适应人们的新需求和新时代，用新的技术帮助人们解决痛点。这也是被称为“创新沙皇”的哈佛大学商学院教授克里斯坦森的理论，创新不能仅仅依靠运气，如果以满足用户需求，解决痛点为中心来思考问题，创新的成功率会提高。

中国也有真正的国产自研产品，我们采访了阿里云的创始人王坚。2018年是阿里云创建10周年，10年前当阿里云的核心飞天写下第一行代码的时候，亚马逊和谷歌的云计算也并没做得风生水起。跟其他创新不同，阿里云没有可供参考的成功经验，其他人也想象不出这个技术的必要性和面貌，云计算一度并不被中国互联网的主流认可，王坚受到来自阿里巴巴内部乃至互联网上公开的质疑。就像在荒原里蹚出一条路只能依靠辨别太阳的方向，王坚依靠自己对数据与计算的理解、对互联网发展趋势的判断，坚持走下去，并幸运地探索出了阿里云的技术模式。

现在，阿里云不但承载了阿里巴巴电商迅猛增长所需要的计算，还为第三方提供服务，阿里云同时也带动了中国其他公司在云计算和大数据技术上的投入。王坚说，这不是一个商业竞争的问题，这是国家发展的轨道上的事情。

创新帮助我们走到今天，也会在未来继续扮演着重要角色。

俞敏洪

中国的开放和留学潮

口述 | **俞敏洪**　采访、整理 | **杨璐**

如果说托福考高分在 20 世纪 90 年代是大学生人生更上一层楼的敲门砖，那么俞敏洪的“新东方”就是送他们平步青云的金字招牌。

我记得第一次托福考试是在 1984 年左右，我们班考出来最高分是 550 分，满分是 673 分，所以如果大家不是特别有准备的话，即使北大英语专业学到“大四”的学生，托福也考不出那么高的分，尤其还有听力部分，当时中国学生普遍听力水平比较差，因为没有设备去练习听力。我那次考试也就考了 500 分左右。

我们那个年代上大学的，其实还没开始真正的出国。从公派出国，到转向个人自费都是从 1985 年开始的。1988 年左右，我的两个好朋友徐小平和王强都出国了。他们不是像现在的学生出去读研究生、博士生，为了读书的目的出去的，当时出去就是打工。王强打工一天下来能拿 50 美元，相当于我在北京 3 个月的工资。当时出国有那么大的吸引力，很少说是为了出去搞研究的，大家都是两个想法：一方面是把学位读完，一方面是还能打个工，赚很多钱。

这就是我走上留学道路的时代背景。1988 年，我托福考了 667 分，差一道题就满分了。联系到美国一所州立大学，它能给我 2/3 的奖学金，我只需要负担其余的 1 万美元，相当于 6 万元人民币。当时，这是一个天文数字，北大的工资一个月只有 120 块钱，如果不想办法挣钱是完全不可能支付的。为了凑学费和生活费，我开始去外面代课，又因为出去挣外快被处分，才辞职并创办新东方。

那时候，英语培训市场已经起来了。北大开了托福和 GRE 班，它和北外的培训中心一起，吸纳了 60% ~ 70% 的学生。它的讲课费很高，但我作为年轻老师是没有上这种课的机会的。出去讲课学校又不允许，当时规定北大老师严禁参加北大之外的任何活动。我被处分是因为在外面的代课被归结到“任何活动”，还有一个原因是系里觉得生源被我分流了。

我能够跟北大培训中心竞争，是因为我在日常教学中已经探索出更高效率的教学方法。按照教学计划，20 篇文章要教 22 个星期，我觉得这特别折磨人。我的方法是用三四个星期把整个学期的课程讲完，剩下的时间给学生讲外面的东西，包括古希腊神话、圣经故事，托福、GRE 的内容。这样做就让我养成了与其他老师相比高强度灌输英语知识的习惯，等到我自己开班以后，就很受学生欢迎。因为花同样的钱和时间，学生在我这里的收获大于在北大和北外培训中心的收获。

这一套东西跟传统讲课差异很大，我曾经请几个北大同事来上课，事先还做了简单的培训。我告诉他们讲这种课外英语培训的要点是什么，但是他们改不过来，一走进教室还是按照原来那套东西讲。我的课堂规矩是学生不满意就可以把老师轰走，那几个北大同事全军覆没。有了这次的经验，后来都是我自己培训新老师，招聘没有当过老师的人。

我除了上课紧凑，内容讲得非常到位之外，还在个人风格中加了两样东西：第一个是幽默，第二个是讲励志故事和人生感悟。因为我发现如果纯粹讲书本上的内容，学生很容易走神，所以必须把他们的思维拉回来。我后来才知道这个暗中的观察契合了心理学研究的一个成果，就是每10分钟必须要把人的注意力拉回来一次。要做到这一点，一个是内容讲得吸引人，另一个是运用语音语调、肢体语言，但最有效的方法是去讲学生听了能够开心的那种话，像说相声，不但能把注意力拉回来，而且人的情绪也被调动起来了，这也就是新东方课堂上那么多段子的重要原因。

"励志"这个也很自然，考高分才能拿到奖学金，那就必须得成为人中人。我是一个自我驱动力特别强大的人，从小到大就是把自己"励志"长大的。当了老师之后，我发现并不是每个人都有强大的自我驱动力，那就需要时不时地驱动他们一下，而且励志一次不管用，必须每过一两个星期打一次鸡血。这些后来就是新东方的风格，并且受到学生的喜欢。

1991年，美国开始向中国学生大批量地发放全额奖学金，参加出国英语考试的人数越来越多。在这种市场机遇面前，按照传统方法讲课的北大外语培训中心关门了，而我的英语学校迅速发展，每年收入都是几倍的增长。这个时候，我面临着人生的选择，是遵循最初的打算，挣够学费就出国留学，还是全力以赴地经营英语培训。

出国留学是我一直以来的人生目标，所以我做出从北大辞职的决定并不艰难，因为我本来也没打算在北大一直工作下去。在北大一个月只挣 120 元，对我在外面兼课还有限制，那样的状况是凑不够出国的学费的。出来全职上课至少一个月能拿到两三千元，眼看着离我出国的目标近了。我跟我老婆说，挣到 30 万元一辈子就够了，6 万元交学费，剩下的 24 万元换成美元的话，相当于 3 万美元，在我看来那绝对是大富翁了。我说如果挣到这个钱，我们不光可以留学了，还是美国当地最富有的留学生。

我放弃出国留学跟“1992 年邓小平南方谈话”有点关系。在“南方谈话”之前，大家觉得思想封闭，改革开放好像也有点中断的感觉，现在突然一股春风来了，觉得在中国还是能干事儿的，好像又开放了。国家的大环境和英语培训市场的迅猛发展，让我留了下来。我问自己出国的目的是什么，第一个是为了有更好的学问，第二个是赚更多的钱。现在正在赚更多的钱，更好的学问可以慢慢去追求。

这个人生决定很快就从数字上证明是正确的。我一开始租的都是五六十人的教室，但学生增长速度太快了，老师不够用。我首创了 300 人的班，后来扩展到 500 人的班，从小学教室搬到大学的阶梯教室，后来又变成自己造教室。在增长的过程中，我也从承包东方大学外语培训中心，发展到创办了自己的品牌“新东方”。1995 年，我觉得新东方要长期做下去，不能依靠我一个人。当时的新东方只有三种人：第一种是我招聘的老师，第二种是帮我看教室、打扫卫生的下岗工人，第三种是我老婆、我老婆的姐夫等亲戚。这三种人是没法把新东方做成大事业的，我想认真地把新东方做下去，要有一批志同道合的人一起做，所以我就到国外去，把我的大学同学，那些我认可的人弄回来。

徐小平有文艺才华，王强有文学才华，包凡一有语言才华。我给他们讲国内那几年发生的巨大变化，讲越来越开放的中国给人们带来的机会，而且我变成了一个随时可拿出大把美元的有钱人，这本身就很有说服力。我是 1996 年 1 月 2 日回到北京的，徐小平 1 月 9 日就飞回来了。我还专门买了一辆德国原装进口的帕萨特，就是为了去机场接他，我觉得用面包车接他实在不隆重。徐小平回来担任了新东方的副校长，成立了新东方出国留学、移民咨询处，大力推行他的“人生设计”理念，给新东方开辟了新领域。王强在 1996 年 10 月也从美国回来了，从零做起推出新东方的口语听说项目，而且都是自己编教材。他们成了新东方后一阶段发展的主力军。

新东方的时代机遇也不止于 20 世纪 90 年代，真正的爆发是在 2010 年以后，美国的大学突然向中国开放了，也就是说中国的高中生只要考托福，都可以到美国读大学。20 世纪 90 年代，美国的本科学费和生活费一年需要 5 万美元，在中国很少有家庭负担得起。2010 年以后，很多家庭的存款能达到 100 万元人民币，房子也很值钱，实在不行换个小房子，供孩子到国外读书，已经成了常态。新东方又开辟了一项新业务，大学生出国留学是不需要咨询的，但是高中生选学校需要建议和指导，到现在为止，这个产业的规模依然有 50 亿元左右。所以中国这 20 年的变化其实是非常大的，从留学方面看就很明白了。

● 采访手记

1995年底，俞敏洪跟好友王强走在普林斯顿大学的校园里，东方面孔在当时的美国大学里还是少数，迎面走来的中国学生几乎全都把他的名字叫了出来。那是俞敏洪第一次去美国，他的新东方在国内刚有了起势。俞敏洪估计，当时美国大学里的中国学生有一半是从新东方学校走出来的。因为新东方以培训高分出名，他培训出来的学生平均分都高过其他学校，出国人群里，他的学生就变成最多的。俞敏洪在美国被中国人频繁认出来，也成了打动王强放弃年薪六七万美元的工作加入新东方的一个原因。

联想到广袤的国土和庞大的人口，用今时今日的眼光看，俞敏洪作为一个英语培训老师有这样的经历可谓传奇。2017年，中国出国留学人员突破60万，去欧美留学成为中产阶层家庭孩子的常态。可在俞敏洪成名的20世纪90年代早中期，只有出类拔萃的学生才有走出国门的可能性。他们必须要得到全额奖学金才能负担国外的学习和生活，托福考高分就成了这些大学生人生更上一层楼的敲门砖。俞敏洪的新东方是送学生平步青云的金字招牌。

我们的采访约在了俞敏洪一个重要会议之前，除了那个时间段，他直到国庆节的行程都排满了。他的另一项事业“洪泰资本”的副总裁跟我严谨地对时间，跟他的司机确认方位，确保我们约定的采访时间和他接下来的重要会议都能圆满。跟20世纪90年代初那个英语课讲得很好的俞老师相比，他的人生已经走得太远，他现在是知名企业家和投资人，视野也已经跳出了教育。在互联网创业的领域里，经常可以看见他的消息，他发表各种演讲，还是年轻人的创业导师。

俞敏洪背着双肩包、穿着运动鞋而来，这是中关村街上常见的男士装扮。他喊出的“在绝望中寻找希望”曾经击中过千千万学生和家长的心，让他们继续在学习之路上吃苦耐劳，奋发图强，可他本人讲话却几乎没有空泛的道理，他像一个精准计算的人生投资人，每一个重要的人生节点都把成本收益摆得清清楚楚，然后反问我：“这还需要考虑吗？”没有纠结辗转的内心戏，务实。

新东方的成功首先是时势造就的水涨船高。“1992年邓小平南方谈话”不但让俞敏洪暂缓了去美国留学的计划，觉得留在中国还是能干事儿的，而且那一年根据邓小平南方谈话的精神，国家出台了“支持留学，鼓励回国，来去自由”的方针。俞敏洪拿到新东方办学许可的1993年，十三届四中全会召开，12字的留学方针被正式定为出国留学的方针，国家教委在记者招待会上宣布，进一步放宽自费出国留学的政策，改进公费出国留学的选派工作，动员更多的留学人员回国工作。

用现在的话讲，俞敏洪站在了出国英语培训需求爆发的风口上。他在接受采访时回忆，拿到办学许可之时，北京已经开了二三十家英语培训机构，其中有几家已经规模挺大。只有俞敏洪走得最远，十年之后新东方在纽约证券交易所上市，成为中国大陆第一家赴美上市的教育机构。“那些机构现在一家都没有了。”俞敏洪说。能成为这个市场的佼佼者，因为俞敏洪开创的是“一套全新的产品”。它使得学生考高分的诀窍是，突破英语教学精读泛读的传统教学节奏，高强度、高效率地给学生灌输英语知识，并且教给学生一种能考高分的英语学习方法。

新东方在很长一段时间里一枝独秀，同一般培训机构作为“考高分的工具”相比，它多了温情和精神力量。风趣幽默和励志文化最初是俞敏洪用来处理学生课堂走神儿，提升讲课效果的，他把这作为教学模板，训练新东方的老师，复制进每一个新东方的课堂，现在它成了新东方的基因。活跃在互联网上的罗永浩和李笑来以擅长风趣幽默、鼓励粉丝自我提升而出名，他们都曾经是新东方学校的老师。

这也是俞敏洪的成长经验，他说自己就是一路自我激励长大的。俞敏洪是20世纪80年代初那一代人奋斗的典型例子，出生在农村，参加三次高考才考上北大。从村里的插秧能手融入精英荟萃的顶级高校，转变深刻又痛苦。他普通话讲得不好，开学第一天被说成是讲日语，于是整个一年时间，他每天拿着收音机在树林里模仿播音员。跟同学相比，农村长大的他读书少，休学养病的一年就读了600本书，用填鸭的方式，先放在脑子里，日后慢慢消化，补齐文化素养。这些少年时期的细节几十年后被他写在自传里，成为他宣讲励志的素材。

英语考得好在很长时间里是中国学生向上流动的敲门砖，因为出国留学意味着最好的人生机会向你敞开大门。它背后是自律、勤奋、力争上游的价值观。即便脱离了英语培训，俞敏洪依旧愿意跟年轻人分享自己的“自我驱动力”，在他最新的散文集《行走的人生》里，他说，自己的智商非常一般，就是比别人勤奋，现在平均每天工作16～18个小时。他鼓励年轻人要做有精神支撑的灵魂存在，去闯，去奋斗，不怕失败和艰苦，做最想做的事，成为最想成为的人。这本书卖了20万册。

英语的时代作用跟俞敏洪自身的特质结合在一起，成就了新东方。

王坚

创新最难的是常识

口述 | **王坚**　采访、整理 | **杨璐**

创新要坚持你相信的，相信你坚持的，才能经得住风雨，有成功的可能性。

2008 年，就在我决定加入阿里巴巴，但还没有来上班的那段时间，马云写了一封很轰动的邮件《冬天的使命》，大概是说互联网冬天要来了，后来确实就经济危机了。当时阿里巴巴面临很多挑战，所以，不是说我预见到阿里会发展成今天这个样子，或者我带着明确的云计算设想来实现抱负，而是偶然因素大于必然因素。

因为我是杭州人，从前是杭州大学心理系系主任，后来我去了刚刚成立的微软亚洲研究院。在北京待了快 10 年，那时微软亚洲研究院已经算得上信息技术领域里中国最好的研究院，我想回杭州了，我来到了阿里巴巴。

真实的创新并不像事后写总结，有计划，一个步骤接着一个步骤。我来的时候，没有说好要做什么。非得说对未来有一点方向，那就是我和阿里巴巴对数据有共鸣。我在微软最大的收获就是理解了数据跟计算。我认为，在互联网时代数据成为一种资源，但它不能自己发挥作用，必须得在线，通过数据处理才能创造出巨大的价值。说得通俗一点，谷歌利用每个人都可以获取的网络数据，依靠处理能力，做成世界上最大的生意。而后来我做的云计算，其实就是让数据资源发挥巨大价值的工具。

阿里当时制订了一个关于数据的“奔月计划”，项目已经认真讨论过了，可具体内容一个字都没有。我蛮敬佩他们这种直觉的，虽然对数据没有清晰的认识，但知道它是一个很重要的东西。有个故事很有意思。“奔月计划”英语很难翻译，我就随口说了一句“登月计划”。马云很敏感，他问我，奔月和登月有什么差别。这个问题有点像脑筋急转弯，我就编出了一点理由说，嫦娥奔月是一去不复返，登月是把人送上去还得弄回来，去了以后不回来跟去了又回来，技术难度是不一样的。这搞得马云很郁闷，他本来定了一个“奔月计划”，就觉得是技术难度最大的一件事了，现在又来了一个“登月计划”。过了一两个星期，他还在想这件事，就跟我讲，还是得把“奔月计划”和“登月计划”区分开，我们应该有一个“登月计划”。从这件事，马云对技术的追求给我留下深刻的印象。

真正如何做云计算的念头是工作中形成的。我入职后的首要工作是审预算，阿里巴巴随着业务的增长，每年在 IT 硬件和软件上投入得太多。我觉得没有技术进步，这样下去一定会影响长远的发展。另外一件事情是结束阿里依赖雅虎技术的局面。从前是阿里出钱，在雅虎招了一个团队，专门支持阿里。马云很清楚这不是长久之计，没有技术会要命的。两件事情碰到一起，就是必须自己发展。

跟国外比较，阿里巴巴做云计算也算起步早的。在我们之前，只有亚马逊 2006 年推出了 AWS，也就是 Amazon Web Services 的缩写。它做得也很艰苦，大家理解不了这个创新，最早那批人只能从美国跑到南非分公司去研发。它也不是主流的技术，现在流行的开源的东西都是不存在的。而“云计算”这个词是谷歌发明并流行起来的。我觉得云计算不是很贴切，其实我开始是想叫通用计算，强调公共服务的性质。

之所以分辨这些名字，是因为它涉及对这种技术以及如何应用和发展的理解。云计算技术通俗地讲，你发出指令，不是通过本地服务器完成处理，而是传输到数据中心，那里有成千上万的计算机进行处理，然后再把结果传回给你。这个技术跟普通人有什么关系呢？现实生活里，人们发微博、微信、打游戏，搜索引擎能够实现，都是计算在起作用，而随着生活与互联网的关系越来越紧密，人们对计算的需求，特别是对数据处理的需求会持续增长。问题是没有一台计算机可以单独提供所有的计算能力，也不可能把几万台服务器搬回家。云计算就是解决这些问题的技术，所以它应该是一种基础设施，类似于国家电网，因为计算规模化才能解决成本问题。

尽管方向很清楚，阿里云也得摸着石头过河。我很久以后才知道网上也有议论我的帖子，所以对互联网新闻感兴趣的人可能知道，我们做得蛮辛苦。我觉得这跟创新的发展阶段和人们的认识相关。创新，我把它总结成三个阶段，最开始是把常识普及给所有人，中间是一个混沌期，最后才是技术。第一个阶段，所有人都听得懂的东西是最难的，技术可以聚焦的地方还不是最难的。云计算引起争议和波折多的原因在于，它既有常识的难度，也有技术的难度。当时的中国互联网界对云计算还没有概念，我们 2008 年下半年就开始了“飞天”平台的整体设计，那时阿里云公司还没成立，到了 2010 年深圳 IT 峰会的时候，李彦宏和马化腾并不看好云计算。李彦宏说，云计算是新瓶装旧酒。马化腾说，这个要过几百年、一千年后，到“阿凡达”那时确实有可能，现在还是过于早了。

有一句被传得挺广的话是我说的——亚马逊和谷歌加起来是阿里云一个半的老师。这句话其实就是讲给对阿里云表示怀疑的人听的。当时不这样讲是说不清楚云计算的。大部分人以为我在吹牛，也不知道我在说什么，也不会记下来。

除了常识层面上反复地解释，阿里云一方面要找到市场和客户，一方面要解决阿里巴巴的计算需求。那个时候国内最流行的云概念应用是搞图片存储和网盘，好多人很认真地跟我讲，阿里云得做这个，真的很挣钱。我放弃了这个方向，专注服务中小企业。到今天我都觉得对数据和计算的理解对我帮助很大，云计算是公共服务，云本质上是一个数据分享的平台，没有这些清晰的脉络是经不起风雨的。像国家电网一样，云计算本身是没有用的，造出电冰箱、电视机，也就是有了中小企业客户才有价值。

从这个角度想，阿里云能做起来，走了两个很重要的狗屎运，一个是收购了万网，一个是通过 phpwind 找到中小网站的站长。万网当时是国内最大的域名服务公司，给企业网站备案的。phpwind 是淘宝收购的，被我给要来。它是国内最受欢迎的通用型论坛程序之一，使用它的都是中小网站的站长。这些网站用服务器的成本太高，最容易接受云计算。所以，第一次阿里云开发者大会就是跟 phpwind 合办的，把这些站长都找来，让他们用阿里云，当时除了他们，没人会用我们。

阿里巴巴内部一个很大的技术变革是“去 IOE”，就是用云计算替换掉 IT 基础设施中的 IBM 小型机、Oracle 数据库和 EMC 存储。迄今为止，大家也不愿意多说这件事的细节，太伤感情。IOE 当时是公司的基石，在阿里巴巴拿高薪的人，很多在这个领域。中国有 10 个 Oracle ACE，就是这个领域最高的专家，7 个在阿里巴巴。这种状况之下的变革，是在动一个根基的东西，但这是在用新的互联网技术和架构取代传统的 IT 技术和架构。这件事最先看到的变化是企业成本的降低，但根本原因是我审预算时就意识到的，互联网时代，不仅仅是阿里巴巴，绝大部分企业对计算的需求都难以通过 IOE 来满足了。所以，真的感谢同事把“去 IOE”当事情做下去了。这只是其中一件，中间还发生许多事情，来来回回走了很多人，我现在回想起这件事都觉得很复杂。如果当初有人告诉我，一路是这样的，我可能不会做阿里云了。

后来的局面就是必须得做下去，停还是走就都不是你能决定的了。这时候又出了一件很紧急的事情，我们有一个服务器集群在做淘宝的数据处理，淘宝的快速发展让数据增长的速度大大加快，大家都知道 60 天以后数据就存不下了，也不知道要存到哪里去。那封邮件的标题大概就是“要撞墙了”。如果说阿里云从前那些困难不是在刀尖上的困难，那这件事就在刀尖上了。淘宝能每天开张，全靠它能处理完呀。

要不要在“飞天”上搞，这是一个很困难的抉择。阿里云那几年受到的争议很大，如果说只有一件事决定阿里云成不成，这是唯一的事情。但在“飞天”上搞，出了事一点挽回余地都没有，这不是我滚蛋就能解决的问题，可能阿里巴巴就破产了，团队也不是那么有信心。我在想要不要去找马云说，但是我又没办法去说，他该给我的支持都给我了，我不能让他去做这个决定。该有的困难也不是他讲一句话就没有的。这种境遇是整件事里最让我难受的地方。

那是一个倒计时的事情，没时间让我内心煎熬。我最后还是决定“飞天”一定要搞好，数据要保住。为了给“飞天5K”争取时间，我有一段时间真的是一个硬盘、一个硬盘地数，摸底几个硬盘是需要的，然后删掉没有用的文件，能多争取一天时间算一天。有一个同事跑来找我，说他那边有几千台的服务器集群要拆掉，我当时正在到处找救命稻草，听到这件事简直想杀了他。他一点不知道利害关系，还是按照日常工作在做，这个集群晚一些拆，又能多一些时间。

“飞天5K”是一个5000台计算机的集群，中国当时还没有一家公司做过这样的规模，尽管我们早有规划，可远不止60天。技术上的难度不说，5000台机器要先买来就是一个大工程，当时已经来不及走正常的采购程序了，是我担的保。买来之后，还得找到地方放，在杭州马上找到有能供5000台机器同时运转的用电指标的地方，不是那么容易的。我为什么会对云栖小镇感情很深，因为那么危急的时刻，5000台机器放到这里来了，它有工业园的基础，又萧条，用电指标足够。

云栖小镇里能看到一句话，“坚持你相信的，相信你坚持的”，就是我那个时候写的，很少有人能理解我当时的心情，真的很难扛得住。不过现在回头看，没有这件危急的事情，“飞天”不会这么快出来，我也没有一个机会做这么大的决定。

“飞天5K”上线之后，阿里云的争议才逐渐平息，被人接受。我后来意识到这对阿里巴巴也是里程碑，我们终于开始处理这样大规模的数据了。后面的发展速度超过所有人的想象。

● 采访手记

现在，每年的天猫“双11”不但是购物盛宴，还制造数字奇观。那一晚，同时有几亿人躺在床上操控手机下单，这些指令要连接着支付系统、店家的库存和物流。几秒钟走完流程，可以想象后台要经过多么复杂和庞大的计算，更难的是天猫的交易额和增长速度经常刷新人们对消费的认识，计算能力必然也得随着增长。这就是以阿里云作为技术支撑的。

王坚是这个超级运算技术的创始人，阿里巴巴集团技术委员会主席。我一共见过他三次，发现他有一个口头禅，“我不知道说清楚了吗”，每问一次，都给我很大的心理压力。他思维前瞻又跳跃，对这个领域不十分熟悉的话，不容易懂。后来看材料，即便是阿里巴巴高层开会，也只有马云和曾鸣懂他，再把想法解释给其他同事听。

云计算大概是迄今为止，王坚做的最令人费解、解释过最多遍的事情。2010 年深圳 IT 峰会上，李彦宏和马化腾都公开表示了对云计算的不看好。阿里巴巴内部对他的争议也不是秘密，若干次传出马云要解散阿里云的消息。这次采访，我向王坚求证，他当成荒诞的事情来讲：一个员工要转去其他部门，他的顶头上司去挽留，说到动情，员工跟上司说，我劝你也早点找出路吧，我得到消息，阿里云马上就要解散了。王坚从来没有收到过解散的讨论，但那些年，传言就在公司里存在。

阿里云起步的时候，亚马逊和谷歌的云计算也都还没做得风生水起，跟中国许多互联网创新不一样，没有可参考的成功经验。在 10 年前的中国，云计算只能拓荒。这其中的压力与五味杂陈，外人没法感同身受，回头看，王坚总结创新分为三个阶段：第一阶段是常识，让人们认可这个创新是应该的，有道理的；第二阶段是探索和研发的混沌期；第三阶段是技术聚焦。阿里云既有常识的难度，又有技术的难度，所以，王坚要不停地解释说明，让人们接受云计算这个概念，又得面对技术不成熟所受到的诘问和嘲讽。

歧路彷徨，王坚自己也并不笃定阿里云一定能做出来，他两次在我的采访中表示了对今天这个结果的意外和运气之感。这其实是创新最真实的状况，面前是一片荒原，从来就没有路，也不知道能不能蹚出路，更不知道这条路是否通向正确的方向。能支撑王坚走下去的，是他对于数据和计算的理解，数据未来是竞争的核心资源，但必须要有强大的计算能力开发出价值。所以，他在口述里说，没有清晰的脉络是经不住风雨的。

基于对云计算的时代价值的认识，王坚并没有把它想象成只是解决人们越买越多、越频繁而产生的数据难题和降低阿里巴巴建机房的成本。他要做的是公共服务，像电力一样提供基础设施。2012 年 8 月，“苏拉”“海葵”等强台风登陆中国，福建和江苏的台风信息系统因为访问量上升而瘫痪，浙江水利厅系统支撑了全国的访问，从平常的每日 5 万，增加到 350 万。它能平稳度过的原因，就是从传统的服务器，转而使用了云计算。在云栖小镇上，利用云计算技术解决难题和技术创新的企业越来越多，像提高政府采购效益和效率的平台，为无人工厂设计机器人组合和软件系统的公司等。

值得一提的是阿里云的“飞天”系统，是真正的国产自研产品，放在今天国际竞争和贸易冲突的背景下，这个创新意义重大。阿里云打开局面，也带动了中国其他公司在云计算和大数据技术上的投入。王坚说，这不是一个商业竞争的问题，这是国家发展的轨道上的事情。

2018 年是阿里云创立 10 周年，它占据了中国 45.5% 的市场份额。王坚大力推动的云栖大会也从工地上开会变成阿里巴巴以及大数据行业每年下半年的重要聚会，新技术和行业动态都会在会上交流和发布。2018 年 5 月，王坚又倡导发起了“2050”，愿景是让年轻人因为科技而团聚，用年轻的方式创新。我参加过一次筹备会，看到王坚又像当年创立阿里云一样，不厌其烦地解释他的初衷和“2050”的未来，同样是一件前瞻和跳跃的事情。只不过这一次，他身边聚集了一大批对他崇敬又笃信的年轻人，愿意一起蹚一遭。

王小川

从“计算机神童”到“AI领路人”

口述 | **王小川**　采访、整理 | **王梓辉**

“我坚信未来的颠覆性技术力量就是人工智能。”

我是 1978 年出生的，正好是改革开放的同龄人，所以我也算亲身经历了改革开放的每时每刻，可以说是中国改革开放发展受益最多的一代人。

因为改革开放的红利，我成为中国较早一批接触电脑的孩子。那是 1985 年，我上小学二年级，当时学校里办兴趣小组，我报名了书法小组。一年结业后，大家在操场上展出自己的作品，结果我发现有一个队排得特别长，我就走过去看，发现那是一个黑白的电视机屏幕，它连接了一个小设备。屏幕上在玩游戏，玩的是今天看起来特别粗糙的游戏，叫“导弹打飞机”，其实“导弹”就是很大的一个白色光斑，用左右键控制它往上飞，打到另一个红色光斑就算赢了。我当时就觉得特别痴迷，也知道了原来那台设备就是计算机。所以回家我就跟我妈妈说，我想报名计算机兴趣小组，我妈妈就同意了。

那是我初次认识到计算机的神奇之处。在我看来，计算机是很神奇的东西，我能把我的思想用一种语言传递给它，然后它在我的思想下会产生一个预期的结果。后来在小学四五年级的时候，我就进少年宫开始学习 LOGO 编程语言，当时还参加了成都市面向中学生举行的 LOGO 语言程序设计竞赛，获得了二等奖；初中时又多次获得成都市及四川省的数学、物理和计算机编程竞赛第一名。

在我看来，计算机编程其实和数学一样，也是一种逻辑思考。你当然可以用它来玩游戏、画画，但除此之外，计算机编程的这种“根据题目找答案”的模式其实和解数学题是一样的，在当时都是让我很感兴趣的事，所以并不觉得枯燥。我当时还用 LOGO 语言把游戏给改编了，在同学中也算是比较另类的那一个。

1994 年对我来说是很重要的一年。那年我上高一，因为用“吴文俊法”首次在微型机中完成初等几何命题的全部证明，获得了由杨振宁颁发的“亿利达青少年发明奖”。也是在 1994 年，中国正式接入了国际互联网，一扇新世界的大门对我打开了。两年之后，我家第一次安装了程控电话交换机，那时候每天最期待的事情就是电话铃响，因为可以通过电话拨号上网。

其实我当时并没有想到互联网会对世界产生这么大的影响，那会儿只是觉得用互联网上网特别好玩，就是你坐在家里就觉得你和世界连在一块了。之前玩电脑的时候，你只是与机器在对话，现在你是跟整个世界在对话。

还是在 1994 年，我被选拔进入中国信息学奥林匹克比赛集训队，代表中国参加在匈牙利举行的第十二届国际信息学奥林匹克竞赛

（IOI96）并获得金牌，之后进入清华大学计算机系学习。大三的时候，我开始到互联网公司实习，也在那时决定了将互联网信息技术作为我日后人生的事业选择。

研究生毕业之后，我正式加入搜狐公司，并在2004年正式推出了拥有独立知识产权的搜索引擎——搜狗。但当时搜索的流量上不去，我们以为是产品做得不够好，不过在做搜索的过程中，我们积累了大量的词库，反而具备了做输入法产品的能力，在这种情况下，我们研发了搜狗输入法。

那会儿也没想到它后来能对搜狗未来的定位和品牌有这么大的影响。因为输入法刚推出时，虽然市场反响很好，但是第一年市场份额只有2%。这件事让我开始反思，原来光有技术、有产品是不够的，酒香也怕巷子深，渠道也很重要。于是我们组建了商业推广团队，通过在不同渠道进行推广，使得输入法的市场份额持续上升，第二年就达到了40%，2009年达到了70%，并建立了"输入法－浏览器－搜索"的三级火箭模式。2010年，搜狗分拆独立，从一个部门成长为一个独立的公司，一直持续发展到今天。

两年前，我们开始了对未来的布局。在2016年初，AlphaGo战胜李世石的事件是非常清晰的人工智能爆发点。一方面，它用到了最新的深度学习算法；另一方面，这也是第一次用这种技术让机器跟顶尖的人类直接进行较量。因为技术是最前沿的，而且比赛的结果是机器能够在一个领域里比人做得更好，这件事情就爆发了。

在他们比赛前，我就预测AlphaGo肯定会获胜。我记得在AlphaGo获得第三场胜利那天，我在公司内部发了一封邮件，将那天定为搜狗

“狗胜节”，“狗胜节”之后的第一个工作日放假一天。所以我当时的心情是很欢庆的，因为这代表了一种技术的胜利，也代表了对工程师人群的一种祝福，所以我们整个公司在当时就像过节一样。

我非常认同人工智能代表未来这一观点。实际上，人工智能不是新词，在 20 世纪 60 年代已经有了，只是科学家在今天找到方法，让机器产生了学习的能力，也就是“机器懂得了套路”。我记得我在上中学的时候就想写出一个下象棋的程序，但当时更多利用的是自己的编程技巧和算法能力来让机器在做事情的时候更聪明。

这么多年之后，人工智能在今天的巨大突破在于，它是利用数据驱动，而非依靠程序员自己的聪明才智使机器变得更加有智能。现在的智能化机器是从以前的历史数据中去学习，比如说人脸识别，可能机器要看 100 万张图片才能懂得怎么去看图片，而且这 100 万张图片还要做标记，告诉机器图片上是什么。通过对这种重复性套路的掌握，机器能帮助我们在这些领域里做好决策，做好判断，对世界有更好的认知。

对于搜狗公司和我本身来说，其实我们做输入法和做搜索的时候，就已经用到了机器学习整个体系性的算法，那会儿我们还提出了“智慧”这样一个概念，事实上我们一直在做让机器变聪明的事情。后来因为 AlphaGo 引起的反响特别大，所以当我们在叫“人工智能”这个确定词的时候，才能引起大家的共鸣。

我坚信未来的颠覆性技术力量就是人工智能，而人工智能桂冠上的明珠是对语言的处理，因为语言是 AI 中最难的部分，所以我们还是以语言为核心来做这件事。一方面帮助不同语言之间进行更好的交流，另一方面关注语言背后知识的计算能力，提升语言形成对话、问答、翻译的能力。这样能够解决人机交互的问题，也能让背后各个垂直领域的机器开始逐步具有智能化处理问题的能力。

在未来，我想有三件事情会发生。第一件事情是，以前我们只能通过机器与人交流，在未来，人类可以用最自然的方法跟机器进行交流。第二件事情是，机器能够开始学习人类历史上沉淀下来的智慧，因为人类过往的智慧往往是通过语言和文字的形式去沉淀的，所以当机器能够理解人类的自然语言之后，就能帮助我们更好地去整理和推理，使得人类积累的智慧更容易、更有效地被使用。第三件事情是，翻译技术会有更大的突破，会使得跨国交流变得更加容易。

2017 年，搜狗在纽交所上市，成为中国赴美上市的 AI 第一股，这对我个人是一个新的里程碑，让我自己能够整理过去，开始新的里程，也是对我过去多年工作的一个总结。

回望这 40 年，我也是后来才知道企业家在之前那个年代是多么艰难、冒着各种风险才成长起来的。当时在清华也有两派，有的学院如果学生在外面创业是要被开除的，今天的学校已经包容和开明了许多。所以我们这一代人其实是进入了比较好的、被保护的时代，经历了几代人没有经历过的更加快速的发展，我们在享受互联网不断变革带来的刺激的同时，也在创造新的时代。

目前中国网民人数超过 7 亿，中国早已成为全球最大的互联网市场，在行业的诸多领域都做到了全球领先，信息技术产业以其高附加值、低能耗成为拉动中国经济增长不断提速升级的重要产业之一。而我们这些企业家依然是最具活力和创造性的一批人，仍将是推动经济发展中最重要的角色之一。作为一家互联网公司的 CEO，我希望同他们一样，用科技的力量继续服务社会。

采访手记

与很多前辈企业家出身草根的励志经历不同，与改革开放同龄的王小川是真正的“神童”。当了他十几年老板的张朝阳评价王小川“在少年时期就是计算机天才”，小升初以第一名的成绩考入成都七中，高中是保送，大学是特招，研究生也是保送，兼职到搜狐工作，毕业后直接进入搜狐，堪称“人生赢家”。

这导致王小川经常被人问一个问题：“你有痛苦的时候吗？”王小川当然有，只不过他的痛苦只能藏在深夜里独自承受。如果以用户数计算，搜狗是中国第四大互联网公司，旗下拥有中国第一大输入法产品和第二大搜索产品。但从影响力的角度，他和他的搜狗与中国互联网行业的那两家一线巨头相比仍有些差距。

在他创业的时代，他上一代的马云和马化腾是难以翻过的大山，阿里巴巴和腾讯的市值远超其他公司；而更年轻的王兴、程维、张一鸣则已迎头赶上，比他小两岁的黄峥只用了 3 年时间就将公司带上市。

然而，王小川用 14 年的时间换来了一个有关技术与坚持的好故事。他从搜狐公司的一位研发工程师起步，27 岁时成为搜狐最年轻的副总裁，32 岁时就已全面负责搜狗的战略和运营管理，最终坚持到 39 岁公司上市；从搜索的艰难起家，到输入法成为国民级应用，再到全面进军人工智能，他选择的产品方向一直遵循技术本身的发展方向；

他是中国互联网圈中为数不多的真正拥有“极客范儿”和技术情结的CEO，他不仅在AlphaGo与李世石比赛之前就大胆判定机器会赢，还在AlphaGo获胜之后宣布在公司成立“狗胜节”来庆祝技术的胜利；他和搜狗曾多次面临被收购的命运，但他没有选择脱身而去实现单纯在财富上的自由，而是坚持独立发展下来，终于成为国内不可忽视的一支互联网力量。

2017年11月9日，已经成立14年的搜狗终于在纽交所上市了，他带着母亲一起去纽约敲钟的场景令人颇为动容。但王小川在致辞时却说：“今天到这里不是一个梦想，我并不是梦想要到美国来敲钟。”他说上市只是对他之前14年甚至整个前半生的总结，往下还有更远的路要走。

回顾过去40年的人生，他说成为一个完整的企业家是他的追求，技术则是他立足的根本。在经历了计算机、PC互联网、移动互联网这几波浪潮之后，随着人工智能技术的发展，王小川又找到了一个更令他兴奋的新方向。在过去的两年中，他成为国内最先和最用力鼓吹人工智能技术的互联网公司CEO，同时也率领整个公司在发展和宣传方向上都转向了人工智能。

2017年，搜狗的智能机器人“汪仔”上了多个电视节目答题，他自己在2018年也在访谈节目上大谈不同语言之间“智能翻译”的未来场景。整个公司都将人工智能摆在了战略上的首要位置。

不过，他也不希望自己的公司在这一波波浪潮中跑得过快而失去了自己的“度”。他在公司内倡导“慢文化”，觉得“激进式的创新”或者“大跃进式的变化”会超越公司本身自然的速度，会给公司带来过大的消耗，不如沿着自己的道路，以长跑的心态看待公司的运行。这也从某种程度上回答了在互联网人都追求速度的行业特性下，为何王小川选择“十四年磨一剑”的问题，因为这才是他觉得企业健康发展的方式。

对于这位生于1978年的青壮派企业家来说，过去40年他走在了时代发展的最前沿，前20年充分享受到多项改革开放成果，后20年参与到急速发展的互联网行业建设中。未来的40年，如他所说：“要在一边享受互联网变革红利的同时，一边继续去创造新的时代。”

李斌

移动互联在重构人们的生活

口述丨**李斌**　采访、整理丨**王珊**

互联网时代走过来的人有一个共性，他们信任技术，并畅想技术带来的无限可能性。

从我大学毕业到现在已经过了20多年。这期间，我做了易车网，投资了摩拜，也做了一些汽车周边的投资，如汽车周边服务、汽车电商等。很多人说我“不是在创业就是在创业的路上”，确实如此。2012年，我又萌生了做蔚来的想法。可以说，我现在所拥有的一切都得益于互联网和汽车行业的发展。有人说我是“出行教父”，我自己并不这么看。出行有飞机、地铁、高铁，这些大的行业，谁敢被称作教父？

不得不说，我是幸运的。1974年，我出生于安徽的一个村落。读完初中，家里人劝我去读中专。那个时候，中专毕业可以直接参加工作，还能够将农村户口转为城市户口。但我不这么认为，我觉得自己应该上高中、读大学，去外面的世界看看。1992年，我进入北京大学社会学专业就读。只有18岁的我对未来并不清晰。懵懂之中的念头是从政。一入班，我就当上了班里的副班长。为了能把这个“官”做好，我带着同学们爬长城、早起看升旗，还组织集体劳动。结果没过一个月，我就累病了。等我病好回到学校，班里已经有了新的班长。

这一次，我开始仔细思考自己的人生，去想自己究竟要做什么。当时，全球互联网已经进入高速发展期。1996 年 4 月雅虎公司刚上市就估值 8.48 亿美元。亚马逊紧接着也在 1997 年 5 月以 4.38 亿美元的估值上市。我觉得自己要学好计算机，然后创业。很快，我通过了计算机系统分析员考试。在全国，这门考试每年通过的人数不超过 100 人。中国的互联网商机随之到来了。我成立了一个科技公司，现在看来，公司的业务很简单，就是在美国租了一些服务器，在国内帮人注册域名、租空间，公司最初有 4 名系统分析员。我由此赚到了所谓的“第一桶金”，这就是互联网的魔力。

互联网与汽车的组合在当时看来有些异想天开。1999 年，国内汽车销量不足 200 万辆，私家车还是个稀罕物，但我和合伙人觉得，随着中国经济的发展，人们巨大的出行需求会释放出来。我们觉得汽车一定会普及，汽车网站一定会有发展前景。那时，这两大产业的结合已经有了成功模板——2000 年，美国就有一家汽车网站成为上市公司。易车网于同年诞生了。成立当天，我们在中国大饭店召开了记者发布会，我还记得那天，我提了一个口号，叫“电子商务就是服务”。

现在看来，这个口号有些太超前。我们创办了会员制度，希望能够整合北京市的汽车修理、保养、加油等业务，为用户提供便捷的服务。但做了一段时间后，才发现用户对易车网的需求很简单，他们将它看作一个了解汽车的基本途径，可以看到汽车的品牌、报价、性能等相应的基本知识，他们想知道哪个车好，以及为什么这个车好。经销商方面也是希望利用这样一个互联网的途径来推广自己的产品。换句话说，人们对汽车的想法还是出于最基本的出行需求。

到了2012年，我慢慢感受到了变化。我身边的人对汽车有了新的期待和想法。比如，有人会觉得去4S店修车、保养车麻烦、耗时，想知道有没有什么可以取代的方式。还有人觉得汽车涉及的服务价格存在黑箱，像我一个朋友，他的车坏了，去4S店检查，对方说，发动机可能出了问题，修的话要20万元。我推荐他去找了一个熟悉的朋友，最终只花了1万多元。人们对汽车开始有了越来越多的不满意，而这些不满意正是新的需求出现的表现。

我开始重新去审视这个行业。我在这个行业待了十几年，却鲜见这个行业发生改变。随着移动互联时代的到来，这一点更为凸显。我经常被问一个特别简单的问题：像奔驰、宝马这么好的车，为什么车上的屏幕这么不好用？为什么大家宁愿在屏幕旁边放置一个手机支架，也不使用这个屏幕？原因很简单，这是车联网没有做好。那为什么车联网做得这么差呢？我觉得这不能怪工程师。在汽车行业，尽管汽车每年都会有一些外观上的变化，但一代产品迭代的时间基本是7年，有的甚至是10年。换句话说，我们现在买的汽车是工程师五六年前做的。按照这样的时间维度生产的产品，自然满足不了现在人们的需求。大家想一想，iPhone到现在已经11年了，迭代了多少代？

这些不满促使我思考，什么才是商业最重要的本质。我想了很久，得出了答案，即满足用户的需求，给用户以最好的使用体验。这些需求在物资或者技术相对匮乏的阶段会被掩盖。就像我前面提到的在汽车缺乏的时候，人们的需求只是有车就行了。这样一来，企业还可以靠效率赚钱，生产更多的汽车。但现在，汽车已经有了100多年的发展历史，整个造车行业已经相当成熟，传统的用车思维已经满足不了人们的需求。但移动互联时代的到来或许可以满足人们的新需求，它的出现重新定义了人们和产品、和企业之间的互动方式。以摩拜为例，我并不是一个骑行爱好者，也不是自行车使用者，但当时胡玮炜来找我谈高端自行车的项目时，我觉得不如做一个共享自行车，解决人们短途出行的问题。自行车是我们熟悉的事物，但很多人经常为自行车的停放发愁，因为很容易被偷，这就是切实的问题。那么，我们是否可以做一个无桩的产品，用户通过系统和平台，随时用GPS系统就能找到车，谁都不用把车固定停在哪里或者放在家里。最新的技术嵌入到自行车上，给人们带来了全新的体验。其实，很多新公司的创新，也在于给了人们不一样的体验。比如说，滴滴让人们出行有了更多的选择，不再是局限和固定在出租车内。

作为一个企业，你必须得去适应这些变化和这个时代，并利用新的技术，帮助人们解决痛点。我们做蔚来，就是想解决汽车产品和服务方面的痛点。买车的时候，用户的幸福指数到达了制高点，但后面的体验是越来越差的。现在，你买了一辆宝马，完成购买过程就结束了买卖双方的关系，后面车子质量出现问题，你打官司也只能跟经销商打官司，最多连带着厂家。在开始去做蔚来的时候，我用了很长的时间去思考，什么是我们能做，传统汽车公司做不了的也做不好的。那就是服务用户以及建立一套这样的服务体系。我们希望将服务的理念从开始购买一直延续到后续的使用和维护上。

既然去4S店修车这么麻烦，那么我们为什么不能一键呼叫修车呢？我们做智能电动车，充电桩的问题难以解决，那我们可以使用移动充电车。现在，这已经是业界公认的事情，也是那么多人投入造车领域的原因。这样一来，汽车就不再简单是一个交通工具或者机械的载体，而是其所代表的一种生活方式。当然，这些是远远不够的。做好一辆车只能让你得到60分，而不是100分，更重要的是通过车这个纽带进行连接，建立起社群。

很多人质疑我们说花了太多的钱，但汽车创业跟别的行业本来就不一样，5万元造不出宝马，5000元工资也招不到最好的工程师，这是一个高门槛也高度成熟的行业，没有外部源源不断地输血，再高大上的“造车梦”也活不下来。我不是一个盲目乐观的人。以前我认为蔚来的成功概率只有5%，等到公司的团队组建好以后，我觉得这一概率提升到了51%，到2017年我们的ES8上市，我觉得成功的概率还是51%。

我甚至没有时间去研究别的汽车新品牌，因为还没有到时候。我觉得只要能把自己的事情做好，知道什么是最重要的，时间自然会证明一切。从互联网浪潮到移动互联网就是从量变到质变的过程，技术的进步给了我们一个机会去思考你和用户之间的互动方式。为什么不能这样去展望一个以汽车为起点的社群生活方式呢？

● 采访手记

在接受采访的过程中，李斌声称自己是幸运的——赶上了互联网发展的热潮，又恰逢中国汽车行业的爆发式发展。而这两点，则为他的人生奠定了基本的方向。现在，李斌的主要精力都在蔚来造车业务上。他说想集中所有的精力来做好这件事情，这可能是他到目前为止最难的创业。

2012 年，李斌开始有做蔚来的打算，当时，距离马斯克发布第一款特拉斯已经过了 6 年。这个在当时看起来既无必要又缺乏实现条件的新产品，已经能在中国的高速发展中看到它的现实意义。从 2012 年秋冬开始，雾霾天气成了我国挥之不去的阴影。中国政府需要新能源汽车来解决经济发展带来的污染问题。2012 年，我国新能源汽车生产 12552 辆，其中纯电动汽车 11241 辆，全年销售新能源汽车 12791 辆，其中纯电动汽车 11375 辆。按照可比口径比较，2012 年纯电动汽车产销量分别比上年增长 98.8% 和 103.9%。

2017 年，这一数据有了爆发式的增长。中国新能源汽车销量 77 万辆，累计销量达到 180 万辆，占全球累计销量的 50% 以上。新能源的大势和风口，更加坚定了入局者投资人对新造车领域大爆发可能的信心，即使这个前期投入是巨大的。根据汽车零部件生产商博世中国 2017 年 12 月最新统计数据显示，目前中国新造车企业已突破 60 家。

蔚来招股书显示，在 2016 年、2017 年和 2018 年的前 6 个月里，蔚来的净亏损分别为 25.733 亿元人民币、50.212 亿元人民币和 33.255 亿元人民币。不到 3 年就已投入 109 亿元。对于这个数目，李斌并没有表现出太大的忧虑。他告诉我，蔚来是在做一个高端的品牌，“这注定了我们不能用一个生产 5 万元或者 10 万元汽车的方式来服务我们的客户。我们是一个把钱花在刀刃上的公司。我们的研发支出是要足够的”。

新能源汽车的风口只是李斌造车的一个原因。他更多的是希望通过利用移动互联网的技术来打造一个新的生活入口，彻底解决传统造车行业的痛点问题。事实上，这些新造车运动的参与者，他们或多或少都跟汽车行业有着一些关联。比如说，李斌之前创立了汽车贸易资讯网站易车网；新造车企业车和家的李想是汽车之家的创始人；威马汽车创始人、董事长兼CEO沈晖则是传统汽车行业的代表人物，曾担任过菲亚特中国区首席执行官、沃尔沃汽车中国区董事长等重要职位。

也正是这些多年的业内经历，让他们看到了传统汽车制造领域的弊端和人们用车时的痛点。这可能是互联网时代走过来的人的一个共性，他们信任技术，并畅想技术带来的无限可能性。小鹏汽车董事长何小鹏曾试图将这种前景落在一个简单易懂的例子上：在十几年后，你可以预订一台接近智能驾驶的车开过来接你上班，你可以租一台有沙发的车坐在上面睡觉，你也可以租一个有餐桌的车跟你太太一起边吃早餐一边在路上走，你将会发现车在将来是一种不同的出行生活方式，它可以有大量的组合体系。

无论如何，新造车运动是一场拼资本、资源、技术和人才的战争，总会有大潮退去和稳定的时候，不管是蔚来，还是小鹏、车与家，人们期待新技术革新的成果，质疑之外，也增加了宽容。

第三章
社会科学：兴起

主笔　薛巍

改革开放事业的开展需要社会科学工作者为决策者提供智力支持和政策建议，改革开放也为经济学、法学、社会学等社会科学提供了丰富的研究课题。2008年，北京大学法学博士凌斌在《中国人文社会科学三十年（1978—2007）》一文中说："改革开放以来，中国学术的醒目变化在于人文学科的逐步恢复和社会科学的全面兴起。不仅费孝通、钱锺书等老一辈学人重新焕发了学术青春，而且一大批年轻学者迅速填补了'文化大革命'之后留下的学术断层。从'真理标准'到'市场经济'，从'民族国家'到'儒家传统'，从'经史子集'到'古今中西'，中国的人文社会科学知识分子一次次将关系社会发展和民族命运的重大问题提到了时代的风口浪尖，牢牢引领了这30年来的社会想象和公共议题。可以说，随着媒体和网络的兴起，人文社会科学塑造了我们整个时代的话语模式和心智结构。"

如今一大批异常活跃的、颇有建树的学者大多都曾在西方国家留学或访学，然后在20世纪80年代初回国就职。他们在国外学到了新兴的观念和方法，但都慢慢认识到，外国的理论不一定适用于中国的现实，他们需要自己构建理论。比如林毅夫，1986年在美国芝加哥大学获得经济学博士学位。“1987年回国时我信心满满，认为已经学习了世界上最先进的理论，用这些理论可以指点江山。但是在1988年时，我碰到了一个很大的冲击，当年中国出现了18.5%的通货膨胀……中国的发展和转型中的许多现象不能简单地用现有的主流理论来解释，中国经济学界必须深入了解中国经济现象背后的道理，不能看到一个现象就简单套用现有的理论。需要自己深入了解现象背后的道理，自己构建理论来解释，这样提出来的理论才能发挥‘认识世界，改造世界’的作用。”2012年，在世界银行担任4年副行长以后，他开始提倡新结构经济学。

法学方面，朱苏力于1985年赴美留学，先后获得硕士、博士学位，1992年回北大法学院任教。他在《法治及其本土资源》一书中说：“中国法治不能仅仅按照理论上论证的那种与市场经济相适应的法律制度，或者外国行之有效的法律制度来建立。这是因为市场经济所需要的并不是一种抽象的法治……中国的市场经济建立的时空条件与西方历史发展不同，当代中国在很大程度上是（尽管不完全是）一种自上而下推进的改革。这就必然带来了中国法治之路的不同。”

社会学也已经发展和建立了一些相对完善和独立的分支学科体系，这些分支学科包括：社会学理论与方法、社会心理学、发展社会学、农村社会学、城市社会学、家庭社会学、性社会学、人口社会学、社会保障学等。

王铭铭在《反思25年来中国人类学》一文中说："25年来中国人类学的繁荣景象，国内同人相关著述已多有涉及，而美国的《人类学年鉴》也于2001年发表华盛顿大学人类学家郝瑞教授的一篇长文，集中论述中国人类学研究主题之变及学科复苏与中国改革之间的密切关系。海内外的学术回顾表明，25年来中国人类学的学术成就值得称道……民族志经验研究从地方制度的简单拼凑，到具有深入的分析，是其成就之三；学科史研究从罗列和举证历史辉煌，到在承认历史辉煌的同时反思其问题，是其成就之四；对外交流从望洋兴叹，到初显平等的对话，是其成就之五。"

资中筠

中美“破冰”与改革开放

口述 | **资中筠**　采访、整理 | **刘怡**

在资中筠看来，基于“惟实而不惟上”的准则、做出向资本主义阵营开放市场的决策，为最近40年中国的改革事业创造了不可或缺的先决条件。而在纷繁复杂的对外关系中，美国问题依旧需要给予特殊重视。

1969年10月，我所在的中国人民保卫世界和平大会（以下简称“和大”）“五七干校”整体搬迁至河南。我和陈乐民也举家南迁，在郸城县过起了不读书、不看报、一心一意学做农活的体力劳动者生活。和其他外事部门的干部所受的冲击相比，我们夫妻当时的境况要稍好一些，但也已经被告知：吃完最后几年“大锅饭”，就得留在农村当农民，再也回不了北京了。经历过“文革”开始以来一轮接一轮的“改造”，我在心理上多少有些麻木，也不再关心国际时事。因此到了1970年底，当干校突然宣布要传达北京来的“最高指示”时，我并没有觉察出其中的异样。那份“指示”是1970年12月18日毛泽东会见美国记者斯诺时的谈话纪要，其中明确提到“解决问题中派、左派是不行的，要跟（右派的）尼克松解决”，“（中美）总要建交的，中国和美国难道就一百年不建交啊”。现在回想起来，这是在为中美关系“破冰”吹风，好让大家有个思想准备。

到了 1971 年 7 月，我在广播里听到了基辛格访华的消息。接着在秋天，上级突然通知我和陈乐民调回北京，准备接待尼克松访华。当时“和大”已经被合并到中国人民对外友好协会，我被重新分配到对外友协的美大处，接着又和许多其他单位的翻译人员一起借调到外交部，闭门学习。美国方面把尼克松在 1972 年的访华视为一个重要的公众事件，400 多名来访人员中有一半以上是记者，这是过去的外事活动中没有遇到的情况。我负责的工作就是和这些美国记者打交道，带他们到处参观，协调他们报道《上海公报》谈判的相关情况。

虽然现在把改革开放的起点设定在 1978 年底的十一届三中全会，但它的发端其实应该追溯到 70 年代初和美国以及西方国家关系的解冻。新中国初期，中美处于对立状态，不过中国仍有苏联和东欧社会主义国家作为盟友。我在“和大”的主要工作，就是跟东欧以及亚非拉国家打交道。中苏交恶之后，我们才真正陷入了相对孤立的状态。而 70 年代末的这一波“对外开放”，指的主要是在经济上向美国和资本主义阵营开放。中美关系“破冰”乃至 1979 年两国的最终建交，是开放的前期准备，而开放又为改革的持续进行创造了可能。

开放的意义何在？我认为有三点。第一点意义是整个地改变了中国人对时代的看法。1949 年之后，我们长期认为资本主义世界已经发展至最终的帝国主义阶段，中国要为世界革命和最终决战做好准备。而在 1972 年中美《上海公报》谈判期间，双方一致同意纳入一个“反霸条款”，即反对任何国家在亚洲建立霸权，或在世界范围内划分利益范围。这个条款主要是针对苏联，但还有另一层隐含的深意：美国承诺逐步撤出在泰国、台湾等地的驻军。到了80年代初，邓小平进一步提出了“和平与发展是当代世界的两大主题”这一论断，并进行了大裁军，使我们可以把大部分资源用在经济建设上。第二点意义是通过和美国改善关系，走活了整个资本主义世界这盘棋。就在基辛格第一次访华之后不久，中国恢复了在联合国的合法席位，接着日本、加拿大等国相继与中国建交，打破了我们和资本主义阵营完全隔绝的状态。第三点意义是为搞活外向型经济创造了条件。没有美国和资本主义阵营的市场作为依托，这一点是绝对做不到的。

尼克松来访之后的几年时间里，我继续在对外友协工作。到了1980年，我主动申调到外交部下属的国际问题研究所，开始转入研究工作。因为之前的几年一直在和美国打交道，研究的方向也定为了美国问题。在研究所的图书馆里，我第一次接触到了引进的美国外交解密档案。通过对这批档案的研读，我写了《新中国成立前后美国对台政策》一文，发表在《国际问题研究》杂志上。在中美两国进行对台军售问题谈判期间，这篇文章起到了一定反响，并被《人民日报》全文转载。1982 ~ 1983年我在普林斯顿大学做学术交流期间，又搜集到了更多档案材料和文献，它们构成了我的第一部研究专著《战后美国对华政策的缘起与发展》的基础。

也是在这个阶段，李慎之邀请我加入刚刚组建的社科院美国研究所，担任副所长。那时是1985年，我已经55岁了。和之前的单位相比，社科院的政策性色彩相对较弱，所受的约束也比较少。在国际问题研究所，研究工作需要配合高层决策的方向以及国际上即时发生的事件，因此总有一种局部感和匆忙感。但社科院的情况不一样：在那里，我们可以真正细致、全面地对美国做出长期观察和深入研究。

尽管人到中年才真正开始从事专业学术研究，20 世纪 80 年代在美国所工作的经历依然是难忘的。经历过“文革”浩劫，我们认知世界的视角一度与现实严重脱节。记得 1986 年我第一次参加社科院的职称评定时，学术委员会围绕“国际关系是否应当按民族国家划线”还起了一番争论，认为不符合马克思的经典论断。所幸胡绳、李慎之等院领导态度比较开明，提出要允许不同流派的观点的存在，要允许公开讨论，“只惟实，不惟上”。根据这一总的方针，我提出不仅应当维持现有的研究视角，对美国的政治、经济、外交问题做出剖析，还要全面地解读美国社会和文化的演变历程。在政治方面，除了研究美国的“三权分立”模式的三大支柱，还要格外关注美国的媒体。为了给年青一代学者创造更直接地观察美国的机会，1987 ~ 1988 年美国所和福特基金会达成了合作协议，每年公派学生和研究人员到美国学习交流。在 1987 年，所里还创办了《美国研究》季刊。当时李慎之专门强调：一定要冷静、客观地观察美国，不要办成一个单纯吹捧美国的刊物。

当然，遗憾总是有的。负责美国所的工作时，我愿意招募来自社会学、经济学等许多不同学科背景的年轻人，来进入美国研究的各个细分领域，那一代年轻人普遍也对美国更感兴趣。当时陈乐民在担任西欧研究所所长，他开玩笑说他想招的人都跑到我那里去了。但当时中美之间在经济发展水平和学术环境方面的差距实在太大，许多年轻人在通过美国所得到了赴美学习的机会之后，就一去不复返了。所以整个 80 年代后期，美国所的人才流失状况特别严重。到 90 年代初我辞去所长一职时，为美国所建立一个学科齐全的研究体系的目标最终也没能达成。之后我主要依据个人研究兴趣和关注点，完成了一些独立的学术著作，聊以补缺。其中比较有意义的，包括1994年出版的《战后美国外交史》，以及收入“冷眼向洋”丛书的《20世纪的美国》。

苏联解体、东欧剧变造成的震动也非常大。邓小平在这个时候做出了关键的抉择，他没有把苏联解体的原因归结到“和平演变”或者意识形态问题上，而是认为要吸取苏联长期拖延改革、未能改善人民生活水平的教训，把发展经济放在第一位，进一步对内改革，也进一步对外开放。1992年南方谈话之后，中国政府公开宣布国际关系不以意识形态为转移，不同社会制度的国家可以友好相处。对于外部制裁，我们没有针锋相对，而是给予外国资本以非常优厚的条件，吸引跨国企业和大资本家来华投资。随后几年里，每当美国国会例行审议是否继续给予中国最惠国待遇时，大企业的代表都会为我们说话。这样到了1994年，克林顿政府最终宣布将最惠国待遇与人权问题“脱钩”，形势整个扭转过来了。随后到2001年，中国正式加入WTO，赢得了经济进一步发展的10多年窗口期，民营经济也有了进一步的兴旺。从这个角度看，开放始终是保护和促进改革的一项重要前提。

我在退休之后所做的一些研究工作，比如对美国公益基金会的分析和评述，虽然与此没有直接关联，但依然延续了我对开放问题的看法：中国人依然需要继续研究美国，要了解美国的社会。

回望过去40年的改革开放历程，有人看到的是贫富差距加大、贪腐现象泛滥等负面现象。但在我看来，这恰恰不是因为改革事业本身，而是由于它在法制建设和上层建筑方面还存在的滞后造成的。改革造就了对外开放的总体局面，推动了民营经济的兴起，使中国人在思想的自由程度和信息开放方面获得了极大的解放。在20世纪80年代初，普通中国人还需要凭票证购买日用商品，全国居民的购买力还不如美国加州的一些县。但到了今天，中国在减少赤贫人口方面已经取得了令世界瞩目的成就，这和改革事业的推进是分不开的。尽管其间经历过诸多曲折，只有继续抱定“惟实而不惟上”的态度，40年来的改革成果才能得到确保。而使这些成果转化为法律架构，则依旧任重道远。

● 采访手记

和一些亲历过新中国早期外事工作的当事人不同，88岁的资中筠先生并不愿频繁提及她曾为毛泽东、周恩来等老一代领导人担任兼职翻译的经历。2009年，她曾亲自撰文对自己早年的履历做出说明，直言五六十年代“间或为一些官员包括国家领导人见外宾做翻译”仅是自己当时工作的一小部分，临时应命、绝非专任，“只不过‘用其一技之长’，不会因此显赫起来”。不仅如此，言谈之中，她更看重自己在80年代以后主动选择的美国问题研究领域，甚至认为在退休之后基于个人兴趣所做的独立研究和撰稿，收获感要大大超过年轻时被分配的外事工作任务。她向我表示，“我更愿意谈论自己的看法，而不是‘此身非我有’的个人经历”。

1930年出生的资先生，在1978年改革开放全面启动之前已经经历过几轮风雨苍黄，对变局的感受自是与年轻的“弄潮儿”们大相径庭。她在民国时代接受中小学教育，1947年考入燕京大学，翌年转入清华大学外文系，毕业论文导师是归国不久的钱锺书。五六十年代她与先生陈乐民任职于“和大”，数年间往返于四大洲多个国家，也曾基于朴诚、主动要求返回正在饥馑中的国内，继而蒙受“改造”之累。70年代初她曾亲历中美关系的“破冰”期，却不觉得“与有荣焉”，反而为50岁之后可以转入学术研究、自此告别“整天重复别人的话之苦”而感到欣慰。自然，她所回忆的80年代往事，在时人共通的理想主义热情之外，也带有一种淡淡的遗憾和失落：就像中国历史上曾反复出现的情节一样，前行之路是曲折的，失去总比得到来得容易。

但她并未因年高而终止发声。在接受采访时，资先生多次提及知识分子群体与中国现代化进程之间的关系，并强调承载家国情怀的“道统”是知识分子不容推卸的责任。有鉴于此，她对个人经历所言不多，却直白地道出了她对改革开放关键的几道“坎”以及所存缺憾的深刻看法。她直言随着中国物质力量的显著上升，轻狂的民族主义情绪出现了回潮，正在背离改革事业的务实初衷。亲历过六七十年代的老一辈人痛定思痛后的教训，或许也在渐渐被遗忘。而她愿意以耄耋之身、独立之姿，继续强调“回归常识”的重要性。在2010年岁末致友人的一封信函中，资先生曾言自己所求者“惟国泰民安，善用百年来国力最强盛的时机，力求以和平方式越过不可避免的转型门槛”。

林毅夫

带着"真经"走向世界

口述 | **林毅夫**　采访、整理 | **刘周岩**

1987 年，林毅夫带着他曾以为的"真经"从美国回到中国；2008 年，林毅夫带着新的"真经"从中国去往世界。

改革开放 40 年了，经济发展上的成绩是全国上下共同推动改革开放的结果，但经济学家提出经济理论、给出政策建议，我想也有一份贡献，并且应当在未来发挥更大的作用。

我是 1987 年从美国回来的，先是在国务院农村发展研究中心，后来长期在北京大学工作。我是改革开放之后第一位学成归国的留美经济学博士，也是第一位归国的社会科学博士。就像《西游记》中去西天取经的唐僧，我过去总相信西方发达国家所以发达，必然拥有一部真经，只要学会，带回国应用，就可以帮助祖国实现现代化，走向繁荣昌盛。更何况，我是在被称作现代经济学殿堂的芝加哥大学，向包括几位诺贝尔经济学奖获得者在内的大师学习经济学。4 年寒窗拿到博士学位，又在耶鲁大学做了一年博士后研究，谢绝了几所大学和世界银行的邀请，我满怀信心回到改革开放事业正如火如荼的祖国，准备奉献所学。

可接下来的1988年，就遇到两件事，让我对在国外学到的那一套逻辑严谨、看似完美的现代经济学理论体系在中国的应用产生了疑惑。

1988年，经过10年的改革开放，中国首次遭遇到了两位数水平的通货膨胀，18.5%。一般的宏观经济学理论，无论哪个流派，都会要求政府提高利率，以抑制过热的投资和消费需求。可是中国政府选择进行所谓的“治理整顿”，以行政手段砍投资、砍项目，大量的在建项目成为半拉子工程。按经济学理论这是很不理性的。可如果中国政府无知，是怎么保持经济增长的？从1978年到1987年连续9年9%的增长，一定不是瞎猫碰上死耗子。

那一年的另一件事是，5月，我应邀到印度访问，其中一项安排是到印度国家计划委员会座谈，谈怎么调配水泥、钢材。我很奇怪，印度不是市场经济吗，而且是私有制为基础的宪政民主制度，怎么也有国家计委，并且关心的问题和中国的计委相同？

对这两件事结合起来的思考，促成了我在学术上的“顿悟”。我豁然发现，许多大型国有企业的生存依赖于低利率贷款和其他人为扭曲提供的隐性补贴，它们大多是中国政府20世纪50年代“赶超战略”的产物，资本密集，却违反当时中国资本短缺、劳动密集产业具有比较优势的国情。如果用提高利率的方法治理通胀，将会导致它们大量亏损，这些企业关系到就业与国防安全，不能让其破产就只能增加财政补贴，导致赤字增加，靠增发货币来弥补赤字的结果将是通货膨胀更为恶化。印度同样是在一穷二白的农业经济基础上去发展违反比较优势的现代化工业，和中国一样只能依靠政府的直接动员资源、配置资源来建设，也就必然会出现计委，与政治体制和意识形态无关。

西方的完善市场中不存在大量的违反比较优势的产业，他们给出了看似更“理性”的政策建议，实则前提根本不同。若真按照他们的理论去办，结果可想而知。日后的事实也证明了这一点，采取“华盛顿共识”休克疗法的苏东国家，发生了严重的社会动荡，而被西方主流理论认为是最糟糕的“双轨制”的中国，取得了经济发展的惊人成绩。

想通这一点，以后再碰到中国经济发展中的问题，我就不特别关心西方理论的意见了，而是自己进行思考。我明白了不能简单照搬教科书中的现成理论，必须深入中国经济现实，根据中国实际的约束条件，进行理性分析，自己建立理论模型，才能对症下药。循着这样的思路，我在 1994 年和蔡昉、李周合作，出版了《中国的奇迹》这本书，分析了中国经济高速增长背后的道理，预测了这个增长是否可持续，以及如何深化改革才能将其保持下去。

今天很多人说我对中国经济的形势过于乐观。可我不是乐观主义者，我是客观主义者。我不回避问题，但同时也看到我国的潜力。有些人只看到问题，自然会显得悲观。1994 年，我们第一次使用“中国奇迹”这个词，可当时中国还是一个低收入国家，“中国崩溃论”此起彼伏，我们却预测，按照购买力平价计算中国经济规模 2015 年会超过美国，按市场汇率计算 2030 年超过美国。当时大家觉得这是天方夜谭，痴人说梦。但第一个预测我国实际上在 2014 年时就提前一年达到了。更重要的是，现在回顾这 20 年，实际改革中的成绩、问题，以及怎样创造条件解决，采取什么样的措施，也和我们当时的分析高度一致。

随着中国经济的高速发展，我也“水涨船高”，于 2008 年出任世界银行首席经济学家兼高级副行长，有幸成为第一位任此国际经济学界最高职位的发展中国家学者。那年的 5 月 31 日，我出席了北京大学中国经济研究中心的毕业典礼，演讲中我对台下的 800 多名毕业生说：“你们选择的是 110 年前为了国家民族的复兴而建立的大学，在北大读书不是为了追求个人的名、利……只要民族还没有复兴，我们的责任就没有完成，只要天下还有贫穷的人，就是我们自己在贫穷中。”当天下午，我飞往华盛顿任职——21 年前我从美国回到中国，曾以为带回的是“真经”，此刻我从中国又去往美国，已经是要把中国的经验推广至世界。

上任第一周，我就到非洲访问了埃塞俄比亚、卢旺达和南非，后来一共去了 14 次非洲。在世行的工作，让我既有机会跟各国的最高决策层接触，也可以和最普通的工人、农民交谈。我深切地体会到，所有发展中国家、所有贫困人的追求都是一样的，执政者都想为官一任造福一方，知识分子都有奉献所学于民族现代化的责任感，老百姓也都有经由自己的努力使自己和子女过上好日子的愿望。我小时候在台湾接触到的人是这样，1979 年到大陆是这样，作为世行的首席经济学家去到非洲、东南亚、拉丁美洲，发现都是这样。当我看到那些贫穷的孩子，内心里就有一种冲动，觉得中国曾经也贫穷过，而我们是幸运的，所以也想帮助他们成为幸运的人。

可就在此时，2008 年 9 月，雷曼兄弟破产，世界金融危机突然爆发了。国内工作时养成的“常无”心态，也就是不以现成的理论，而是如初生婴儿般不带偏见地看待世界，对我理解这场危机的来龙去脉有很大帮助。在 2008 年七八月时，当时粮食、物价高涨，是否接下来会出现通货紧缩，9月份出现危机以后，到底这场危机是长期还是短期，是发失业救济就够了，或是应该以消除增长瓶颈的基础设施作为反周期的措施等，我和世行以及国际货币基金组织的一些专家进行了几场辩论，后来都证明我的判断正确。

世界银行在1945年成立时，最大的部门是基础设施建设部，受新自由主义经济学理论风气的影响，我任职世行时这个部门已经被取消，因为他们对基础设施的理解是投资，而既然是投资，有利润的话企业家自然会去做，不需要政府额外干预。但我在危机之初就提议进行全球协同的、反周期的、消除增长瓶颈的基础设施投资，以启动全球需求，消化全球过剩产能，我将其称为“超越凯恩斯主义”（Beyond Keynesianism）。我很高兴看到后来这一主张在全球舆论和政策界获得越来越多的认同。2011年国际货币基金组织的主要政策倡导方向，2013年我国提出的“一带一路”倡议以及过去10余年来的中非合作等，均与此观念相契合。

被我总结为“新结构经济学”的理论框架，从1988年的“顿悟”开始形成，成熟于日后国内外的工作，得到了许多发展中国家的实践者的重视和接纳——比如埃塞俄比亚、卢旺达、坦桑尼亚、塞内加尔，以及2016年正式以新结构经济学作为发展政策的理论基础并取得显著成效的波兰。

王阳明曾讲“知行合一”，他说的是道德哲学，我认为社会科学应当再向前一步，“知成一体”，只有能帮助人们改造好世界的理论，才是真正帮助人们认识世界的理论。发展中国家在思想认识上一直还没有摆脱西方发达国家理论、经验的影响。如果中国能够摆脱中等收入陷阱，进入到高收入国家——我认为中国有望在2025年实现这一点——由于同为发展中国家，那么来自我国的理论对其他发展中国家会有很大的参考借鉴价值。

“己立立人，己达达人。”中国的崛起、中华民族的伟大复兴，到底能不能被世界接受，相当大的程度取决于中国的发展是不是给其他国家带来共同发展的机遇。我们应当承担更大的责任，不辜负这个时代，提出总结于自己经验的理论，帮助其他发展中国家的人民摆脱贫困。

● 采访手记

假若在一个林毅夫不曾存在过的平行时空里，让一位想象力最丰富的编剧，以改革开放为题塑造一位“典型人物”的经历，恐怕都虚构不出他这样与时代节奏如此契合的人生。

1979年5月16日夜，台湾国民党军队金门马山连连长林正谊“失踪”了。这位颇受蒋经国器重、在台湾省出生长大的27岁年轻军官，在接连听到大陆十一届三中全会召开、中美建交的消息之后，审时度势，认定他从小立下的民族复兴的志向要在大陆实现。“失踪”当晚，他游向了对岸，在2000余米外解放军驻扎的岛屿上登陆。同年9月，在他本人的要求下，林正谊进入北京大学经济学系学习，改名林毅夫，并于1982年赴美留学。对于这些“传奇”经历，林毅夫很少谈及，他希望人们更多关注他的经济学思想。

“传奇，就是越传越奇。对我，那是很自然的事情，在那边我日日看到大陆的山水，不游过来，我内心就不能平静。”林毅夫说。

在今日的中国经济学家中，林毅夫有两点特别之处。一是与历届中国最高决策层的紧密联系，让外界普遍认为，许多中国经济政策的出台都受到其作为智囊建言的影响。他本人也拥有一系列官方头衔，如十三届全国政协常委、经济委员会副主任、全国工商联专职副主席等。二是受到国际学界的广泛承认，被认为对提升中国经济学理论的原创性与国际影响力发挥了重要作用。2007 年，林毅夫成为首位受邀在剑桥大学做一年一度的马歇尔讲座的中国学者。他还获选为英国科学院外籍院士和发展中国家科学院院士。

至于他的理论在经济学观点谱系中的位置，舆论普遍通过他与杨小凯、张维迎的数场著名争论进行理解。采访中，他主动提起这些"论战"："有的人把我的经济学观点简化为只讲政府的作用，甚至不要改革，这是很深的误解。"

对于和张维迎的争论，他强调自己提出的是有效市场、有为政府，二者缺一不可，不是只讲政府。但他认为有许多市场失灵需要政府克服，企业家才能发挥作用，他以冰山作比喻：企业家像露出水平面的冰尖，政府像水平面下的冰块，缺其一不成冰山。和杨小凯的争论，他不同意中国必须先改革成欧美宪政体制以后再来发展经济，否则经济发展必然失败的观点。"但不是不要体制改革，体制和扭曲都是内生的，应当利用目前的条件来推动经济发展，同时不断进行改革。"林毅夫说。

被许多人视为"半个政治人物"，但林毅夫自认目前的学者身份才能最好地发挥自己的"比较优势"。不过，他绝非一个悠闲的学者。我提早数月便确定了与他见面的日子，约在 4 点半。4 点 20 分的时候，前一批客人走出，我走向那个写有"林毅夫博士 Dr.Justin Lin"名牌的房间，却被秘书拦下：“不好意思，林老师中间还安排了另一个10分钟的会面。”采访结束已经天黑，下一批非洲客人已在门外等候多时了。

最后一个问题我问林毅夫：最欣赏的近代知识分子是谁。他回答：“梁漱溟。”

有人批评林毅夫和权力关系太近，缺少一些学者的“独立性”，总想用自己的研究去改变现实。不过这或许只是对知识分子的某种当代的、西方的理解下的质疑。如果以他自己崇敬的人为标准，无论是修筑都江堰的李冰、带兵平叛的王阳明，还是乡村建设的梁漱溟，亦即中国士大夫的传统，这样的纠结或许本不存在。在林毅夫的理解中，“经济”不只是“economics”，而首先是“经世济民”。

张维迎

价格，市场的力量

口述 | **张维迎**　采访、整理 | **黄子懿**

正是因为我们的不懂、无知，所以才要相信“看不见的手”，摸着石头过河。

1982 年春天，我 23 岁，刚考上西北大学经济学研究生不久，全国首届数量经济学年会在西安召开，我们学校是东道主之一。导师何炼成那年只带了我一个学生，就让我参加了这个会议，承担一些秘书工作。

这是全国第一次举办数量经济学会议。数量经济学由西方传来，我的专业是马克思主义政治经济学，原来老批判数量经济学，认为这是资产阶级经济学，后来才改变看法。那时刚改革开放不久，学术界蠢蠢欲动，数量经济学用数学和定量关系阐释经济思想，回避了意识形态，因此很多研究现代经济学的人都自称是数量经济学学者，会议自然也吸引了很多经济学家、青年学者参加，包括杨小凯、田国强等。

整个会议分成若干个小组，我在理论组当会务秘书，在小组会议上做了个发言，探讨马克思主义和数量经济学的几个理论问题，反响不错，代表小组做了大会发言，掀起不小的波澜。

参加此次会议的杨小凯和我成为学术上的知己。我后来又认识了包括宋国青在内的一些同代学者，开阔了眼界。

这年秋天，我就在学校组织了读书班，每周一次，系统自学微观经济学和宏观经济学。教材是从内部外文书店买来的，自己既当老师又当学生，这个角色迫使我把西方经济学基本理论进行严格推导，搞明白了基本原理。到1983年，对市场经济的信念已深深扎根在我脑海里。

很快，我出事儿了。1983年5月，我在报纸上看到一篇豆腐块大小的文章，批判“向钱看”，我就写了一篇反驳文章寄去发表，叫“为钱正名”。我写道，在一个正常有序的社会里，钱是社会的奖章，你能多赚钱，说明你对社会多做贡献。没想到，文章发表后不久，全国掀起了反资产阶级自由化、清除精神污染运动。我的文章在全国引起了大批判，学校和导师承受了很大压力，多次把我叫过去谈话。我违心道了歉，觉得自己特别委屈。

其实在西安会议上，我的观点就引起了很多老学者的不满，我说话也不够艺术、委婉，上次数量经济学会议理论组的一位知名学者为我做了很多调解工作。后来我到北京写硕士论文，每有想法就去找他。那时我住海淀，骑车40分钟到他家，一聊就聊到晚上十一二点。他工科出身，靠天资和智慧用数学方式推算资源的最优配置，这恰恰是后来我知道的微观经济学的一些基本分析法。他当过火车司机，对价格很有研究，对运输、煤炭价格都很懂，喜欢计算价格扭曲会带来多大的效益损失。那时他在铁道科学院当研究员，外界信息接触得多。世界银行的英文杂志上，有一篇印度经济学家阿伽瓦拉写的《价格扭曲与经济增长》，用跨国数据系统论证了价格越扭曲、经济增长越慢。他让我译成中文，我由此受到很大启发，形成了关于价格改革的一些灵感。

那是 1984 年，农村改革已初见成效，改革重心开始转入城市。城市改革，关键在于价格。那时的城市，有些行业是全行业亏损，比如煤炭。原因是价格定得太低，而轻工业等制造业却赚钱很多，因为定价太高。价格扭曲造成产业结构失调和供需不平衡，随着乡镇企业的出现和国有企业自主权的扩大，各种工业品黑市交易盛行，政府控制价格变得越发困难——报纸上，国家隔段时间就会搞一次价格大检查，打击黑市交易，但越打越多。

阅读了当时很多文章和报道后，我感觉自己对价格改革有了与当时流行观点不同的想法，硕士论文就定在了这方面。到 4 月，我已形成基本思路，认为价格改革的目标模式只能是市场价格，而且得用“双轨制”完成由计划价格到市场价格的过渡。花了两三天，我写了《以价格体制的改革为中心带动整个经济体制的改革》。全文 1 万多字，那时没有打印机，我就用复印纸手写了两份，首先交给一位专家。其实我跟他的观点有点不一样，我不认为正确的价格是能计算出来的，但他看后很高兴，把文章交给当时的国务院技术经济研究中心，刊登在内部资料上。

那一年，北京有很多中青年经济学者，活跃在经济日报社等单位，他们想开一次中青年学者的经济改革研讨会。为什么是中青年？因为老一代人改革早期做了很多贡献，他们用历史唯物主义论证改革的必要性，比如说，咱们生产关系太先进而生产力跟不上等。但怎么改革？很多人说不出来，北京的年轻人就跃跃欲试。

会议由浙江省省长邀请组委会去莫干山。莫干山会议要征文，我就把价格改革的文章投去，1000多人投稿，共有123人入选，有周小川、楼继伟等。会后我看审稿单，对我的论文初审意见是“不用”，复审意见则是“此文很好”。后来听说，复审的是石小敏，在会前我与他已相识。石小敏读过此文后，还向高尚全推荐我到体改所（国家体改委中国经济体制改革研究所）工作。本来按照分配，我会留在西安，但因《为钱正名》，我在当地挨了很多批评，就动了离心。去见高尚全前，石小敏还专门提醒我：“千万别提《为钱正名》。”

莫干山会议上，价格改革是争论最激烈的议题。当时中央一些部门也很重视，派了人来，由于意识形态紧张，新闻媒体在会议期间一律不准报道。报到当晚，会议就开了第一场，分成若干小组开会。我在第一组，这组一开始叫宏观经济组，但可能是因该组最有影响的议题是价格改革，争论又很激烈，大家就把它叫价格组了。

当时，计划价格仍是一个未受怀疑的神话。主流观点是，市场价格是资本主义经济，在社会主义国家，价格必须由国家计划规定。人们讨论的所谓价格改革，实质是价格调整，即通过行政手段把价格体系调整到“合理”水平，争论主要集中在“大调”“小调”和“中调”之争。

第一个发言的，是国务院价格中心主任田源，他所领导的中心买了大型计算机，用以靠投入产出表计算合理的价格体系。田源主要讲了价格不合理的情况及调整的迫切性，还分析了“大调”“小调”的利弊。我接着田源就上台发言了，因为我不能同意其观点，迫不及待地想讲自己的。我特别批评了“调派”观点，认为“调”不能解决根本问题，得放开市场价格。发言在当时掀起了轩然大波，因为之前没人从“放”

的角度谈过价格改革。

接着，我基本上是轮番应战，就是所谓的“调”“放”之争。辩论持续到当晚11点，教室里站满了人。随着时间推移，我感觉很多人被我的逻辑说服了，其核心思路，就是价格改革不是解决价格水平，而是解决价格的形成机制。他们至少觉得我讲的是有一定道理的，并非本能排斥。那时关于调整，“调派”有很多争论。该怎么调整、怎么计算价格，去哪儿找那么多信息，即使汇总所有数据算出来，等规定下来时，这些信息就过时了。当时按照投入产出表计算价格用的还是1981年的数据。

那么，该怎么放开？放开后成本上升，百姓不满、财政收入下降怎么办？我的观点就是逐步放开，也就是搞双轨制，即原来计划内配额固定，超出配额部分按市场价格定价。比如，一月一人30斤粮食、一个工厂3000吨钢材，可按牌价供应，超出部分需到市场上买。此后逐步降低计划指标，增大市场配额，最后渐渐实现完全的市场定价。完整思路在我提交会议的文章里已表述清楚，讲起来并不费力。

会议后期，大家讨论的是该如何给领导汇报才不会让人反感。徐景安是会议的主要组织者之一，也是主报告的撰写人。一天晚上，他告诉我次日下午去杭州向国务委员张劲夫汇报，要我一起去。但第二天早晨又让我别去了，理由是我说话太直，担心领导听了不舒服，把事情搞黄。会后留下一些人在杭州撰写报告，我们也想了很多口号，让“放开”好听点，主要是归纳出“调放结合，以放为主”和“调放结合，先放后调”两种思路，都未提双轨制，但都有其影子。

1985年1月，国家正式出台文件：工业生产资料属于企业自销和完成国家计划后超产的部分，价格全部放开，走向双轨制改革道路。双轨制有很深的认识论基础，所有制度改革都是一个探索过程，双轨制减轻了探索成本，在计划的边际引入市场，二者此消彼长，前者逐步被后者取代。我特别喜欢举一个例子，就是火柴价格改革。20世纪80年代早期，火柴定量供应，每月每户大概只有一盒，老不够用。农民抽烟都用不起，就用燧石取火，然后互相对烟。城里火柴也紧缺，一盒2分钱，成本就有3分钱，火柴厂连年亏损。这是个大问题，政治局开会好几次讨论，都拿不定主意——不敢涨价，即使从2分钱涨到3分钱，只要引起老百姓的不满，就会成政治问题。

双轨制后，市场有了新政策：新产品价格不受限。火柴厂就想了很多法子，将产品换包装、换根数拿去卖市场价，减少老火柴的产量。慢慢地，大家都买新火柴了，老火柴就消失了。并未主动废除什么，火柴价格就完成了整个改革过程。到1992年邓小平“南方谈话”之后，大部分产品已彻底放开了。

我一直认为，改革就是这样，应该是一个自发的、渐进的过程。从这个角度讲，很多事情是无法设想与设计的，我们所能预见的，只是一个大方向。邓小平最伟大的地方在哪里？我认为，就是率先承认了我们的无知。改革开放，就是我们承认了自己无法知道、设计很多事情，所以才要搞市场经济。正是因为我们的不懂、无知，所以才要摸着石头过河。从认识论的层面看，改革开放的思路与通过双轨制放开价格是一样的。

● 采访手记

张维迎说，自己是典型的西北人，性格干脆，喜欢直来直去，不拐弯抹角。这也体现在与他约访中，忙碌的他让我一度通过多种方式都联系不上，约访信石沉大海，但就在我某一天试着最后一次尝试后，他突然很快回复说："要不就明天上午？"

了解张维迎的观点并不难，他是一个旗帜鲜明的市场经济拥护者、倡导者，有人甚至冠以他"市场传教士"的称谓，研究主线包括所有制改革、企业理论与企业家精神、政府与市场关系等。但我所感兴趣的点更在于：张维迎是如何成为张维迎的？出身陕北贫困县的农家、在自认信息闭塞的大西北求学，为何他日后的观点却带有较强的精英主义色彩？

在 1977 年从广播中听到恢复高考的消息前，张维迎是村里生产队的会计。集体化实行后，即使是村里最勤快的老农，也都变得懒惰起来。公地产量远远低于自留地，而对自留地最了解的农民，却无权决定种植什么，缺粮成了常态。但包产到户后，很快，农村粮食变得过剩了。张维迎说，他在农村的所见所闻，是他思考的起点，也是他大学里如饥似渴地渴求新知的原因。

纵观其学思历程，30 余年来，张维迎的观点和立场几乎从未动摇。他多年呼吁的企业家创新，在 1982 年那篇《为钱正名》中就初见端倪。后来在担任北京大学光华管理学院院长期间，他对着一批批 MBA 和 EMBA 学员说，要坦承地、合法地赚钱。

从23岁开始，这个从大西北走出的青年就开始笃信市场的力量。他敏锐敢言，一度以多个“最年轻者”的称号进入全国性舞台。“市场不会失灵，失灵的是市场理论。”张维迎说，“我相信一个东西，首先我得从逻辑上说服我自己。”

市场的逻辑给了张维迎价格双轨制改革的灵感，即使其在后期呈现出一些负面效应：计划与市场呈现出的巨大利益差，让权力寻租变得可能甚至普遍，双轨也成为中国制度安排的一种特色。张维迎坦承，这些问题确实存在，是制度变革不得不付出的代价，但在当时，可能也想不出比双轨制更好的办法了。

在复杂变革的中国，利益妥协似乎是改革的必要条件之一。吴敬琏曾撰文指出，双轨制的实行使部分能够从中得益的官员比较容易接受改革，分散了改革风险，使得价格改革能够顺利推行。2006年3月，张维迎发表《理性思考中国改革》一文，称“评价一种变革和政策优劣时，必须考虑政策的可行性”，“直觉对我们理解现象是重要的，但通常是不够的”。

这篇文章将改革争论推向一个高峰，他频繁地为民营经济及改革合理性辩护，被人指责“背离了出身”。他则说，自己习惯被骂了。从青年时期开始，他的成名与成长离不开骂声、争论与质疑。曾经，他一直以战斗者的姿态示人，唇枪舌剑的影子中闪现着陕北人的执拗与直愣。但很多时刻，这位战斗者是孤独的。他那近乎原教旨般的市场信念注定是非主流的。曾多次倡导甚至亲历推进改革的他，如今却开始说，他能做的，“只是提升中国人对市场的认识，引导观念的变革”。

“观念变革才是根本的变革。”今日的张维迎，关注点也更为广泛了，试图从哲学和历史维度去理解经济学。采访中，他花了很长时间，从历史观及认识论的层面说明为何强调市场的力量很重要：我们过于渺小，所以只有相信“看不见的手”。他还以哥白尼举例——或许也是某种意义上的自喻——在托勒密“地心说”主导的年代，即使哥白尼去世后，“日心说”亦是经历很长时间方得认可，“人类的新思想总是从少数人开始的”。

温铁军

“三农问题”在中国

口述 | **温铁军**　采访、整理 | **刘畅**

“改革解决的问题，永远也赶不上它引发的问题，所以才要不断深化改革。”

1987 年是一个拐点。

那一年，打了两年的中央“一号文件”终于停发了。众所周知，中央“一号文件”有符号意义。在中国农村仍是人民公社体制，农民“大包干”是姓“社”还是姓“资”引起广泛质疑时，自 1982 年 1 月 1 日中央颁布第一个“一号文件”开始，连续三年推行“大包干”，粮食也连续三年大幅度增产。每个“一号文件”似乎都意味着中国改革会再进一步。但在 1984 年确立家庭联产承包责任制的当年，便出现“卖粮难”，农民减少种粮后，第二年粮食因之减产 500 多亿斤，农村改革的制度红利看似已经耗尽，农村改革陷入僵局。

那时，我被分配在西皇城根南街 9 号院里的中央农研室，跟着杜润生做调研工作，处在制定政策的第一线。1986 年的“一号文件”发出后，就有人提出创办农村改革试验区，分散风险。“一号文件”停止当年，中央正式设立农村改革试验区，我随之调入，一做就是 11 年。

去试验区之前，我对农村的状况已有了相当的认识。1985 年，首先发展东部沿海的“梯度理论”风行，我认为过于不公平，提出“π 战略”与之相对，认为起码把长江和黄河也算上。我为此来了一趟“黄河万里行”，一帮人骑着摩托从青藏高原出发，沿着黄河，由黄土高原下到太行山区，至华北大平原，再到山东入海口，4 个月跑了 8 个省。老农家、废窑洞，甚至在空教室里拼桌子，能住的地方都住过了。走过三级阶梯，人被大自然压抑得仿佛只剩下一颗渺小沙粒的感觉，彻底改变了我对农村的认知。

同年调到 9 号院，年轻人聚在一块儿，搞英语角、办读书会，每人讲自己读的书和调查研究。我记得当年杜老主持会议，讨论一个土地问题，有位同事在山东调研，他指出当地人十分清楚地认识到，像自留地一样分给每个人的那部分土地不能动，而是把超过生存保障的土地集中起来，用于农民承包，适度规模生产。杜老听了汇报后，说从中可以看出，土地在我们国家不只是生产资料，还承载着农民的福利和基层的开支。这随口点的几句话，就让人脑洞大开，后来在此基础上形成了土地多功能论。

土地多功能论等这些我们由实践中总结出的理论，都说明简单的土地私有化、市场化，并不能解决农村问题，中国应该研究的是农民、农村和农业结合的“三农问题”。而随着在试验区调研的深入，我发现，对改革开放的背景和动力，都要重新看待。比如，“大包干”如果仅仅是把土地分给农民，就与历朝历代的“均田免赋”没有区别，那么，改革开放真正变革的是什么？

在我看来，改革是适应开放而生的。它的起始点要再往前推，追溯到尼克松访华之前。尼克松为重新夺回中国，宣布部分解除对中国长达20多年的封锁禁运。中国真正的新一轮对外开放是从那时开始的，接收西方转移的产业，依靠民主集中制度的红利，发展劳动密集型产业。为引进外国设备，中国高举外债，而因为是集中财政体制，外债立刻转化为财政赤字。20世纪70年代初，由最高领导人亲自制定的43亿美元引进西方设备的方案，立刻转化成1974年、1975年突破100亿元的财政赤字。因当时没有能力扩大再生产，就要往农村输送知识青年。1975年、1976年最后一次上山下乡运动由此而来，也为改革开放埋下了伏笔。

上山下乡运动没有彻底解决问题，引进技术不能中断，到1979年时，赤字突破200亿元，占了整个财政的近1/5。国家难以运转，知青还面临回城问题，多种矛盾叠加，最后不得不把所有可放的领域全部放开。农村一马当先，让农民把地分了，自己管自己，自己包肚子，“大包干”的“包”字由此而来。家庭承包制一推行，财政用于农村的开支下降了2.7%，总的财政开支剩下3%都不到，危机开始缓解。

但讨论“大包干”，只是把目光集中在土地上，真正的创举却是，农村的限制放开后，人民公社解体，只允许在公社一级办五小工业的束缚随之消失，农民获得自主发展权，进入曾经的工业化禁区，解放的劳动力形成了乡村工业。

我记得上学时在北京市里的铸造车间学工，那是最脏的地方。改革开放后，乡下人给工厂负责人送点儿农产品，就把烘炉、钢锭、铁块运到村里，开起了铸造厂。南方农村更齐全，原材料运来后，就地搭炉子，成了铸件厂。劳动最密集的纺织业也是如此，村里各家各户把缝纫机集中，村干部弄点布、线，周末请城里企业的技术人员来辅导一下村民，一个缝纫厂就有了。城市里最脏乱的、劳动密集的企业，就此一步步搬到了乡下。

整个农村工业化陡然兴起，形成了2000多万家乡镇企业。又因为工业相对要向城镇集中，改革开放前的2800个农村城镇，一下子变成3万多个，平均每个县都有10个能够提供第二、第三产业就业的建制镇。城乡差距因此迅速缩小，当年有句俗话，“搞导弹的，不如倒腾鸡蛋的”。

这是改革开放活力的源泉，其中的经验恰恰与简单的私有化相反。工业发展得最好的农村，正是三级组织仍能发挥作用的地方。在那些维持集体经济的地区，可以统一调配自身资源。更重要的是，村民在大队的工厂不拿工资拿工分。工业收益产生的“肉”烂在一个锅里，静悄悄地完成了地方工业的资本原始积累，没人有意见，没有出现西方血腥的圈地运动。如果劳动力完全个体化后进入工业，会迅速造成两极分化，老板就是老板，工人就是工人了。

但农村工业化的另一面是与城市工业的竞争。城乡之间抢原材料、抢资金，矛盾是对抗性的。那时原材料和资金都高度紧张，乡镇企业不用建厂房，连破产都不存在，经济不景气时，农民回家种地，货放在仓库里，经济恢复后再卖，企业运营成本极低。城里的企业根本竞争不过，相关的利益部门便有意见。而一个文件的出台，是不同利益群体博弈、谈判的结果，这是1987年中央“一号文件”停发的更深层原因。

随后的10年，“价格闯关”引爆双轨制下的政府部门与“官倒”公司结合产生的寻租成本，以及在暂时商品短缺的情况下，牟取暴利的市场化成本，导致物价的恶性通货膨胀，经济紧缩，企业负债，随后大萧条，引发社会动荡，又招致美国带领西方的再度制裁。而后，股市、期货市场、房市三大投机性极强的市场随之开放，吸纳增发的货币。邓小平“南方谈话”与之同步。内地迅速吸引外资，促进中国经济复苏。直至遇到1997年席卷东南亚的金融危机。

在那段以城市改革为主导的时间里，农村的农产品卖不出去，乡镇企业也被压住，农民的收入和消费水平大幅下降，群体性事件频发，很多地方干部都要住到农民家里去。最重要的转变是，乡镇企业被要求“两头在外”，让出原材料和产品市场；而工业设备也大量由国外引进，导致内地从冶金、成型、加工、工作母机，再到设备生产，整个上游的产业链全都不需要了。由乡镇企业发展生发出的内需拉动型经济，转为依靠出口的外向型经济。

我彼时在试验区是业务骨干，大部分项目由我直接参与项目设计和监测设计，大家一起做出了不少成果，不过也一直默默无闻。后来因我对农村资本交易表达不同意见，就“靠边站”了。我调到国务院体改办下属的杂志社做主编期间，根据多年调查发了许多内参，被当时的国务院上海经济区规划办公室主任汪道涵注意到了。他把我叫去上海深聊，得知“三农问题”的严峻，向江泽民建议召开“三农问题”座谈会，并举荐我直接向中央汇报。

2001年末，中央开了两天的“三农问题”座谈会。我心想，反正是“一锤子买卖”，不但把农村的严峻情况如实汇报，发言还超时了，惹得江办主任抓我的袖子，说我讲得太过。但江泽民把我的话逐句记下来，并明确表示会把我反映的问题提交政治局讨论，又说他快交班了，而“三农问题”将作为下一届领导班子的重大问题提出，最后还说：“我原来以为农村情况不错，没想到是这样。”

转过年，“三农问题”成为全党工作的重中之重，并出现统筹城乡经济的说法。也正是在世纪之交，为抵御 1998 年经济萧条，中央大规模增发债务，把国内的生产能力转向内陆建设，先后有了西部大开发、东北振兴、中部崛起战略，将过剩的产能用于区域、城乡的再平衡，为拉动国内经济提供基础设施建设。这种把财政金融为国家整体战略所用的方式，是中国发生的重大战略转变，从此中国开始跟西方资本主义模式分道扬镳。中国借此熬过了 2008 年和 2012 年的国际金融危机，是真正把“罗斯福新政”用活了。

数十年的调研经验告诉我，唯有对原先改革政策进行反思、调整才叫深化改革，只沿着原来的思路继续坚持，那是保守。而一个政策难有对错、好坏之分，我国农村任何过去的、现在的和将来的制度安排，其实都是宏观环境制约和要素结构变化的结果。

● 采访手记

“我当年在 9 号院也管开车，北京的街道外地人不熟，我甚至帮着各地朋友开车进北京去送苹果。一卡车送出去，大家一人分一网兜拿回家，连看大门的都能分上点儿。苹果开路，其他东西能不能给人一些？那时候一篮子鸡蛋都是福利，骑自行车从中南海出门，车把儿上挂着一筐鸡蛋，大家都看得见。你说那叫腐败，还是叫城乡交流改善的福利呢？直到后来，开轿车进城，直奔直管的官员，握个手就把东西送过去了，慢慢就变了味儿。”

一身老式军服，挂在温铁军家一进门的地方，那是他年轻时在部队穿的衣服。如今他已 67 岁，撑不起英挺的军装。他向我回忆起在 9 号院时的趣事，社会变革时的复杂样貌，林林总总从他的京腔里徐徐展开。他身上 9 号院的烙印还在，但他身上的争议，却令他无法像他的老师杜润生那般左右逢源。“我记得当年陈云老先生讲，不唯书，不唯上，只求实。”

温铁军记得，有次在 9 号院里讨论农资专用的问题，满头白发的老部长们来座谈，老人们都认为必须专用，但年轻人实地调研后发现，专用就是垄断，价格必然上涨，农民受不了。杜老的“手腕”令温铁军印象深刻。杜老听老部长们把话说完，话锋一转，说还有些时间，请年轻人也说说话。旁边的领导一捅温铁军，他站起来就把老部长们批了一顿。话毕，杜老先“批评”小同志态度不好，又说既然年轻同志是从实践中来，还要回到实践中去，仍听取温铁军的意见。

这样的行事方式在温铁军心里扎下根，既让他对制定政策的艰巨深有体会，又养成不为权威所缚的性格。接受采访时，每每回忆到关键的历史节点，他总是向我强调，他不是在论对错，抛开意识形态，他只是在讲事实。这种观念投射到他的研究里，使他把当代中国农村的基本经济制度放在国际框架和连贯的历史序列中讨论，打破中外、中国 1949 年前后乃至改革开放前后间的藩篱。比如，20 世纪 70 年代，中国引进外国设备时，几乎与其他发展中国家同步；又比如，20 世纪 90 年代处理经济危机的方式仍是 20 世纪 50 年代的放权让利模式。这些观点凝聚在《中国农村基本经济制度——世纪末的反思》《八次危机》

等著作中，获得广泛关注，也得了“温三农”的名号。

争议也由此而来。温铁军在国际对比的视野下，将中国能否安然度过一次次经济危机，仍然保有完整的工业体系，视为一个政策好坏的标准。批评者则认为，虽然温铁军在9号院历练过，又在农村改革试验区待过多年，还有世界银行和哥伦比亚大学的培训经历，但经验并不意味着正确的认知，他的观点有“将存在的解释为合理的”之嫌。

但不论是“新左派”，还是“国家资本主义”，温铁军拒绝任何标签，他认为实践中没有它们的位置。采访中，他告诉我，他仍坚持20世纪80年代以增进农民福祉为目标，让农民获得发展权的思路，推动城镇化，使行政村和镇两级都变成农民创业创新的载体。

如今，温铁军虽然已经退休，但他自20世纪90年代开始，几乎月月出国、周周下乡的情况仍未改变。“美国是farm和farmer，这与中国的事情不对应，我们的农民是peasant，我们的城镇化不是urbanization，而是townlization，我在国外都这么讲，他们也听得懂。”他一边向外国介绍中国改革的情况，一边又在村里设计改革的方案。“我把资本市场的设计搬入农村改革，让农民把自己的资产作股到村集体，村集体变成资产管理公司，大家都变成股东。然后设计出多种股权，在资本交易市场里交易。用金融工具替代财政，引起各地极高的兴趣，我现在到处被大家找去帮他们做设计。”

采访当日，他刚从山西调研归京仅两日，待我们探访完毕，他又连夜踏上了出差的路途。

朱苏力

送法下乡 40 年

口述丨**朱苏力**　采访、整理丨**刘畅**

一个译介近现代西方法学著作最多，却被贴上“反法治”标签的学者，讲述中国基层司法的真实实践。

1997 年的时候，我到湖北农村走访，连西部的大山区也去了，发现基层法官那时非常穷，家在县城，但平时住在村里。与外界联系要打长途，村里付不起电话费，就把电话锁上，只能来电话时接。记得有一次同一位 40 多岁，从部队转业的基层法官打交道，在喝酒时的种种细节里，我发现他极聪明，我考察人家时，人家也在考察我，见我尊重他们，他们才愿意跟我讲真话。

我大老远与他们坦诚相见，是因为当时正赶上又一轮大规模裁军，先前将复员军人分配到基层法院的政策引起广泛争议，觉得转业军人的军人作风不利于法治的专业化；又赶上当时推进司法改革，其中之一是抗辩制改革，过去由基层法院的法官调查案件事实，现在要让控辩双方请律师调查；另外就是把矛头指向基层审判委员会制度，学界以外国经验为基准，认为它违反了司法规律。

我当时已博士毕业归国，在北大任教。大家彼时正在热议电影《秋菊打官司》，流行的解说是，觉醒的中国农民拿起了法律的武器，我则认为，这其实反映了法律进入中国农村基层后“水土不服”，农民发现自己受骗了，所谓的法治不是农民消费者需要的商品，而是法律人试图推销给农民的伪劣产品。所以，面对那时的思潮，我认为法治一定要关注中国人民的需要，中国的法学也得从中国法治实践中总结提高。部队里读的《毛选》，让我一直坚信“一切结论产生于调查情况的末尾，而不是它的先头”。上大学时读费孝通的著作，在美国的留学经历，又让我对熟人社会和陌生人社会有了更深的体认，能够拉开距离看问题。有着这些智识准备，我就打算亲自实地看看，没有受过法律训练的基层法院的法官，如何处理中国百分之八九十的案件。

我原是不懂农村的，我本身是城市人，15 岁当兵，有两年驻在村里，部队的干部战士几乎全来自农村，与他们 5 年多的长期交往，也只能让我对农村算有点直观了解。1995 年开始，我应邀到武汉给中南财经政法大学办的法官班授课，学员都是基层法院的法官，我借此机会访谈这些法官，又去了他们工作的各地法院。田野调查颠覆了我的许多观念，让我变得保守了。

最典型的是基层审判委员会制度。法院法官遇到一些疑难、重大案件，主审法官会把案件交到审判委员会讨论决定。我在调查之前，也认为审判委员会制度起码不利于法官的独立判断。但我在湖北访问了 100 多位基层法官，他们也谈及了我担忧的问题，也认为肯定有弊端，也有坚持认为自己的判断更合适，审委会的判断反而有误的情况，却竟然没有一个人说这个制度不好。想想谁都是“宁当鸡头，不当凤尾”，不愿被人管着，他们为什么还能接受呢？

法官给的理由很多，主要理由还不是面对疑难、新颖案件，年轻法官解决不了，审判委员会的委员资历通常比较深、有经验，他们需要审委会把关，或需要统一法律适用的尺度，最重要的原因是，基层法院的法官生活在熟人社会中，活得很难，工作也很难。

基层法官基本都是本地人，在熟人社会里，许多人在解决纠纷时，会以各种方式找到法官，法官不可能六亲不认。但审判总会有个结果，不可能两全其美，甚至公平的判决常常会令双方都不满。即便法官判决上会秉公执法，在别人找到他时，他既不能公开表示六亲不认，也不能先都应承下来，那等于骗人家，结果出来后，人家会更愤怒。在这种情况下，法官需要有个制度来保护自己和家人的安全。审判委员会其实就是这样一个机制。被人逼急了，法官会说：“这我说了不算，合议庭说了也不算，这得上审委会。”

审判委员会是不得已的选择，转业军人问题、抗辩问题，同样如是。理论上讲，我非常赞同法官应当来自法学院毕业生。问题是即便今天，在能进企业、律所、政府机关的前提下，有几个正规法律院校的毕业生愿意长期坚持在中西部基层法院或人民法庭的？因此，在我调查研究的年代，甚至 10 年前，转业军人在基层法院人民法庭已是素质相对高的群体。我退伍时才 21 岁，而我在部队时，周围那些特别聪明的人，虽然正规学历比我在部队时高，但他们比我大 5 到 8 岁，退伍时都恋爱结婚了。婚后需要养家，怎么去上大学？像我的父母是中层干部，足以养活家庭，我才有余力考学，可当时多少家庭有这种条件？因此，在中国这个各地发展不平衡的大国，至少在特定时期内，一定不能在学历与才能之间画等号。

何况，基层纠纷也不那么复杂，司法本身更是不以知识为导向，而是一个明智判断导向的职业。在基层法院面对某些案件或人民法庭中，有无学历不是个问题。尤其在基层法院人民法庭，人们是要解决纠纷，而不是听法官说理的。比如离婚案件，法官讲得再有理，婚姻以感情为基础，他们不愿离，法官若依法判离，一方可能当场就喝农药。类似的事，通常转业军人反倒比大学毕业生更能有效应对。

没有律师，又何谈抗辩？ 20 世纪 90 年代末的县城里还有律师，人民法庭里便几乎绝迹。在没有律师代理的人民法庭，我曾见到一位法官给双方当事人解释“法庭辩论”，“就是可以吵架，但不能骂人”。而世界各国，律师都是追逐高收入的城市动物。中国律师超过 10% 在北京，30% 的律师集中在 4 个最大的城市，法学院毕业生不会到农村去。即便国家有补贴，法学院毕业生下到农村，我认为农民也未必受用。不是农民不关心法治，而是农民务实，只要事情能比较公道地解决就行。即便村里有律师服务站，咨询也要花钱。他会直接到法院要求立案，法官告诉他不能立案，但同时也要告诉他该怎么办，他其实就获得了免费的咨询。

归根结底，在农村这样没有门牌号，法院传票都难以送达的地方，司法专业化如何实现？经过调查，我深深理解福柯的话，“法治话语的机制必须依赖一系列非常具体的非话语机制”。基层司法的问题，不在司法本身，而涉及社会的全面重组、结构和整合。

中国正在快速变迁，基层司法也发展很快，现代化消解了许多问题。比如，机器进村造成的工伤，或是乡村通了公路，车辆撞死牲畜。变成农民要同陌生人打交道，他的生活和城市联系在一起，案件也就有了陌生人社会的特征。而且，中国当前农村常住人口只剩下 40%，大部分是老人、孩子。孩子以后上学、打工，预计未来 10 到 15 年，还会有 20% 的人进城。在东部沿海地区的农村，即使是人民法庭的司法也往往有律师介入，法官也几乎全是法学本科毕业生了。各地人民法庭的条件大大改善，法官住进县城，甚至市里，每天上下班，工作日在镇上的人民法庭，星期五晚上回市。法官成了农村的外来人，工作空间与私人生活空间隔离开，熟人纠缠的问题正在大大弱化。

但是现代化也一并带来了新的问题。村里的农民还处在熟人社会，他们对外来法官的信任感会下降，司法的权威反而可能降低，甚至农民会更多地把法官当成政府官员。因此，当学界谈论法官职业化和法官独立的同时，在民众的认知层面，司法机构与政府机关的区别却有进一步模糊的危险。而在城市里，以往几乎没有的“碰瓷”现象，如今时有发生，碰瓷者通常是来到陌生社区的底层人士。在熟人社会，讹诈帮忙的人，是社区内的人格自杀。但在陌生的城市，有人就没有这种顾忌。问题背后说明，依法治国当然有必要，但若真以为仅仅依法就能治国，那就是被意识形态终结了。

在我看来，类似的问题才是中国司法的真问题。世纪之交时，我把当时基层调研的成果写成《送法下乡》，近 20 年来不断重印。即便后来许多情况变了，但我提炼的那些基本问题没变。所以，发现真问题，经过调查、思考写成专著，这样的治学方法，在当今的法学界尤为重要。

● 采访手记

“各庄的地道都有许多高招……”

——电影《地道战》对白

朱苏力的书里，几乎每一章开头都会有类似的题记。朱苏力作为文学青年的幽默和犀利，从未因步入看似繁密、严肃的法学殿堂而消隐。他在学术上的兴趣，正像这句《地道战》的对白——看看各庄的高招，探寻中国实现法治的“本土资源”。他的声誉和非议全来源于此。

《送法下乡》以一个乡镇信用社的工作人员带着县里人民法庭的庭长，下到陕蒙交界的村民家中追讨贷款的案子开篇，讲到庭长由村主任领着找村民，却赶上村民放羊去了。村民回来后，又让庭长不用脱鞋，直接把庭长领上炕，把“送法下乡”演绎成一出“炕上开庭”，村主任更是成为从中斡旋的“调解人”，由此引出对基层司法制度的思考。朱苏力记得，那本书问世后，中国最顶尖的学术杂志《中国社会科学》发表了3篇上万字的书评，放到现在也极为少见。而美国最好的法律杂志《耶鲁法律评论》，也刊登了由纽约大学教授写的40多页书评，原书评更是有140多页，几乎是《送法下乡》篇幅的1/3。

赞扬者激赏他发现了中国法学界研究的“盲点”，欣赏他基于事实的实证主义方法。但这位在法学界里译介近现代西方法学著作最多的人，也受到“反法治”“保守”“偏执”的非议。这些争议自他在1996年写就《法治及其本土资源》后便如影随形，因为那时他站在了浪尖之上。

中华人民共和国成立之初，政府发动过一场全面整顿旧司法机关的运动，树立了政法合一、司法非职业化，走群众路线的“大众司法”模式。但自1991年《民事诉讼法》第64条规定，“当事人对自己提供的主张，有责任提供证据”，抗辩制改革的帷幕就此拉开。采集、提供证据需要专业的律师，司法职业化的改革也因之开启。随后几年恰逢中国入世，司法也力图与世界接轨，司法职业化的观念几成共识，学者强调法官的职业素养和专业精神，要求司法独立和价值中立。但随着改革的深入，对司法职业化的反思也慢慢浮现，有学者认为法律不应偏离社会真实的需求，司法裁决应吸纳民意。朱苏力是最有影响力的代表。

“法治的本土资源”是他思考法治的锚点，这个令人充满想象的术语一经提出，便引来多方争论。批评者面对这个词，难以抹去历史的阴影。从远处说，是千百年的“人治”传统；从近处讲，是仍未远去的形形色色的运动。乍看上去，本土并无法治可资生长的资源。朱苏力对“本土资源”的强调，被看作是“法治本土化”，有为阻碍法治的环境进行辩解之虞，缺少在中国实现法治的理念。

朱苏力眼中的本土资源，并非只存在于历史之中，当代人的社会实践中已经形成的各种非正式制度，才是更重要的资源。“随着生产方式的变革、人口的流动，使宗法关系或变相的宗法关系得以强化的经济基础在不断削弱，强调借助中国的本土资源，正是在这个前提之下。”

在法治现代化的进程里，这样的争论不会有结果。不过，“道不同不相为谋”，朱苏力了解自己如今“非主流”的位置，他并不在意。《送法下乡》是他的“高光时刻”，但相比获得的赞誉，他更大的收获是赞誉背后，自己的研究方式获得了认可——钻进一个具体问题里，做专项研究。回国后，他翻译美国大法官波斯纳的著作时，发现这位虽没有学过经济学，却开创了法律经济学分析的法学家不拘一格，用平实的语言，将法学与文学、社会学融会贯通，几乎以一己之力开拓出法学研究的半壁江山。朱苏力如醍醐灌顶，他不再拘泥于法学领域，而是在各个领域寻找与法律的关联，他写过《法律与文学》《道路通向城市》《大国宪制》等多学科交叉的著作，他一向喜爱的文史、地理，转了一圈又回到他面前，他也借此像波斯纳一样，将中国法学研究的疆域大大开拓。

采访期间，他屡屡自谦，说自己愚笨，年轻时率性而为，直到三十六七岁才“开窍”，研究感兴趣的课题就是自己的事业。他如今卸下北大法学院院长之职，只做普通的教授。每年除却开会和大年初一，他都趿拉着拖鞋，安然地坐在北大法学院的办公室里。

王铭铭

在黑非洲古城思考中国人类学未来

口述 | **王铭铭**　采访、整理 | **刘周岩**

无论是出于爱恋还是焦虑，20 世纪的中国学术似乎总围绕着“自我”展开。世纪之交，王铭铭觉得是时候去看看“他者”了，或许可以从人类学开始。

2000 年 2 月，我前往非洲马里共和国参加学术会议。飞机上，看到地面从欧洲的深绿色逐步过渡到浅绿色，再从北非的灰黄色过渡到撒哈拉大沙漠的深红色和金黄色，就知道逐步接近了马里。从首都巴马科，我们搭乘一架苏制小客机前往著名的通布图市（Tombouctou）。

这座古城位于撒哈拉沙漠南方边缘上，离尼日尔河不远。它在西方大名鼎鼎，出发前，我和当时芝加哥大学的几个同事提到要去通布图，他们都羡慕得不得了。选择在这里开会，是意大利哲学家、符号学家和小说家翁贝托·埃科（Umberto Eco）的主意。一路上，埃科比谁都兴奋，一面翻着法文和意大利文的关于通布图的书籍，一面大声唱着一首显然是他即兴编出来的进行曲：“通布图，通布图，我们迎着太阳前行……”

抵达通布图，知道它是省会，但当我漫步在沙地街道上，一路望去，却看到一个神似平凡华北村庄的地方。然而，正是它，激发了我的许多思考。

我在伦敦读书时，不少老师是研究非洲的，听他们的课，我有过一个大体的“非洲形象”，那让我曾误以为，欧洲人来之前，非洲只有欧洲人类学家热衷研究的原始部落。老师们也讲“文化变迁”，不过起点是西方探险家到达非洲。

我们参观了通布图档案馆的一批新出土的古文献，翻着故纸堆，馆长说，纸上写的是阿拉伯字母，但语词是通布图方言，而其中一大部分内容，则是关于中草药的！这足以表明，在西方探险家进入这里之前，文明已在此融汇交织。有位地方老者告诉我，11 世纪前，作为黑非洲的一部分，通布图曾受印度文明影响，之后，伊斯兰文明传进此地，清除了原有的“印式巫术”。15 世纪，通布图已建成一所严格意义上的大学，其地位如同“非洲的牛津”。我意识到，我学过的西方人类学既存在“原始化”非洲的问题，又存在将“欧化”与“世界化”等同看待的问题。

遥远的通布图，奇异之处颇多，却似曾相识。这座小城总让我想起我国的喀什和泉州，尤其是我所熟悉的后者。那曾是“海隅偏藩”，在国内外人类学家的笔下，是家族和“民间宗教”的典型。但就是在那里，“五口通商”之前数百年，早就有了“四海舶商，诸番琛贡，皆于是乎集”的胜景。泉州的历史，曾启发我质疑社会科学中西方中心的“破裂式现代性”理论的历史时间性，写成《刺桐城：滨海中国的地方与世界》。

通布图之行更让我醒悟到，西方中心的历史时间观，对世界的“污染”是全方位的。世界上不少地方，早在西方势力进入之前，就有了我们当下爱谈的世界主义了。无论是通布图还是泉州，在历史上都更具有世界主义特征，而如今，通布图的繁华成为往昔，它的大学也消失了，泉州则在内部和外部的相继挤压下，持续“被本土化”。

在通布图开的学术会上，埃科提议我谈谈自己的想法。我讲了“天下”概念对于更新人类学认识方式的价值。与会的个别学者面露疑惑，但一个巴马科大学的同行在我讲完之后激动地说：“这篇论文很重要，我们非洲也不是部落社会，而是天下！”这个评论，让我难以忘怀。的确，倘若跨文化研究没有建立在承认所有民族的思想世界的“天下性”之上，那么，跨文化研究所鼓励的“互惠知识”又何以可能？

回到美国，我继续在芝加哥大学讲授“人类学的中国问题”课程，也到其他地方讲座。比如当年 4 月我在哈佛大学做了一场公开讲座，具体内容还是对“天下”的诠释，关注的是这个古老的概念对中国学术潜在的刺激。当时我正在芝加哥大学担任访问教授之职，于我，芝大是个学术圣地。20 世纪三四十年代，吴文藻、费孝通、林耀华等前辈创建燕京学派时，借鉴了芝加哥学派的思想。在这个学派的起源地，我开始体认中国社会科学这一重要局部 70 年来的遭际，思考我们该从何处“再出发”。

回顾学科历程，我认识到中国人类学的本色是“国族营造主义”的，海外从事过田野工作的学者也并非没有，然而无论哪个学术阵营，学者的工作重心还是放在国内的乡村和少数民族区位。但吊诡的是，它采纳的历史时间格式却总是西来的，深受传统 / 现代二元对立历史观的影响。总之，以“国族营造”为诉求，这门学科并没有“以天下为己任”，也因之，很少为我们理解诸如通布图和泉州那样的文明交融场所提供合适的概念和方法。不仅人类学，中国的社会科学其他领域其实也如此。

通布图只不过是我行走过的许多地方中的一个。然而，这座黑非洲古城让我想得特别多，它的形象，一直启迪着我。过去这十几年里，我的学术工作沿着两三条线路展开。我的田野工作重心，从东南沿海转向西南。在西南，围绕费孝通先生的“魁阁”“藏彝走廊”，李安宅先生的藏文明，以及林耀华先生的嘉绒，我带着几组博士生做研究。这批新一代学者，从仪式、历史记忆、物的流动、土司人生史、山川等角度，切入他们的田野地，取得了值得称道的成绩。对我来说，他们的研究共同表明，在被我称为“典型中间圈”的西南，诸如通布图那样的古代世界主义图景，到处可以找到印证。这个地带的确有其“封闭性”，但也鲜明表现出文明的交流本质。

遥望古代人文传统，我看到，“他者为上”的认识态度在古代文明里早已有之；如果说我们当下的学问有“民族自我中心主义”缺憾，那么，这个缺憾并非自古有之。这些读史感受，汇成《西方作为他者》一书。离开通布图一年后，我还到过法国阿尔卑斯山区调研，此间我也正在琢磨“三圈说”，后来，我借定义这个概念指出，中国人类学除了研究汉人社区（核心圈）和少数民族群体（中间圈）之外，还应当更多地研究华夏的“外圈”（域外）。我不断地写作、讲课、研究，发表我对这一中国人类学新方向的期待。2017 年 3 月，我有幸被大英学术院（British Academy）选为拉德克里夫－布朗社会人类学纪念讲座主讲人，作为走上该讲坛的第一位非西方学者，我引据了不少文明关联的案例，阐述自己对这方面研究的思考。

今天距离2000年又是近20年了，令我乐见的是，“异域研究”这个中国人类学新方向得到了更多重视，产生了更多成果。不仅在北大，而且在全国不少地方，尤其是位于所谓“周边区域”的云南、新疆、厦门、广州等地的高校，有了不少“海外民族志研究”和“跨境民族研究”。当然，不能以为，到异域去，在世界不同地方重复所谓“民族志”工作就能带来学术的进步。比地理视野的拓展更为急迫的，是培养“文化自觉”这项工作。而真正的“文化自觉”，是文化的自知自明，而非其他。我们若有足够“自信”，那么起码我们应有勇气承认，生活在世界各地的人们，同样围绕着自己的家园创造了各自的中心。自以为拥有天底下唯一“合情合理”的文化，会使我们失去理解自己的机会。

我总是觉得，我在远到撒哈拉沙漠，近到我国东南和西南看到的这种历史“废墟”，都内含着壮丽的文明关联图景，它们即使得到过渲染，也未必得到过真诚的领悟。不是说文明关联一定是美好的；相反，在历史上，它导致过悲剧。然而我们依旧必须看到，这一关联普遍存在于不同的历史阶段、不同的地方，其推进的“你中有我，我中有你”的局面，绝不是近代以来那些“霸权性”势力带来的。作为人类学研究者，我必须面对它、理解它、解释它。

今天这个时代，如何处理文明之间的关系，显然是一个极其重要而且有很强现实意义的话题。费孝通先生曾提出16个字，用以形容“文化自觉”：“各美其美，美人之美，美美与共，和而不同。”要做到这些，其实并不容易。要真正为这些做出贡献，无论是中国学者还是域外学者，都还有漫长的路要走。

采访手记

王铭铭的普通话不太标准，相貌也不太“标准”，大体上看着是汉族，又好像有点异域因素。王铭铭是福建泉州人，泉州历史上有许多域外商人，他说他的祖先也许与“文明混融”有些关系。

一次讲座中有听众向他提了这样一个问题。一位朋友是北宋时来到开封的犹太后裔，现在被定义为汉族，但心里又对犹太身份有特殊的情感：他到底是什么人，属于中国文明还是犹太人？王铭铭回答：“他们就是‘人’嘛！人类没有非杂种的。”这或许也是他对自己究竟是“什么人”的一种回答——就是“人”嘛。王铭铭进而向那位听众解释，民族的自我认同和国家的认同有这些矛盾，都是因为我们理论上把每个民族都说成是纯的，而事实并非如此。

作为人类学家，王铭铭也期待中国社会科学能少一点对“自我”的过分爱恋，亦即 20 世纪中国学术的“民族国家焦虑”，将视野放得更广阔一些，抱持着谦卑与尊重的心态多去认识“其他人”，更好地理解“人”以及“人”之一员的我们自己。他认为这种开放心态，即使在西方也仍旧有待培育。

20 世纪 50 年代以后，国内人类学学科被取消建制、部分地归入苏联式的“民族问题研究”，改革开放后才得以重建。王铭铭亲历了人类学复建的过程。1981 年，他进入厦门大学的考古专业学习，理由是“可以游山玩水，跟现实也遥远”，三年级时便成为新组建的人类学系的学生，此前的理由大体上还能保持。随后，他赴伦敦大学攻读人类学博士，成为改革开放后的第一批人类学留学生——半个世纪前费孝通入读了同一所大学的同一个专业。1998 年，费孝通在北京大学建立中国的第一个人类学博士点，王铭铭是该博士点的具体负责人。1995 年至 2000 年间，他协助费孝通组织“社会文化人类学高级研讨班”，该研讨班对国内人类学的复兴和重建起到了重要的推动作用。

法国《国际社会文化人类学评论》近期刊登题为“中国新人类学”的专辑，其导言中认为，王铭铭在中国人类学 20 世纪 90 年代中期之后的学术思想更新中起到了特别重要的作用。他通过一系列的理论著述，对 20 世纪初以来的中国人类学提出了系统的反思以及总体建设的看法。这些思考，被认为预示着一种新的中国人类学的可能性，有助于化解“人类学”与“中国”之间的天然矛盾——传统的人类学研究“简单社会”，而“中国”是幅员辽阔、人群多样、历史悠久的，所以无论“有关中国的人类学”还是“中国的人类学”，长久以来都有着许多充满张力的紧张与错位。

就在刺激王铭铭产生新思考的通布图之行的第二年，美国发生了“9·11”事件。也是在那年，中国加入了 WTO。如何在一个“文明冲突”的世界看待自身文化与“其他人”的关系，从那个节点开始变得关键，且随着中国近年来的发展越发重要。

王铭铭说，至少人类学对这个问题想要提供的答案，是和“文明冲突”的图景相反的。他认为当今世界流传着有时代特色的文明焦虑，而历史和人类学研究将会告诉我们，文明的本质是交流的，从更长远的历史眼光看，文明关联和共生是主导的，对待所谓“冲突”，人们不该那么心神不安。“冲突也是关系，起码是关系的扭曲表现。”文明间的“关系”是他特别强调的概念。

“我甚至根本反对‘中国与世界’这个提法，它给人的印象好像是，中国和世界是分开的两个东西。不存在纯粹的自我，我们自身某种意义上就是世界。每一个地方都像通布图一样，是被一层层的文化冲击、汇合而形成的。”王铭铭说。

李银河

40 年，中国人经历了两性观念的剧烈变化

口述 | **李银河**　采访、整理 | **马戎戎**

1978 年到 2018 年的 40 年，也是中国人两性、婚姻、家庭观念剧烈变革的 40 年。在如此短的时间内，中国人的婚姻家庭观念出现如此大的变化，冲突与焦虑，便成为剧变的副产品。作为中国第一位研究“性”的女社会学家，第一位进行同性恋研究的学者，李银河以“拓荒者”的身份，承受了许多压力。

1973 年，我 20 岁左右，刚刚从内蒙古建设兵团回城。长达半年的时间里，我按着“世界文学名录”按图索骥，看了我所能找到的所有世界名著。我发现，那些世界名著里差不多全都在写爱情，《怎么办》《安娜·卡列尼娜》《战争与和平》《少年维特之烦恼》《罗密欧与朱丽叶》……那个时候，我对爱情的看法就已经和父母那一代不太一样了。我开始认识到，婚姻和家庭不仅是过日子，也不仅是非常实用的那种。

其实我的父母，他们也不是“过日子”，他们之间也有浪漫的爱情：他们两个是在延安相识相爱的。有一次，我问我的母亲：你们那时候是怎样相爱的？我母亲说，就是有一回过河，她摔了一跤，差点摔进河里。我父亲拉了她一把，然后他们就“好上了”。他们其实也是因为感情而

结合的。

但是在“文化大革命”的时候，爱情和性是绝对的禁忌。因为爱情和性，本身属于私人领域，和当时狂热的集体主义是对立的。当年《联合报》给王小波评奖，一些评委说：“小说写得倒是不错，但是为什么非要写这么多‘性’呢？”其实，王小波笔下的性是一种反抗，用人最本质的生命力来反抗秩序对人的异化。

1982 年，我去美国读书，硕博连读，选择的是社会学系。去美国之前，我在社科院做过一点婚姻调查，所以博士论文写的也是当代中国的婚姻和家庭。回国以后，我的研究领域其实也集中在三个方向：婚姻家庭、性别研究、性研究。

1988 年，我从美国回国，准备搞社会学研究。当时北大成立了中国第一个文科博士后站，急需 1988 年毕业的，既是学社会学的又愿意回来的博士，我就成了中国第一个文科博士后。我的导师是费孝通。我当时报了 10 个题目，研究方向包括婚前性行为、婚外恋、单身、不育等。这 10 个研究题目，费先生都非常支持，最后编辑成一本 20 万字的书《中国人的性爱与婚姻》。

我能够感受到，中国进入了一个变革的时代。以婚姻家庭这个领域来说，好多人的观念都在变：性的观念在变，生育的观念在变，结婚的观念也在变。好多人不想结婚了，城市里还出现了一批人自愿不育。在几千年前的中国，这根本不可想象。

我的一项早期研究是关于生育观念的。我到浙江一个非常小的小村子，还有山西我最早插队的农村做调研，和城市的自愿不育者进行对比。能感受得到农民对“计划生育”这个政策的紧张态度，因为这个政策和几千年来中国人的生育观念太不一样了，冲突非常激烈——计生干部说自己的工作是“天下第一难”。但是你看现在，国家鼓励年轻人生二胎，年轻人都不生。中国人真的是改变了。

中国人的生育观念起这么大的变化，最主要的因素，还是中国的工业化过程。我们称之为“现代化”。中国正在经历一个从传统社会到现代社会的过程。事实上，在我们的研究中，上海总是数据最显眼的一个城市。比如说单身率最高、结婚率最低，离婚率最高、同居率最高。所有最先锋、最前卫的指标都在上海。因为这是一个真正经历了现代化过程的大都市。社会观念的变化都首先在这里有所反映。北京的数据也很高，但不如上海那么前卫。

在婚姻家庭领域，第一个趋势是“核心家庭”开始成为主流。所谓核心家庭，就是一对夫妻，加上他们的未婚子女。和父母等几代人住在一起，叫作“主干家庭”。美国在20世纪初已经开始了核心家庭化，核心家庭在20世纪五六十年代已经成为美国最普遍的家庭形式。而在中国的20世纪70年代，三代同住的主干家庭比例还很大，当时的数据是20% ~ 30%。从20世纪80年代开始，核心家庭逐渐成为中国家庭的主流。

第二个趋势是单亲家庭增多。20世纪80年代末90年代初我刚做研究时，单亲家庭只占3%左右，2007年我们的调查显示已经是12%。当时是全国五大城市的调查，基本可以推论到5个城市的家庭，一个城市大概有800个样本，一共4000个家庭。

对婚前性行为的看法是变化最大的，1989年北京（有婚前性行为）的随机样本是15%，2011年清华大学做过一个研究已经达到71%。这个变化是非常惊人的。因为在和“童贞观念”有关的择偶标准调查中，中国人在世界上的排名从来都是非常靠前的，不是第一就是第二。而在美国的男女青年择偶标准中，对方是否为“处男”或“处女”只排到第十七、第十八位。

在婚姻家庭、性别研究、性研究三个方向中，性研究的禁忌最多，压力也最大。因为我们的社会，几十年来，一直是反性禁欲的。具体到研究上，一个表现就是，和性有关的研究课题，基本上不可能申请到经费。

比如说我带的一个研究生，他的博士论文想写“虐恋”群体，希望能够进行“经验调查”。我写过《虐恋亚文化》这本书，但依据的都是文献。然而，我的这个研究生，他的开题报告根本没通过。社科院的负责人都不同意，说这个太敏感了。我认为这是我们的文化中非常矛盾和分裂的一面：一方面觉得“性”非常敏感，另一方面“性”又被认为不重要。

我最开始做同性恋研究时，遇到的最大的反对意见是：“那么多国计民生的大问题，你研究这个干吗？”持这种意见的人认为，同性恋人群仅仅占总人口的4%，你们干吗不去研究占人口50%的一些人的问题？另外一种意见，就是“你为什么不去研究社会分层”。可其实这就和自然科学研究一样，有人研究大象，有人研究昆虫，只是研究的领域不一样而已。

无论虐恋还是同性恋，并不像主流想象的那样，只是特别少数的人才喜欢。虐恋也是人真实的心理需求。很多看起来非常强悍的人，人性深处其实反而有一点希望“被羞辱”的欲望，这也是一种补偿心理。

最早在做同性恋研究的时候有一个困难，就是线索不太好找。当时同性恋是很受歧视的，大街上没有人会承认自己是同性恋。我的第一个同性恋调查对象是当时做的一个单身研究的采访对象。当时我在《北京晚报》上登广告征集“独身主义者”，大概征集了40多个人来参加我的单身研究。其中有一位30岁的男士，我访问到他的时候问他单身的原因，他回答的时候就答不清楚，这个也不是那个也不是。后来他就跟我说：“我看你留学回来也不像个坏人，我告诉你吧，我单身的原因是因为我是个同性恋。”这就是我的第一个同性恋调查对象。后来我用社会学中的一种滚雪球的方法，让他介绍他的朋友来，还有朋友的朋友，这样像雪球一样越滚越大，这个调查对象最后到了120多人。

后来王小波也加入到这个研究中来，有一些特别年轻的同性恋者不愿意跟女的谈，这个时候王小波就会来帮我谈几个。另外一些需要到男厕所去进行的调查，也是王小波去。有一种传言说我为了搞男同性恋研究，女扮男装到男厕所，其实不是，是王小波去的，有线人的，带着到厕所。这个工作也为他写《东宫西宫》积累了素材。

从事“性”研究的另外一个压力，就是中国人总是把性和道德联系起来，把正视“性”和宣扬“色情”联系起来。2014年11月，广州举办了一届“性文化节”，邀请了华中师范大学的彭晓辉教授来做演讲。在演讲中，忽然有人冲出来向他泼粪。还有人在西安把我的照片挂出来向照片泼粪。他们的观点是，你看这个人主张婚前性行为，主张自慰无害，多么堕落。

我理解这是一种焦虑。从只有15%的人有婚前性行为，而且其中好多还是固定伴侣，到71%的人有婚前性行为，这是观念上多么大的转变和冲突。而且20年不到，时间这么短。所以，很多人会非常恐慌，非常焦虑，因为跟原来的差距太大了。但事实上，一个人的性观念、性行为跟道德没有必然的关系。你不能说，一个喜欢多人性关系的人一定就是一个道德低下的人。

2005 年和 2006 年，我曾经努力倡导过国家在涉性法律上的宽松。1997 年，中国取消了流氓罪。在“流氓罪”这条法律下，一切婚姻之外的性行为都是“违法犯罪”，但还有“聚众淫乱罪”。其实，包括聚众淫乱罪、关于淫秽商品的法律等，这些法律在世界上大部分国家是没有的。

其实最近十几年来，中国的涉性法律变化也非常明显，这个变化体现在两个方面：一些涉性法律虽然还有，但是很少实施了，判刑比较少了，案例也比较少了。比如根据淫秽品法而判罪的数量绝对减少了。这些都说明中国的风气越来越开放，涉性法律在走向宽松。

我觉得，无论如何，现在保守的人越来越少了。如果说，几十年前可能 90% 的人像他们这样想，那现在只有 10% 的人像他们这么想了。那我所做的一切，就没有白费。

● 采访手记

很多年里，李银河在大众的印象中一直是“王小波的遗孀”，而她本身在学术上的建树和成就反而被遮蔽了。事实上，李银河身上有很多个“第一”：中国第一个文科博士后，中国第一位研究性的女社会学家，中国第一位进行同性恋研究的学者。

2000 年后，出现在大众视野中的李银河，总是被妖魔化。她倡导“卖淫非罪化”，被曲解为支持卖淫嫖娼；她主张性的去道德化，主张取消“聚众淫乱罪”，被曲解为支持乱伦、群交。在西安，有人对着她和其他性学家的照片泼粪。

李银河认为，在正视人性和欲望这方面，中国人刚刚走出中世纪。事实上，正视性，不代表就支持性放纵；正视同性恋等亚文化的存在，也不代表着就是要倡导婚恋主流变成同性恋。早在《中国人的性爱与婚姻》中，李银河就阐明过这一点：“社会学研究同性恋文化，仅仅因为它是存在的东西。我们说的文化，属于存在的论域，跟提倡没关系。实证的科学，研究的全是已存在的事。”

作为人在生存之外最重要的原始本能，性，原来是一件非常自然、正常，非常私人领域的事情。然而，宋代之后，中国人的性观念逐渐走向僵硬和扭曲，自然的性也日益与道德、秩序捆绑，这导致了对性的态度：极端压抑，或者极端放纵。然而无论压抑或放纵，都不是自然、科学和健康的。

虽然屡屡因为“性”话题被推上舆论的风口浪尖，但是李银河的研究范围包括但不限于“性”。早期她的《中国人的性爱与婚姻》，敏锐地感知到当时中国人在两性观念及婚姻、家庭领域出现的变化，并运用社会学方式进行科学的统计和研究。她也是最早将女性主义运动和理论介绍到国内的人。

正如她在采访中所说，1978 年到 2018 年的 40 年，也是中国人两性、婚姻、家庭观念剧烈变革的 40 年。在如此短的时间内，观念出现如此大的变化，冲突与焦虑，便成为剧变的副产品。

与如此巨大的变革、14 亿人口庞大体量殊不相称的是，目前中国从事“性社会学”研究的学者不超过 20 人。这其中，中国人民大学的潘绥铭教授、华中师范大学的彭晓辉教授，包括李银河等“第一梯队”学者近年来纷纷退休，而后继者寥寥。

一方面是“女德班”的卷土重来，另一方面是科学研究及传播两性、婚姻、家庭的学者的声音长久被压抑和曲解，中国的“性社会学”依然是一片亟待开发的广袤土地，中国人在走向科学、自然、健康的两性观、婚姻观、家庭观的道路上，依然有很多障碍要跨越。

2012 年，李银河从中国社会科学院正式退休。退休后的她长住威海，住所坐落在威海最美的一片海滩旁。在这里，她上午写作，下午读书，晚上看电影。她说，她最喜欢的书之一，是梭罗的《瓦尔登湖》。她现在想把表达形式转为以小说为主，而且只写“虐恋”这个主题。她告诉我，虐恋这个东西太有趣了，它本身的戏剧性特别强。写的时候，根本不是她自己在写，而是冥冥中有一种力量把着她的手，让她写下来。

第四章
思想：无疆

主笔 刘周岩

又一次，“时间开始了”。

1949年，胡风以“时间开始了”为题创作组诗，庆祝新中国成立，被誉为以一句话表达了这“决无法用文字表达的感情”。而始于1978年的改革开放被许多人视作“时间的再次开始”，尤其是对禁锢了许久的思想界，以至于20世纪80年代被称作中国近代史上继“五四”之后的第二次启蒙时期。

推动思想的松动与发展，“书”是一个关键词，这是摆脱精神贫困所必需的粮食。1979年4月的《读书》创刊号上，发表了李洪林的《读书无禁区》，成为时代的标志性口号。其实文章原题为“打破读书的禁区”，是范用和编辑部商量后，将题目做了更改，变得如此简洁、有力。许多地方出现了这样的场景，新华书店排起长队，一开门大家即冲进店里，知青们抢着阅读那些经典小说——有些他们在“文化大革命”中见过手抄本，却因版本不全而没读过结局。

进入20世纪80年代中期，“文化热”中活跃的知识分子及其思想动态，也可用图书出版形成的团体做大致的划分，其中有三个最引人注目的“文化典型”。其一是“走向未来丛书”，该编委会特别看重的是“科学精神”。其二是“中国文化书院”，坚持中国文化的现代化须根植于传统的再发展。李泽厚是其中的成员，他通过对传统的历史考察，刻画几千年文化积淀的民族“文化—心理的结构”。这位富于创造力的哲学家被许多人视作“精神导师”，黄子平形象地说出了他在当时知识人心中的地位：“有一个人的书出一本我买一本，目录也不看。只有一个人，就是李泽厚。”

“文化：中国与世界”编委会是另一股关键力量。其核心甘阳等人主要是当时北大和社科院的一批外国哲学专业的年轻学者，意在通过翻译当代西方学术的代表作而对中国学术与思想进行更新。推出的包括海德格尔、萨特、韦伯等人的著作影响了无数人，更显示出当时学人的思想抱负。这一编委会当年的两位成员陈来、刘小枫，在他们的口述中都提及了这段时光，也提出了今日再反观时的更多思考。

对20世纪80年代，陈平原的回忆充满温情，那是朝气蓬勃、无拘无束的时光。不过“急迫”也是突出的时代气质，源头正是“开放”。国门开了，过去自我粉饰的幻象消失了，我们到底比人家落后多少一下子暴露得一清二楚。资中筠的口述，回忆的是她亲历的“开放”以及由此带来的思想上的全新局面。

由于历史的断裂性的剧变，进入20世纪90年代后思想界的气氛有所不同。许多人将之称为低迷与盘整期。市场的大潮袭来，经济繁荣发展，也让人文知识分子在一定程度上被边缘化了。戴锦华回忆，20

世纪90年代，曾经的学界好友打来电话，不过不是探讨思想与学问了，而是问："你能帮我搞到15吨钢材的指标吗？"

李敬泽将20世纪90年代形容为"无人认领的时代"。各类回忆中不乏"我们的80年代"，却不见有人如此认领90年代，这说明"分化"成为思想界的标签，很难再用整体性的思想倾向与所谓共识进行概括。"激进"—"保守"争论、现代性—后现代性争论、民族主义—世界主义争论、精英文化—大众文化争论、所谓"自由派"与"新左派"知识分子的争论，构成了这个十年的基本回忆。汪晖是主角之一，他的口述记述了由他引起的思想论争的前因后果。

同时人文学界也开始另一方面的收获，李泽厚概括为"学问家凸现，思想家淡出"。这是学术开始规范化的年代。"上谈日月星辰，下管国计民生"的日子暂时结束了，知识分子更多在自己的专业领域内关注具体的问题，取得了更大的"学术成绩"。

思想理论的发展不同于社会生活的其他方面，无法用数字指标衡量，更因为观念的差异难以判定何为"好"何为"坏"、何时"增长"何时"衰退"。而且即便在新时期，也难说这些学术与思想的论争摆脱了外部因素的羁绊。不过改革开放带来了实实在在的思想解放，一个个思想禁区被打破，多元声音渐渐于社会共存，是人们过往40年来的深切感受，亦是对未来中国的持续期待。

汪晖

在 90 年代反思现代性

口述 | **汪晖**　采访、整理 | **刘周岩**

20 世纪 90 年代思想大论战的“始作俑者”，讲述导火线被点燃的时刻。

1998 年的四五月间，我被邀请去参加一个关于启蒙的命运的讨论会。我去晚了，进会场时，李慎之先生正在发言批评我的一篇文章，他说：“去年《天涯》杂志第五期发表了一篇文章，文章的要害，就是让中国脱离人类 300 年来走过的共同道路。作者就是现在《读书》的主编。《读书》《天涯》，南北呼应，是新左派的大本营。”

郑仲兵先生主持会议，他看到我进来了，用胳膊轻触李先生。李先生不知何意，继续批评。郑先生只好大声说：“汪晖，你坐到前面来！”我和李先生算是熟悉的。他看见我，语气缓和地谈了一些看法。大家叫我发表意见。《读书》其实什么观点和立场的文章都有，但作为编辑，我对于有关《读书》的批评和建议一向秉持倾听的态度。至于李先生对我文章的批评，我只是说：离开反对帝国主义和殖民主义的历史和探索中国的发展之道，我不知道如何讨论人类 300 年来的共同道路。

我明白李先生所说的是启蒙思想，但鸦片战争的时候，中国和英国是共同道路吗？贩卖黑奴的时候，非洲、欧洲和北美是共同道路吗？这300年来的帝国主义、殖民主义、种族主义、资本主义，如今都以现代化或“现代”的名义出现，民族解放运动和社会主义运动反而变成了“前现代”，怎么理解这个新启蒙视野中的所谓“共同”？李慎之先生说的那篇文章，就是1997年发表在《天涯》上的《当代中国的思想状况与现代性问题》，发表之后引发轩然大波，是后续一系列争论的导火索。

在那篇文章中，我对20世纪80年代以来的主要思想派别都提出了批评，比如“新启蒙主义”思潮，以及“儒教资本主义”“乡镇企业的现代化论”和“中国后现代主义”等论述。批评的核心，是认为它们在不同程度和方面缺少对“现代性”的足够反思，中国知识界为现代化意识形态所裹挟，在“中国 / 西方”“传统 / 现代”的二元话语中无力分析新一轮全球化所产生的矛盾和中国面临的新问题。文章结尾，我批评了一些人不加反思地为中国提供资本主义现代性答案。

这些看法如今算不上新鲜，但在20世纪90年代的氛围中，听起来有些异样。无论李慎之先生这样的老一代启蒙派，还是新一代的“自由派”，都对我的言论不满，他们对“全球化”充满了美好的想象，我却从近代历史的脉络出发提出了不同的分析。

那天开会争论得很激烈，我一说话，就被打断，很像是“围攻”。但也有两位老先生主张让我说话。李慎之先生与我观点不一样，但坦白，什么意见都摆到桌面上来说，就这一点来说，我很尊敬他。

其实，那篇文章是1994年就完成的。1993年底，我从哈佛大学访学结束回国，正在北京的韩国朋友李旭渊让我写一篇介绍当代中国思想状况的文章，他要拿回韩国发表。答应了以后，我就想：该写些什么关于当代的问题？

20 世纪 80 年代末到 90 年代初那三四年，对我们这一代人是非常大的震荡。我先是在北京，然后下乡到陕西商洛，1991 年回北京办《学人》杂志，1992 年到美国做访问学者，从远远近近的角度，观察剧烈变化的中国和世界。该怎么理解这一切？那篇文章就是对我那几年的很多断断续续的想法所做的记录，是一篇思想札记而非学术论文。

我曾说，从 1911 年辛亥革命至 1976 年“文化大革命”结束是 20 世纪的核心，这是漫长的革命，但也是一个短促的世纪。80 年代可以算作这个“短 20 世纪”的尾声，90 年代是一个真正的逆转。革命的 20 世纪终结了，但它不是一个可以被简单否定的历史。如果告别意味着不可重复，我部分同意，但如果告别等同于否定，则是不顾基本历史条件的宣言。

90 年代，新的世界秩序到来了，我们不但可以感受到日益露骨的不平等结构，而且不平等关系是以完全正当和合理的形式回归的。经过了一轮否定之后，仿佛 20 世纪想要冲破的 19 世纪又回来了。

在圣彼得堡，我们这些深受俄国文学影响的人都觉得这座城市辉煌美丽，甚至比巴黎更壮阔。可到了晚上，城市是昏暗的，因为经济不好，电力匮乏。我们去看世界一流的《天鹅湖》芭蕾演出，黑市上 13 美元一张票，以美国标准实在很便宜了。可第二天路过售票处一问，全本《天鹅湖》实际售价 55 卢布，当时的汇率呢，1 美元兑换 1300 卢布！怎么能让人不感到心酸。以前都觉得苏联不好，换掉就完了，市场能解决所有的问题，没想到实际的社会变迁是这样的。

结束旅行，我回美国。先到芝加哥，邻居住了两位叶利钦的顾问，对于苏联的分裂，他们似乎并不心痛，觉得俄国终于是一个俄罗斯人的民族共同体了。这让我很诧异。然后回哈佛，即将离开之际，发生了“莫斯科十月事件”。叶利钦用坦克轰击国会大楼，终结了总统与议会之间的权力斗争。美国媒体和国家政策完全站在叶利钦一边，明确地支持暴力，说叶利钦是在“清算前共产主义分子”。为什么美国这次的反应和他们对待中国那么不同？美国对外政策的实用主义暴露得一览无遗。

这些事情接连发生，促使我反思社会主义实践和新的全球化秩序，那些札记也是自我反思吧。就在这时，李旭渊来找我约稿，我就把这些笔记整合成了一篇文章，先是发表在韩国，然后发表在香港。

1996 年底至 1997 年底，我在香港中文大学住了整整一年。来香港之前，我已经应邀担任《读书》主编，考虑到文章发表可能引发的争议，我先用笔名在《香港社会科学学报》发表了一稿。但我并不习惯用笔名，总觉得有点古怪，觉得应该对自己说的负责，没必要闪躲。那时韩少功在海南办《天涯》杂志，几次约稿，我就把这篇文章给他了。

少功给我回了一封很长的信，说现在很需要这样的文章。他非常有勇气，但也极其谨慎，对文章做了必要的技术性处理，发表在 1997 年《天涯》第五期上，很快引起了预料中的争议。这篇文章曾经有另一个标题，叫“市场社会的诞生与思想的溃败”，暗示到了 20 世纪 90 年代，随着社会的变迁和市场的诞生，知识分子失去了批判性地思考全球化的能力。一些知识分子以“自由主义”自命，拒绝任何对现代性的反思，用启蒙的教条对全球化进行着玫瑰色的理想化叙述。这篇文章检讨了不同思潮，其实我也是自我批判，因为我的思想也是在那样的脉络中发展而来的。我并没有把自己当成那个时代的审判者。

回头看这篇文章，它算是我对现代进程进行反思的一个开端，也是对当代思想讨论的一个介入。我在其中把现代进程加以总体化和再思考。这些抽象理论的东西有它的非常现实的价值。我记得《读书》组织讨论科学主义和环境问题，于光远先生跟我说，生态环境这都是发达国家才讨论的，中国现在不需要讨论这个。现在再看呢？即便是讨论很现实的问题，也需要一定的理论视野，才能将尚未成为问题的问题问题化。重新解读历史，破除了简单的传统、现代的对立框架，从反思现代性出发，对发展主义和与此相关的生态、平等等问题加以探讨，也算是顺理成章吧。

实际上，在这篇文章形成前后，知识界已经开始出现了不同的声音。这篇文章也对这些声音做出了回应。由于文章带有历史分析和综合描述的特点，于是以此为契机，知识界开始了持续不休的争论。有人将之称为“新左派”和“自由主义”之争，我自然是他们眼里“新左派”的代表。我从未以此自称，因为任何标签化都会使问题简化，进一步发展为不同阵营之间对胜负的争夺，不再是思想和理论的讨论，但思想争论也不以个人意志为转移。它发生了，可能还会继续发生。

我一直处于争论和争议之中，被攻击了一番又一番。开始很不适应，但渐渐坦然。争议如果有价值，最终人们会慢慢进行再认识的，可惜的是有质量的批评很少。这篇文章于我始终只是一篇札记，我的更多的工作集中在《现代中国思想的兴起》一书的研究和撰写过程之中，在这部四卷本发表之后，我又开始了对 20 世纪若干重要事件和思想较为系统的研究。我对当代问题的思考和介入多半是在研究历史问题的过程中形成的。

● 采访手记

“名满天下，谤满天下”，大概是公众对汪晖的一种印象。汪晖获得了国际学术界的高度承认，比如 2010 年美国亚洲学会年会基调演讲人、2013 年（与哈贝马斯同获）意大利“卢卡·帕西奥利奖”、2018 年德国最高学术奖之一的“安内莉泽·迈尔奖”等，他都是首位获得这些学术殊荣的中国人。汪晖受到的非议之多也少有出其右者，2000 年长江奖事件、2007 年《读书》换帅风波、2010 年博士论文“抄袭”事件等，每每均演变为公共话题，引发“混战”。

“名”与“谤”的源头，或许都和汪晖的思想有关。他讨论的话题足够重要，他的态度和某种意义上的“主流”足够冲突，于是对他的思想的看法经过了种种形式的变化，成为那些荣誉或非议。

汪晖的思想围绕着两个锚点展开：“现代”与“中国”。标志性的开端，正是 1997 年发表的《当代中国的思想状况与现代性问题》。为了回答那些根本的问题，他拒绝在研究上人为设限。从鲁迅研究起步，他的领域逐渐扩展至更大范围的思想史。在《现代中国思想的兴起》这部四卷本著作中，为了探讨“现代”，他的论述上溯到了宋代甚至更早时期，而为了在特定语境下澄清关于“中国”的理解，他专门写过西藏与琉球问题的专著。汪晖目前的职业身份是清华大学中文系和历史学系的双聘教授，是文学与思想史方面的“专家”，但人们谈起他时，

“思想者”的身份先于“专家”的头衔。

自然，他也拒绝“新左派”的标签——在他看来这是简单化且含义可疑的。他认可的自我身份，是批判性知识分子，批判的重要对象之一是被许多人视作理所当然和未来方向的“现代性”。在他看来，批判不是简单否定，也不是与建设相互对立的概念，“反现代的现代性”本就是近代中国历史上的一个传统，许多对中国思想做出过关键贡献的人，都是在追求现代的同时抱有对现代的深刻怀疑与反思，比如章太炎、鲁迅。

汪晖想做的，或许是在今日中国接续这一努力。德国《时代周报》正是如此形容他的：“汪晖殷切期盼，在他的祖国能发展出一脉独立的现代思想，同西方启蒙主义分庭抗礼。”这样的一种尝试，自然应当在这40年来的思想探索上留下一席之地。

2010年，40多位各领域的学者在北大召开了一场研讨会，主题就是“汪晖的学术世界与当代中国思想之进路”。学者戴锦华在引言中解释了为什么要讨论汪晖：“汪晖近年来的工作，他在中国学术界的影响，使他不仅在中国，而且在世界，被命名为一种示范、一个例证。今天，我们选择汪晖，将汪晖作为一个被‘我们’解剖的‘麻雀’，是因为我们和汪晖面临并分享着共同的挑战、共同的问题。”

陈来

“文化热”中，文化保守主义的价值

口述 | **陈来**　采访、整理 | **艾江涛**

“应使儒学仍然成为中国人价值来源之一，提供给中国人做人的道理、人生的意义及处世的原则规范，乃至对宇宙、自然、社会、人类命运的基本态度。”

我是 1978 级研究生，“文化大革命”后的第一届研究生。我们一般讲到 1977 级、1978 级都是指本科生，这两届本科生加起来将近 40 万，第一届研究生比较少，社会上关注不多。与他们相比，我们这代人学术历程开始比较早。1980 年，我已经写完自己的第一部著作《朱子书信编年考证》。我们那会儿不分硕士生博士生，大家都认为自己相当于苏联的副博士。

在北京大学哲学系，张岱年先生是我的导师。他那会儿给我们上两门课：一门课是“史料学”，一门课是“方法论”。1957 年，他被打成右派，没有机会上课。老先生 1978 年开始给我们上课，都是准备了几十年的课程，很多人都跑来听课。两年后他由于突发心脏病，就没法上课了。改革开放后，冯友兰先生在解放前出的书，我们也能看到了。有人总结我们这批人，听张先生课，看冯先生书。从这个意义来讲，我们接续上了解放前的学术传统。

比一般人幸运的是，我在 1985 年博士毕业后，一直当冯友兰先生的助手，直到他 1990 年去世。这段学术因缘，非常难得。1985 年，“文化热”兴起。应该说，是多种因素凑合的结果。当时，改革推进到某个阶段，遇到一些问题，主政者有一种观念，认为是文化出了问题。包括之前对“文化大革命”的总结，认为根子在封建主义，这成为 20 世纪 80 年代初的一种共识。任继愈先生在批判的意义上，认为儒家就是儒教，就是受此影响。主政者的这种观念，在某种程度上促进了文化研究。

也有一些很偶然的因素。1984 年底，中国文化书院成立，1985 年 1 月，开办第一期讲习班。那会儿谁听过冯友兰、梁漱溟这些老先生讲课？当时影响比较大，带动了人们对传统文化的研究和反思。1986 年以后，文化书院开始搞函授教育，面向全国成千上万人，这个面一下就广了。导师不仅是老先生，还请了杜维明、陈鼓应等海外学者，对大家很有吸引力。

还有一个线索，这个时候，大家越来越明确，改革开放所引导的是一个中国现代化的问题。

1985 年，“文化：中国与世界”编委会成立。1986 年 12 月 10 日，编委会和三联书店在《光明日报》登出半版书讯广告，讲到《文化：中国与世界》集刊、“现代西方学术文库”和“新知文库”的出版计划。这对于学界震动很大，带动了大家对西学的翻译介绍。现代化理论中，最有名的就是德国社会学家马克斯·韦伯的理论，他那本《新教伦理与资本主义精神》，正是列入“现代西方学术文库”，在1987年出版。

还有一股力量，稍早一年，就是从1984年开始的“走向未来”丛书。这套丛书，并非严格的学术翻译，基本采用编译的“短平快”的方法，介绍西方学术，包括历史、人文，但更多的是与科学相关。由于抢得先机，在当时大学生中影响非常大。

1987年，我在《思想出路的三动向》一文中，讲过这三股力量。“走向未来”丛书，强调科学精神；中国文化书院，注重传统；“文化：中国与世界”编委会，注重文化关怀。所以“文化热”，包含了不同力量，以这三股力量最有代表性。

回头来看，20世纪80年代的“文化热”，与20世纪80年代初的一些思想，共同构成了改革开放动员期的文化思想启蒙运动。

参与中国文化书院的人，大都是我们学校教研室的，因为1984年我还没毕业，就没有参与，反而参与了以北大、社学院青年学者为主体的“文化：中国与世界”编委会。这种选择，有一定的偶然性。

1986年，我把博士论文朱子研究的书稿交付出版社后，便到哈佛大学开始为期两年的访学。虽然不在国内，但我一直关注着国内仍在发展中的“文化热”。

出国之前，我对传统与儒学的态度，和大家差不多，虽然不是全面反对，但也有批评，认为传统文化不注重个人权利。在国外那两年，一开始主要是受到杜维明先生的影响。杜先生1985年在北大教了一学期课，在当时的讨论中带进来一种声音，有人为儒学说话，不全用激进主义的态度看待儒学。在美国我们的交流比较多。另外，在美国的那段时间，我注意到，基督教的传统无处不在，这让我开始思考一个问题：在一个现代社会，传统文化仍然能做什么？

所以那段时间，我的认识发生了转变。1987 年，在菲律宾马尼拉召开的“新时代的中国”国际研讨会上，我提交了一篇论文《中国近代思想的回顾与前瞻》，开始讲文化保守主义的问题。那篇文章最重要的一点是，最早提出了对文化保守主义的肯定。文章针对的是当时的改革问题。当时有些理论家居然提出“一切向钱看”的口号，我那时就强调，“一切向钱看”，永远不会成为一个伟大民族的精神传统。

事实上，到 1989 年“文化热”的后期，多样的文化保守主义越来越显示出它的优越性。包括甘阳，那会儿也已经变成一个文化保守主义者。1986 年，甘阳在《读书》杂志发表文章，还是讲“以反传统来继承传统”，但到后面便开始强调文化保守主义的重要性。当然是多样的文化保守主义，不只我这样，还有从别的角度进入的思考。

其中有一个契机，就是 1988 年赵一凡翻译的美国社会学家丹尼尔·贝尔的《资本主义文化矛盾》出版。丹尼尔·贝尔所讲的三元化结构，人是这样，社会也是这样。他拿自己举例：政治上的自由主义，社会上的社会主义，文化上的保守主义。我觉得这给很多一元化思维的人以新的启发，自由主义者并非在所有层面信奉自由主义，文化保守主义也可以和很多东西结合。

1989 年，我写了一篇纪念五四运动的文章《化解“传统”与“现代”的紧张——“五四”文化思潮的反思》，被收入了林毓生所编的《五四：多元的反思》一书。在那篇文章中，我恰恰用韦伯的理论还制西化主义者。韦伯的思想是“二战”以来西方世界最流行的理论学说。韦伯虽然指出现代化是工具理性的强势发展，但他非常重视价值理性，他有悲观主义倾向，认为在现代社会随着工具理性的膨胀，价值理性受到抑制，这是他不愿意看到的局面。我认为，“东西古今”问题的本质就是价值理性和工具理性的关系问题。近代以来，我们从西方特别强调要引进的属于今的那部分，大部分属于工具理性；强调反对和批判的，大部分属于价值理性。从韦伯的理论看，价值理性不是要去除的部分，而是要建立其与工具理性之间的合理关系。

进入 20 世纪 90 年代，有左派学者批判文化保守主义，我写了一篇回应文章《人文主义的视界》，来阐释文化保守主义。“文化保守主义”这一从西方学术界开始使用的概念，有两个基本含义。一是指近代社会变迁过程中，反对反传统主义的文化观和对传统文化的全盘地、粗暴地破坏，在吸收新文化的同时注重保持传统的文化精神和价值。二是指在商业化、市场化的现代社会里，注重守护人文价值、审美品位、文化意义及传统与权威，抗拒媚俗和文化庸俗化的一种立场。我自己虽然赞成文化保守主义者的立场，但不是被固定在这里，这是我思想的一面，我有保守的一面，也有开放的一面。

从 20 世纪 80 年代到现在，不管是在传统文化最低潮的时候，还是近些年来的“国学热”中，我始终不变的一点是，对儒学作为一种价值理性的文化形态及其对现代化的作用，始终寄予完全的信任和理解。

● 采访手记

一直以来，陈来都以研究儒家哲学、宋元明清理学和现代儒家哲学享誉学界，事实上，他对于 20 世纪 80 年代以来的文化论争，也从未缺席。对于这一点，他自己很早便有明确认识。在一次电视节目中，他便讲到当代有三种在场的儒学，即学术儒学、文化儒学和民间儒学。如果说在学院所做的一系列研究，属于学术儒学的范畴，那么从1987年开始，参与围绕文化儒学的讨论，则是他另外一条未曾中断的主线。

就像陈来自己所说，作为1978年的第一届研究生，他们比同级的本科生更早开启学术历程。在20世纪80年代那个风起云涌的时代，更多顺着学术思潮一路前进，并非像一些学人，到“思想淡出、学术凸现”的20世纪90年代，才开始踏踏实实的学术研究。

早在1980年，研究生还未毕业时，陈来就完成自己最早的学术著作《朱子书信编年考证》。1985年，他的博士论文《朱熹哲学研究》，对朱熹哲学思想及发展做了细密的历史考察，成为那个时代的代表研究成果。1986年至1988年在美国期间，陈来开始准备王阳明的研究计划。1990年，完成专著《有无之境——王阳明哲学的精神》。此后，陈来将自己的研究扩展到宋明理学，出版《宋明理学》等著作。1991年之后，他将主要精力转入古代思想研究和现代哲学研究，完成《古代宗教与伦理——儒家思想的根源》《哲学与传统——现代儒家哲学与现代中国文化》《孔夫子与现代世界》等论著。

1985年，“文化热”兴起。在这场推动文化现代化的思想启蒙运动中，陈来不仅是“文化：中国与世界”编委会的重要成员，还以一系列文章，参与当时的文化论争。

在写于1987年的文章《中国近代思想的回顾与前瞻》中，陈来最早肯定了文化保守主义、文化民族主义以及民族文化的主体性，并提出“传统思想的复兴的最大条件就是现代化”的判断。在那个反传统意识占据主流的年代，陈来受到杜维明等海外学者的影响，在美国的两年访学生活，更让他坚定了对传统儒学的肯定与理解。

他一方面反对全面否定儒学的文化激进主义，另一方面反对儒学全面改造说。借助马克斯·韦伯等西方社会学家的理论，陈来认为在现代社会中，儒学作为一种价值理性，仍有强大生命力。“儒学不是不支持改革，但它有它的特点。光有改革不行，还要有价值和精神的补充，需要一种人文主义的世界观来引导中国人的一般精神方向。”

回头来看，陈来当年的一些判断，在今天并未过时。对于新世纪以来不断升温的“国学热”，他早在2010年的《光明日报》上，便以《如何看待“国学热”？》一文，予以回应。在他看来，“国学热”产生的根本原因，在于中国现代化进程20世纪90年代以来快速和成功的发展，及其所导致的国民文化心理的改变。对这场自发形成的“国学热”，陈来持总体肯定的态度。正如他多年未曾改变的判断，传统文化在现代人的心灵滋养、情感慰藉、精神提升、增益人文教养方面，仍有着不可替代的作用。

刘小枫

面向当下的古典政治哲学求索

口述 | **刘小枫**　采访、整理 | **刘怡**

在刘小枫看来，政治哲学研究的价值，在于它提供了一种回溯古典时代“原初问题”的路径，使得辨析由古至今的政治思想嬗变路径成为可能。而在西学体系中求索的经验教训，最终仍将回归到中国的当下问题。

1974年春天，高中毕业后，我到重庆丰都靠近武隆仙女峰的大山里插队落户，当时抱定的信念是“扎根农村一辈子”，村里的农民纷纷打量我是否可能做谁家的女婿。用了两年左右时间，我学会了所有农活，在农民乡亲眼里已经够得上合格劳力的标准。这时我才明白，毛主席并非真要我“扎根农村”，而是要我认识中国的土地。所以，在完成“认识土地”这项阶段性任务之后，我开始自学古代汉语和古典乐理，迷上了拉小提琴，也读了一些外国小说，《约翰·克利斯朵夫》读了三遍，喜欢莫泊桑、梅里美，但不喜欢巴尔扎克。

当时大部分国有单位实行“子女顶替”的招工制度。我父亲在重庆市文化系统工作，1977年秋天他退休后，我“顶替”他进了文化局下属的市图书馆。这个图书馆创建于1946年，为了纪念前一年去世的美国总统罗斯福，开馆时定名为“国立罗斯福图书馆”。1949年，第一任馆长严文郁去了美国，任职于联合国图书馆，后来转到俄亥俄州立大学任东亚图书馆主任。之后的20多年里，严先生一直在给重庆市图书馆寄资料，主要是美国期刊、新书通讯、联合国教科文组织的科技出版物之类。有一次，我在馆内一个公共走廊边上的外文废旧期刊堆里翻到一本1956年的《时代》周刊，里面报道“匈牙利事变”的血腥照片让我浑身战栗：世上竟然有这种事情！当时我就下决心要学好外文，否则自己的眼界必受限制。因此，在图书馆工作的那一年里，我组织了一个法语学习小组，请馆内懂法语的老师给我们几个年轻人讲课。

恢复高考来得很突然。1977年冬天，我匆匆忙忙参加考试，上了录取线，也通过了体检，不知何故没有被录取，迟了一年才如愿以偿。因为喜欢文学，我报考的是四川外语学院的法语专业，却阴错阳差被分配到了德语专业。当时我从陀思妥耶夫斯基的回忆录里得知，要成为好的小说家，先得学好哲学，于是就找到一本艾思奇的《大众哲学》来读，但没读懂，却不明就里地觉得哲学很乏味，从此不再理会任何“纯”哲学书籍。大学时代，我把大部分闲暇时间拿来读历史书，从文学史、哲学史、中国通史直到世界史。要是当时我能注意到陀思妥耶夫斯基读的是什么哲学书，就不会不幸多走了后来的20年弯路，因为陀思妥耶夫斯基说：他最喜欢读柏拉图。

因为喜欢文学，同时又偏好理论性的东西，加上当时学界正兴起“美学热”，1982年我报考了北京大学哲学系美学专业的硕士班。由于我是学德语出身，硕士论文以德国美学为题遂也变得顺理成章。至于为什么最后搞成了现代性批判，现在想来与海德格尔的影响有关，他让我改变了对哲学的看法。1986年，我的这篇硕士论文以《诗化哲学》为题单独出版，无意中呼应了20世纪80年代的新诗潮，但其实我对诗歌一窍不通。这本书关注的是启蒙运动之后，德意志学界为什么会出现“美学热”，而英国和法国却没有类似的情况。现在回过头看，这个思想史问题还是过于复杂了。假如我当时就能读到卡尔·施米特的《政治的浪漫派》，我的认识就不会那么简单、平面。不过在20世纪80年代初，不仅是我本人，整个中国学界的学术视野都还非常狭窄。

1985年，硕士毕业后，我到深圳大学中文系担任助教。系主任乐黛云教授交给我一个写作“比较诗学概论”的任务，我无法推辞，结果写成了不伦不类的《拯救与逍遥》，于1988年出版。但这本书关涉的问题相较《诗化哲学》要开阔得多，而且直面中国思想的“世纪性难题”，即中国学人应该如何认识西方文明。与当时坊间流行的“新启蒙”或“传统文化批判”等议题相比，我认为这才是中国思想面临的“真问题”。当时这本书曾经颇受好评，但到了新世纪却被一些反对者当作论据，批评我“背叛”了曾经的自己。但倘若一个人关注的是中国思想面临的真问题本身，那他就不会看重自己如何被人评说。所以十几年后，我又修订再版过这本书。

动笔写作《拯救与逍遥》之前，我已经在同时研究基督教理论和社会理论。到了1989年，我到瑞士巴塞尔大学读博士，论文题目选择了马克斯·舍勒（Max Scheler），而我的博士生导师奥特（Heinrich Ott）以凭靠海德格尔的思想阐发神学观念见长。舍勒既是现象学家和社会理论家，又是基督教精神的现代传人，他致力于将传统基督教精神与现代学问样式相结合，这让我着迷。20世纪90年代初，全球学界一度兴起“现代化问题热”，当时讨论“亚洲四小龙”就像今天讨论“中国崛起”一样时髦。但我觉得，在搞清楚现代西方的思想大家是如何面对现代性问题之前，谈论本土的现代化问题难免缺乏理论深度。因此在写完博士论文后，我在 1996 年出版了《社会理论绪论：现代性与现代中国》。

虽然在今天，我本人的名字经常被学界中人和列奥·施特劳斯（Leo Strauss）联系在一起，但实际上，直到 20 世纪 90 年代末，我才和这位德裔美籍犹太哲人“接上头”。当时我正在研究德国公法学家卡尔·施米特（Carl Schmitt）的政治法学著作，海因里希·迈尔的《施米特与施特劳斯：隐秘的对话》一书让我开始重视施特劳斯其人。不过，读完朗佩特的《施特劳斯与尼采》，我才猛然开窍，也直接催生了 2000 年发表的《尼采的微言大义》。这篇长文以及随后的《刺猬的温顺》，让我开始遭受知识界的猛烈抨击。我向好些朋友推荐过朗佩特的这本书，尽管我完全不赞同他对尼采的颂扬和对施特劳斯的批评。

施特劳斯把现代性思想的源头追溯至马基雅维利和霍布斯，为我理解整个西方政治思想史尤其现代的三次激进思想浪潮提供了通透的全局观。这就回答了我自《拯救与逍遥》以来一直在探问的“何谓西方文明”的问题。施特劳斯教导我用古人的自我理解来理解古典，通过追溯柏拉图笔下苏格拉底的生活方式和教诲，学会抵制现代的种种“主义”论说。对我而言，既然《拯救与逍遥》已经拒斥了各种现代式的回归中国古典的可能性，那么，施特劳斯也让我有可能去回答“何谓西方文明”这一问题的另一面：如何理解中国的古典及其与现代的关系。

让我逐渐变得能够从容应对一波又一波后现代思潮的 20 世纪思想

大家，不仅是施特劳斯一人。我多次对自己的研究生说，你们真正的博士生导师是施特劳斯、施米特和埃里克·沃格林（Eric Voegelin），我仅仅是他们的助教。还可以聘尼采为副教授，其他人就算了，名额有限。聘这三位生长于德国现代学术土壤的思想家当博导，与我自己看到的现实需求有关。凡好学之人，首先需要搞清楚何谓以及应当如何“好学”，施特劳斯在这方面是最好的老师。好学的热情仍须置身于现实的政治处境中，而政治处境从来就极为复杂难辨。如果我们愿意辨识自己所处的环境，而非仅仅以头脑简单的态度面对政治问题，那么施米特会是一位好老师。他勇于面对时代困境所引致的思想难题，经验难能可贵。不仅如此，理解现实的政治处境，尤其需要培养深邃的眼光，或者说需要历史的眼光。如何把政治思想史与政治史关联起来，而且具有世界文明的视野，沃格林是再好不过的老师，尽管他的表述方式令人不敢恭维。

相形之下，中国本土的自由主义话语最大的问题在于，他们始终不愿直面施特劳斯提出的“哲人败坏”问题——这个问题最早见于柏拉图和阿里斯托芬笔下的“苏格拉底问题”——从而陷入了现代性制造的“思想进步”神话无法自拔。但也需要理解这种话语产生的土壤。我们应该记得，20 世纪 80 年代初，“伤痕文学”很热，我们在当时养成了一种“伤痕思维”的习惯，而且至今没有走出这种习惯。不应该忘记伤痕，但需要正确看待自己身上的伤痕，要做到这一点不容易。我自己曾经长期是个伤痕主义者，直到进入西方和中国的古典思想，我才觉得能更恰切地理解个人乃至国家身上的历史创伤。

2002 年之后，我开始着手策划“经典与解释”书系这项工程，分为西学、中学、辑刊三大系，目前的出版数量已经超过 500 种。我自己的期许是，通过这套以整理和解读经典文本为主线的书系，夯实中国学术思想的基础。改革开放以来，中国学界的心力几乎全部扑向了西方的当代学术即 20 世纪以来的学术。20 世纪 60 年代以前尚存的对西方现代早期即 16 世纪至 18 世纪思想的研究资源，如今几乎荡然无存。整全地认识西方文明思想传统，是中国学界面临的历史性任务。改革开放给我们带来了越来越好的生活条件，如果我不赶紧做些实实在在的事情，真觉得对不起前人经受的磨难。聂荣臻元帅曾问周恩来总理为何如此拼命干活，他的回答是：他身边有太多战友遇难，他要用加倍工作来替难友们实现对中国的热爱。这话让我刻骨铭心，也让我想起 20 世纪的中国学界，我今天所做的只是接续上那些壮志未酬的前辈的事业。

● 采访手记

在那篇动笔于 1998 年底，意图作为"告别 1999 独白"的著名文章《刺猬的温顺》中，刘小枫勾勒了两种不同类型哲人的面相：一种是以赛亚·伯林（Isaiah Berlin）所代表的、秉持价值相对主义的狐狸型哲人，也是现代人；另一种则是列奥·施特劳斯笔下的苏格拉底所代表的、坚信自然正当之绝对性的刺猬型哲人，也是古典人。富于形象感的"刺猬揪住狐狸"这一比方，不仅揭开了他将"古今之争"视角引入中文政治哲学研究的序幕，也使他本人的学问在中国的传播，自此与施特劳斯这位犹太裔政治哲人的姓氏产生了莫大关联。

狐狸与刺猬这组意象，同样适用于不同知识背景、不同思想倾向的学人对刘小枫本人的评价。在20世纪80年代的“美学热”中，他的那本《拯救与逍遥》对将人视为目的的历史理性主义所做的解构，一度被“新启蒙”的倡导者引为同道。但在21世纪初，由他所掀起的古典政治哲学研究的波澜，却又被昔年的旧相识批评为“思想糊涂”。刘小枫本人对此有一段幽默的解读。他回忆起李泽厚先生曾说，若是年轻30岁，自己会去研究刘小枫，言下之意是“1998年之后的刘小枫反对的正是1988年时的刘小枫”，前后立场不一，而且变化之大令人无法理解。但他本人愿以政治哲学史家沃格林自况，相信他所发现的“真问题”的价值远胜于对他个人思想倾向的臧否。而与1988年时的刘小枫相比，30年后的刘小枫除去脱却了当初的“启蒙狂热”，关注的元问题似乎并无分别。

“中西之争”与“古今之争”两大问题，构成了刘小枫学术研究的智识动力之源。前者始于20世纪80年代“西化”争论中对“何谓西方”的发问，解决路径则是在施特劳斯、施米特和沃格林的襄助下一路回溯，最终觉知到了西方政治哲学中固有的“古今之争”。而施特劳斯指出的路径，又可以作为参照系，为重新认识和接续本土固有的古典政治哲学提供借鉴。在追问和碰撞之中，“何谓中国”这一原初问题终将获得解答。在那之后，“中西之道应当如何共处”“今日中国将如何自立于世界”等一系列衍生话题的答案自然也会呼之欲出。

刘小枫并不讳言自己的工作受到的质疑。他曾由衷感慨，当海德格尔、福柯、伯林乃至罗尔斯的学说传入中国时，从未滋生过犹豫、抵触甚或反感，唯独本身不算西方“显学”的施特劳斯学派的入华，收获了形形色色的反对之声。但他用一个略显晦涩的意象“哲人的败坏”来概括自己的深意：大众可以接受马基雅维利以来的狐狸式哲人所倡导的基于工具性需要的现代启蒙哲学，而学园中的少数“爱智”的知识精英却应当断然远离这种“败坏”了的德行，重归古典学问的滋养。毕竟，从柏拉图笔下的苏格拉底开始，对“什么是善”“什么是善的生活”“如何才能实现善的生活”的追问就已经被开启，而对改革年代的中国，它们依旧重要。

第五章
科技：起飞

主笔　曹玲

40 年前，随着改革开放的号角吹响，中国掀起出国留学潮，但是人才“出去多回来少”这个逆差问题，一直让人痛心。40 年后的今天，一场大规模的归国潮正在悄无声息地进行着。

仅在生命科学领域，几位著名科学家纷纷奔赴祖国。2003 年王晓东回国，2007 年饶毅回国，2008 年施一公回国。王晓东在接受采访时说：“我们那一代科学家，普遍有着学成归国的念头。”施一公曾提到，王晓东的一句话让他久久难忘。“一公，我们都欠中国至少 15 年的全职工作。”之后他用不到一天的时间就决定回国。

这些在美国做出卓然成就的科学家，毅然抛弃了国外优厚的待遇，奔赴祖国。他们不仅带来了先进的科学技术，还希望重组中国的科研文化，为科研创新提供好的制度保障。美国媒体也注意到这种现象，有报道称，西方特别是美国对于许多中国学者而言，拥有着巨大的吸引力，但中国决意运用其充裕的财政资源，以及日渐提升的地位，招揽在改革开放期间流失的顶尖科学家及学者回国。一系列著名科学家的回归，象征着中国正以更快的速度缩短与发达国家在科技上的距离。

40年前，科技界是最早感知到改革开放好处的部门。通过和外界交流，科技人员很快发现，我国的整体科技水平已大大落后于发达国家。于是国家采取派出去、请进来等方式，加强人员交流、人才培养、设备引进等工作。

科技体制改革也发挥了巨大作用。计划经济下，我国的科技体制存在一些弊病，最主要的是束缚个人的创造力，而以怀疑、发现、创造、传播新知识为重要目标的科学研究必须以尊重个人的自由探索、自由表达为前提。改革开放以来，科技体制做了相应改革，逐步引进了竞争机制，激发了广大科技人员的积极性与创造性。

如今，科技兴国、创新强国的观念已经牢牢树立在整个社会中，科学家成为受人尊敬的人。在改革开放之前，很多人眼里知识分子是"四体不勤、五谷不分、什么学问都没有"的"封资修"形象，所谓的科学研究都是类似"马尾巴的功能"这样的问题。1978年3月，中央召开全国科学大会，小平同志代表党中央，明确提出"科学技术是第一生产力""知识分子是工人阶级的一部分"，以此为科学技术，以及从事科技活动的知识分子正了名。那一年，徐迟发表报告文学《哥德巴赫猜想》，掀起一股热爱科学、投身科学的热潮。之后，一大批描绘陈景润、李四光等科学家的报告文学问世，给饥渴中的青年带来榜样和激励，也带来雄心与抱负，很多人带着要"当陈景润式科学家"的梦想迈进了大学校门。

40年来，中国通过实施一大批重大科技项目，推动科技实力实现跨越式提升，实现了科技实力从“赶上时代”到“引领时代”的伟大跨越，涌现了一批重大创新成果。“天眼”探空，神舟飞天，蛟龙入海，墨子“传信”，高铁奔驰，北斗组网，超算“发威”，克隆猴诞生……中国科学家纷纷荣获国际荣誉，屠呦呦获得诺贝尔生理学或医学奖，王贻芳获得基础物理学突破奖，潘建伟入选《自然》杂志2017十大科学人物、获称“量子之父”。

此外，国产大飞机、高速铁路、三代核电、新能源汽车等部分战略必争领域，抢占了制高点。重大产品、重大技术装备的自主开发能力和系统成套水平，有力支撑了三峡工程、青藏铁路、西气东输、奥运会、世博会等重大工程建设和举国盛事。

人类科学技术的每次巨大飞跃都是一次浪潮，我国没有赶上前三次变革浪潮，但是用40年时间走完了西方国家200年才走完的三次工业革命。中国的科技成果正在走向全球，将会深刻影响世界的科技变革。如今，新一轮科技革命和产业变革正在孕育兴起，新技术替代旧技术、智能型技术替代劳动密集型技术，将会成为各国竞争的制高点和新赛场。

张智

我见证了中国的载人航天事业

口述 | **张智**　采访、整理 | **王珊**

“未来，中国的载人航天还要建立中国人的空间站，长征二号 F 运载火箭还会为中国的空间站工程做出它的贡献，我希望这个火箭会越飞越好，越来越可靠，越安全，越精准。”

1987 年，我从北京航空航天大学毕业。那时，我们工作包分配，国家需要我们去哪里，我们就去哪里。我是学飞机制造出身的，临毕业时，我当时只知道自己要被分到航天部，但航天部在哪儿、我去了要干什么，这些我都不清楚。等我到了中国运载火箭技术研究院门口，我才知道我是被派来造火箭的。造飞机和造火箭从专业上来讲跨度并不大，但存在一些设计理念的区别。比如说，飞机要重复使用，所以要进行疲劳设计，以保证飞机多次飞行后依然是安全的，我的本科论文做的就是这个。但火箭不一样，火箭是一次性使用的，它考虑的是发射以后承受的冲击强度，要做强度方面的试验。

我刚到中国运载火箭技术研究院时，恰好赶上国家提出“863 计划”（国家高技术研究发展计划），计划明确提出“中国在航天技术方面取得了巨大的成就，但在载人航天方面仍是空白”，要将建设空间站作为航天技术领域的两个主题项目之一。既然要送人类上太空，就必须有天地往返运输系统。那个时候，使用航天飞机的思想还很流行，美国 1981 年就实现了航天飞机的首次载人飞行。论证的时候，老一辈的科学家也讨论了中国发展航天飞机的可能性，但考虑到投资强度和国内的技术基础，最终决定使用国内现有的长征二号 E 运载火箭适当改进后发射载人飞船，由此开启中国的载人航天“三步走”战略。

“三步走”战略提出来后，我们院的任务就是在长征二号 E 运载火箭的基础上，研制长征二号 F 火箭。作为载人航天工程的重要组成部分，长征二号 F 火箭的研制既要在运载能力、入轨精度等性能指标上下功夫，更需要考虑可靠性和安全性指标。我被分配的任务是做火箭的逃逸系统。这个系统体现在长征二号 F 火箭上是一个类似于避雷针的构造，我们称之为“逃逸塔”。它位于飞船顶部，高 8 米，在火箭发射过程中万一发生危及航天员生命安全的意外情况，它要确保航天员能够瞬间逃生、安全返回。在发射顺利时，它还必须按计划点火工作，脱离箭体，让飞船得以继续飞行。

在当时，我们只清楚一些基本原理，实际操作很难。国际上又很封闭，也获得不到什么帮助。我们也知道火箭炸了要逃，但哪些因素会导致火箭发生爆炸？万一发生爆炸，我们得反应多快才是安全的？我打个比方，如果火箭一秒钟内爆炸的辐射范围是一公里，但你一秒钟只跑了 500 米，那也是白跑。还有，爆炸会产生火、热、碎片，这三种的危害度有多大，在大气、真空、太空中又有哪些不同？这些，都是摆在面前必须挨个儿解决的问题。我们先是分析了世界范围内的火箭事故，总结了他们出问题的点，发现逃逸系统的发动机设备最容易出问题，接着是控制系统，这些都成为我们的研究重点。当然，我们也做了很多的模拟试验。我记得推进剂爆炸试验是在长沙一个山坳子进行的，我们做了一个几百公斤重的模拟装置，将它吊起来，等爆炸的时候它掉下来，弄破了两只箱子，用以模拟推进剂爆炸的威力。

所有的问题都是从摸不到头脑的阶段一个个捋清楚的。长征二号 F 系列火箭研制，其实就是一个不断认识和补课的过程。2003 年 10 月 15 日，我们发射了神舟五号飞船，将中国的第一名航天员杨利伟安全地送入了轨道。那一次，杨利伟在天上待了 23 个小时就返回了地面。当时我们还没有从发射场返回北京，就听说了杨利伟在飞行过程中，经历了一个很不舒服的振动，他后来还在一本书里描述了这个振动："当火箭飞行到三四十公里高度的时候，火箭和飞船发生了急剧的抖动，产生了共振，那种十分痛苦的感觉，让我的五脏六腑都快碎了，我心里感觉我不行了，我要撑不住了，振动 26 秒之后，这个振动慢慢减轻，如同一次重生。"

我们觉得这可能是传说中的 POGO 振动（纵向耦合振动）。从发射场回来之后，我们工作人员一起看了当时的飞行数据，发现这个振动只有 8 赫兹。随即，我们成立了一个研究组，试图寻找振动的来源。这个工作用了 5 年的时间：长征二号 F 火箭是从长征二号 E 借鉴过来的，由于当时试验条件不具备，这个火箭并没有进行纵向的振动试验，在长征二号 F 研制的时候，类似的试验也没有进行。这就是我们缺的课、欠的账，既然缺了，就要补上。2008 年，翟志刚完成任务回来后，我问他："你这次飞行感觉怎么样？"他说："好！平稳！舒服！"5 年时间就是为了把一个“不舒服”的“不”字去掉，变成“舒服”。

不知道你有没有在现场看过火箭发射。在现场看跟在指挥室里是完全不一样的。1999 年 11 月 19 日，长征二号 F 火箭首次发射并成功将中国第一艘试验飞船神舟一号飞船送入太空。那天，我在塔架上值班——逃逸塔有一套测温系统，在发射前需要不断地测定其温度，我在发射前的最后一个小时才能撤到技术区。当时，我就在那里念叨，逃逸塔千万不要使用，因为使用意味着火箭出故障，航天员要逃生。撤离后，火箭点火发射的那一刻，我远远地看着，觉得特别震撼，那一刻我感受到了心脏共振。

在指挥室里，你只能从屏幕上看，你关注的也只有参数。2016 年 9 月 15 日天宫二号发射，这是我人生难忘的一次发射经历，也是我当上长征二号 F 火箭第四任总师后参与的第一次发射。我站在指挥室里，盯着屏幕。那几天，我紧张得上火，腮帮子都肿了。指挥员喊着三、二、一点火起飞，助推器分离，整流罩分离等，一直到这个时候，我都觉得大厅里一片寂静，好像没人在呼吸，等到指挥员报太阳能帆板展开，整个大厅里的掌声才响起。

这时，我一个人悄悄走了出去，到了指挥台二楼的储物间，我记得它对面是一个厕所。我拿出电话给我们的遥测设计师打电话。“刚才发射的时候，我看到有几个数不对。”我对她说。这几个数很重要，是后续载人飞行时用于地面故障诊断的参数。她当时没有即刻回答我，应该是去检查参数了。晚餐的时候，她告诉我：“那几个数是对的，你看错了。”你看，我得有多紧张，才能把对的东西看错。一个月后，长征二号 F 火箭再次将神舟十一号飞船成功发射，顺利将两名航天员送上太空。

到现在为止，长征二号 F 火箭已发射 13 次，发射成功率 100%，共发射了 6 艘载人飞船、5 艘无人飞船和 2 个空间实验室。从某种意义上来说，它已经是一个成熟的产品，技术上的问题很少，技术方案也比较成熟，现在要做的就是如何保证它的稳定和安全可靠。我的责任和目标不只是成功地将天宫二号和神舟十一号发射上去，还要保证不出重大安全事故、不出重大责任事故，这才叫圆满成功。

这型火箭跟别的火箭有着根本的区别——其他火箭出现问题，可能损失的是火箭和有效载荷。那么，只要有钱，我们可以重新再造一个，一切重来一次。但长征二号 F 火箭如果失利，我们将失去我们的航天员，天宫实验室的建造以及后续的任务都会戛然而止。

所以，每一次的任务对我们来说都是非常大的考验和挑战。任务的关键在于防止人为因素导致的疏忽。我会担心哪些事情没有做好，没有做全。执行神舟十一号和天宫二号任务的时候，我手里有一张任务表，完成一项检查，工作人员会在上面画上一个勾，没有完成的则要解释缘由。每隔一天，我还会招呼相应系统的工作人员开一次“双想会”，即想哪些因素可能会影响安全性和可靠性。我的上一任总师有一个玩笑的事情，他每次干活前，会问工作人员有没有跟家里吵架，晚上有没有加夜班。如果有，他会说：“对不起，今天别干我们的活。”

后续，中国的载人航天还要建立中国人的空间站，长征二号 F 运载火箭还会为中国的空间站工程做出它自己的贡献，我希望这个火箭会越飞越好，越来越可靠，越安全，越精准。在担任长征二号 F 运载火箭总师的同时，我现在开始承担重型火箭的研制工作。这个火箭要承载的是日后的探月、探火任务。我希望这个新型的火箭能够打破长征二号F运载火箭的某些限制，长征二号F运载火箭要求稳定、可靠，新的重型火箭要敢于做一些冒险的尝试，只有这样，才能更为先进。这种感觉还挺奇怪的，我上午开长征二号F运载火箭的会议说要稳妥，下午参加重型火箭的会议，提要有突破。就像两个小人儿在你体内，一个跟你说要保险，一个跟你说要打破常规，我感觉自己要双重人格了。

● 采访手记

跟张智已经是第三次见面，算是“老朋友”了。他是长征二号F火箭的第四任总师。造火箭，这在外界看是笼罩在光环下的事情。但每次见到他，他都会跟我说，自己从事的职业跟别的行业没什么区别，“只不过是别人做冰箱、手机，我们做火箭罢了”。在他看来，两个行当的唯一不同是火箭系统大而复杂，运用的技术小众而高端。

张智讲话很朴实，我们的采访就像唠家常。这也是航天人共有的特点：朴素、简单。我们采访的那天是9月21日，算下来，恰巧是中国载人航天“三步走”战略实施的第26个年头。因为这一点，张智有些开心，他见证了中国载人航天事业一步一步的发展。1992年，中国载人航天“三步走”战略提出：第一步，建立一个大系统，把中国自己的航天员送上天，运行一段时间后安全返回到地面；第二步，要建立一个空间实验室，为第三步建立空间站做一些技术准备和技术实验；第三步，建立一个中国长期有人驻守的空间站，做很多地面完不成的工程、技术和科学实验。如今，前两步在长征二号F火箭的助推下都已经相继完成，2020 年中国空间站也即将建设成功。

陪张智一起见证这些的，是一沓沓汇编成册的规范。这些全源于长征二号 F 运载火箭研制和改进的经验和做法。积少成多，有了 1000 多本。指着上面的每一条，张智都能说出其中的故事。为了保证火箭发射成功，这些规范中的每一条都会落实到一个新火箭的研制和发射过程中去，他们严格甚至有些刻板地检查、追溯和执行。

有时候，张智会觉得自己就像一个手工匠人，用时间和气力打磨着工作和耐心。长征二号 F 运载火箭承载着中国载人航天的重大任务，稳定可靠是整个系统对它提出的最大要求。因此，张智一直将安全摆在最高的位置。但这并不是说，长征二号 F 运载火箭就局限在一个位置或者阶段。它也是在不断地完善和改进过程中。

在天宫二号和神舟十一号飞船的发射任务中，中国运载火箭技术研究院对两发长征二号 F 火箭分别做了数十项技术改进。但从提出改进要求到最终落实，这个过程是不容易的。首先，火箭的设计师系统会讨论提议是否可行；其次，要确认改进系统是否会影响别的系统的运行，然后才能进入验证阶段。如果验证成功，方能进入到正式程序阶段，随后还会有一系列的跟踪追查。“我们并不是因循守旧，也会使用新的技术，但前提是不能影响整个火箭系统的安全可靠性。”张智告诉我。

王贻芳

国内中微子研究从无到领跑

口述 | **王贻芳** 采访、整理 | **王珊**

早些年，我们（国内）科研实力弱，选择跟在别人后面是对的选择，因为通过参加别人的项目，你就会知道前沿在哪里，能够掌握最先进的技术、方法、理论和科学内涵，但到了现在，只有做到领跑才是有意义的。

1984年5月，丁肇中先生来到了上海。丁先生当时已经凭借J粒子的发现获得诺贝尔物理学奖。他从1981年起在欧洲核子中心组织和领导了一个国际合作组——L3组，预计在1988年建成的高能正负电子对撞机LEP上进行高能物理实验。丁先生来上海的目的就是选拔中国学生去他所领导的小组进行高能物理方面的工作。

我当时还是个即将从物理系毕业的毛头小子。之前我接到了面试的通知，说可以报考丁先生的研究生。谁都不知道要考什么，就没有任何准备地去参加了英文笔试。通过了以后是丁先生的面试。丁先生和其他一些教授坐在一起，看起来红光满面，说起话来也中气十足，一点不像快50岁的人。他问我："波在海水中传播，是长波传得远，还是短波传得远？"这个题目并不难，用大学物理的知识就能解决，主要考查一个人能否将书本中的知识应用到生活中去。他还问了一些量子力学和波粒二象性以及康普顿散射的问题，我都一一作答了。回答了三四个问题后，丁先生说："我没有问题可问了。"我能感觉到他对我是满意的。

去欧洲核子中心对我来说，是人生的一个重要节点。20 世纪 80 年代，国内的高能物理研究基础非常差。我刚本科毕业，完全没有科学研究的概念。欧洲核子中心是我科学研究工作的起点，那里有着世界上最好的加速器。我在那里学到很多做科学研究的基本方式方法和理念。比如说，如何选择课题，什么是值得做的课题，哪些是科学上最重要的问题。

丁先生是个非常有钻研精神的人，他会问你很多的"为什么"，逼着你去想一些很深入的问题，让你养成了很好的科学研究的习惯。L3 实验组，会聚了 14 国 30 多所科研机构共 400 多名科学家，要做很多的沟通和协调工作。丁先生很善于做这些，他总是能在听取众多分歧意见之后，找到一条大家都认为是正确的道路。我从他这里学会了如何组织和协调大型科学实验，这些让我受益匪浅。

我在欧洲核子中心待了 11 年，主要参与正负电子对撞的研究，后期也参加了空间站实验 AMS。有一天，我突然觉得做的事情有些按部就班，没有太多的挑战。我们身处这么大的一个实验组，每个人都被分配好了任务，就相当于机器里的一个螺丝钉，位置明确而固定。对于年轻人来说，起到的作用和影响更是有限的。那时，我甚至可以看到 30 年后的自己，依然守着这么一小块事情，别的事情都与你无关。

当时，中微子研究开始有一些热度。中微子是构成物质世界的 12 种基本粒子之一。宇宙大爆炸时，在第一秒钟内就产生了无数的中微子，它们携带了比光更早期的宇宙信息。但中微子几乎不跟任何物质发生作用，不容易被捕捉到，因此也成为人类迄今为止了解最少的一类基本粒子。它还有一个别称——“幽灵粒子”。一种中微子在飞行过程中变为另一种中微子，然后再变回来，这叫作中微子振荡，三种中微子之间可发生三种振荡。捕捉中微子的振荡模式，很有可能让我们知道，宇宙是如何被创造出来的，其中的结构是如何形成的，反物质到哪里去了等。这有可能打开新物理学的大门。

1996 年，我加入斯坦福大学的中微子项目时，科学界对于中微子振荡是否存在尚有争议。当时，国际上已经有多个实验组在寻找中微子振荡，但实验结果都不一致，说法也不一。即使到 1998 年大气中微子振荡被发现，也有人认为这是数据出了问题，或者用另外的模型去解释。我觉得这个领域很有意思，值得去看一看。我是在 1996 年向丁先生请辞的，我到了美国斯坦福大学的一个研究中微子的项目。这个项目很小，只有 20 多人，但我是作为骨干人员参与的。在这里我什么都干，有时候甚至还要焊接电路板，充当木工，不过正是这些让我感受到了高能物理实验的各个方面。

我是 2001 年接到中国科学院高能所（以下简称“中科院高能所”）的邀请回国的。这一年，我们在斯坦福大学的中微子实验做完了，没有看到中微子振荡。我有些自己的想法。但坦率地说，在美国，像我这样的研究人员，多一个不多，少一个不少，按照我自己的思路做实验，更是没有可能。但国内已经不是我出国前的模样，对科技的投入增加了很多。在这之前一年，国家科教领导小组审议并原则通过了中国科学院提交的《我国高能物理和先进加速器发展目标》，确定了中国高能物理和先进加速器的发展战略。这意味着，中国的高能物理研究开始进入一个新的发展阶段。

我觉得自己回国能做一些事情。但朋友和家人并不同意我的想法，他们说："像你这样不会搞关系的人，出国多年，在国内也没有根基，回国是混不下去的。"我和太太僵持了一年，才获得了回国许可。回来后，我才发现，在国内推进中微子研究并没有想象中那么容易。起初，我们是想跟日本合作。他们的方案是建设一个新的加速器，将中微子打到中国来，中科院高能所再进行探测。这需要千万甚至上亿美元的投入，方案讨论了很久，我们觉得不太可能就放弃了。我也就投入北京正负电子对撞机的重大改造项目（BEPCII/BESIII）中去了。这是中科院高能所当时已经得到批准的一个项目。

2002 年，来自加拿大和日本的两个实验采用了不同的探测方法，分别确认了太阳中微子振荡的存在，这时业界对于中微子振荡的认识也就达到了一致。中微子的研究自此进入精细化阶段——寻找第三种振荡模式成为中微子研究的新热点。2003 年，国际上开始热烈讨论利用反应堆中微子来测量中微子第三种振荡模式的混合角，而且国际上已经有好几个团队打算进行同类实验。我当时的第一反应是中微子研究将是一场竞争激烈的赛跑，最终看谁跑得快，精度高。我琢磨出了一个提高精度的方案，拿给我在斯坦福大学的实验室老板看，对方说："我要是你的话，现在就赶紧回家偷偷做！"我倒是也想，但钱从哪里来？当时我估计至少需要 1 亿元人民币。

我的想法获得了国内外科学家的支持，也逐渐获得了相关部门的赞同。但在中国的科研体系里，这种 1 亿左右的项目没有支持渠道——科技部“国家重点基础研究发展计划”（即 973）项目经费的上限是 4000 万元，科学院能给 4000 万元，基金委最多有 1000 万元，三者加起来还不到一个亿。我的朋友钱致榕教授（曾任香港科技大学创校副校长）给我提了一个建议，“去富裕的中国南方找钱”。我们一起去了深圳，深圳市副市长闫小培接待了我们，我们强调了探寻中微子的基础研究意义，陈述了这个项目如何好，如何在国际上领先，她让我们回去写个方案给她。

2005 年，“十一五”规划出台，首次将研发经费占 GDP 的比例写进文件。新政策的出台，对我们的项目起到了推动作用。在中科院的支持下，原基础局局长张杰陪我们又去了一趟南方。这一次，获得了广东省、深圳市以及中国广东核电集团的资金和行动的支持。2006 年我们就知道资金没有问题了。我们将探测实验室设在大亚湾核电站，这是一个非常理想的选择。大亚湾核电基地有 6 台百万千瓦的核电机组，是世界上最大的核反应堆群之一，为实验提供了较为丰富的中微子源。此外，大亚湾核电基地紧邻高山，可以屏蔽宇宙射线的干扰。

当时，国际上一共有 8 个类似的项目在起步，但到了 2011 年真正准备好投入探测的只有 3 个，中国、法国和韩国的项目。美国曾经有过两个方案，最终放弃的原因，一方面是钱有困难，另一方面是在核电站附近做这样的探测实验，需要大量的审批手续，无法及时启动。一个大科学装置的建设，耗费是巨大的，从准备到完成需要 6 到 8 年的时间，且需要各个层面的配合。它不同于其他的科学竞争，可以凭想法后来居上。事实上，启动的时间是一个关键点。如果一个研究点，不能和国际上的相关研究同时启动，就意味着失败的风险大大增加了。

除非你相信你的设备做一年工作可以抵别人十年。

2012年3月，我们测得了中微子振荡的第三种模式。一定程度上来说，我们是幸运的，因为这个参数的值比较大，所以相对容易捕捉——在此之前，大家并不知道这个值可能是多少，甚至也许是0。这样描述我们的实验过程可能太轻松了。因为竞争确实是激烈的，我们的压力一方面来自项目组内部合作伙伴的竞争，另一方面来自国际同行间的竞争。大家的实验方向一样，探测方式也一样，那么要想赢得比赛，只能比认真和细节。做实验是经常会发生错误的。为了防止错误，我们在各自任务分工的基础上，每个人又负责检查另外一个人的任务。只有做到最好，才能在国际合作中有更多的话语权。

有人会问我，你们做这些研究有什么作用。我听多了也就不生气了。我觉得大家在基础研究上有过于功利的想法。包括物理学在内的基础研究是为了让我们认识自然界，如果我们不了解自然，就没有办法发展和利用它。换句话说，基础研究是社会发展的最根本动力。当然，这些是不能即刻带来经济效益的。它带来的更多是短时间不能见效的东西，包括科研水平的提高，即创新能力的提高、人才的培养、对技术的推动和发展等。

现在大家都在说我们的“卡脖子”问题，归根结底还是人才水平问题。这些都是需要基础研究来培养的。这一块是基础，不是说，你做个大攻关就能一下子解决问题的。我们国家善于集中力量办大事，所以我们能够看到某个领域突然冒头，但总体看来依旧是薄弱的。就像我所从事的高能物理领域，我们只是某个项目在国际上取得了领先的地位，但若要说整个高能物理，从规模和人员上，我们跟国际上还有差距。

● 采访手记

王贻芳是那种你能想象出来的典型的科学家模样：严肃、谨慎、寡言。除了工作，他的话语中很少会涉及私人事务。有人曾打趣过他，让他多说点话，比获取实验数据还要难。同王贻芳交流会觉得有一点压力，但又觉得很放心。因为他们往往有另外一个优点：有话直说，不会有遮掩。

见到王贻芳是在他位于中科院高能所的办公室，他是个勤奋的人，早上 8 点上班，下午 6 点半下班，晚上回家再工作 3 个小时，每天的睡眠时间是 6 个小时。他在生活中也没有什么爱好，认识他十几年的学生也是偶然在一次集体出游中，才知道他爱打乒乓球。

2012 年在大亚湾探得中微子的第三种振荡模式后，王贻芳又带着科研人员开始建设江门中微子实验项目。这是对中微子研究的继续延伸和提前布局。科学家希望能够通过江门中微子实验项目探究中微子的质量顺序，以更深层次地理解微观的粒子物理规律，进一步认识宇宙。

在做科研时，王贻芳一直强调前瞻性。他说，一个国家的科研界，如果不出重大成果，不仅证明这一代人是失职和无能的，也证明上一代的规划有问题。但重大成果的产出都需要很长时间，如果没有前瞻性，现在不开始策划，将来就不会有重大成果。2016 年，美国的引力波 LIGO 实验发现引力波后，王贻芳专门写了一篇文章，他说，引力波的发现是人类认识自然的另一个里程碑。引力波的探测中，美国科学家做出了决定性贡献，欧洲科学家成绩斐然但运气不佳，日本和印度科学家都有一席之地，但中国的科学家参与度却不高。这是为什么呢？从 1964 年开始，国外科学家就相继开展引力波的探测实验，但国内在支持宇宙学研究上一直相对保守，加上经济发展以及科研投入不足的问题，使得中国的引力波探测从开始就掉了队。

王贻芳觉得，要想解决这个问题，必须推进大的科研项目的实施。他说，大项目不能保证百发百中，但风险不能成为不作为的理由。要想成为世界领先，要想获得重大科学成果，必须有新思想、新技术或新方法并将其落实为大项目。这也是他一直以来坚持要做大型对撞机的原因。2016 年 9 月 4 日，著名物理学家杨振宁公开发文称“中国今天不宜建造超大对撞机”，杨振宁的理由是，大型对撞机造价大，可能是一个无底洞，中国目前仍然是一个发展中国家，还有亟待解决的民生问题，超大对撞机不是燃眉之急，目前不宜考虑，而且建造超大对撞机必将大大挤压其他基础科学的经费等。

第二天，王贻芳就撰文以“中国今天应该建造大型对撞机”为标题对杨振宁进行了回应。他说，在下一个五年计划开建大型对撞机，是中国在高能物理领域领先国际的一个难得的机遇，这个机遇期的时间窗口只有 10 年，失去这个机会，下一次就不知道是什么时候了。而且，中国的经济仍处于高速发展期，也处于转型期，有建设能力和科学需求。因此大型对撞机是一个各方面都合适的项目。“早些年，我们实力弱，选择跟在别人后面是对的选择，因为通过参加别人的项目，你就会知道前沿在哪里，能够掌握最先进的技术、方法、理论和科学内涵，但到了现在，只有做到领跑才是有意义的。”王贻芳说。

潘建伟

和量子“纠缠”的人生

口述 | **潘建伟**　采访、整理 | **曹玲**

“所谓‘朝闻道，夕死可矣’，如果能让我搞清量子纠缠的本质，我这辈子就没白活。”

我是浙江东阳人。初中刚刚接触物理时，我就发现这门学科比较适合我。我这个人记性比较差，背英语单词有些困难，物理则很简单，不需要死记硬背，理解之后记几个简单的公式，很多东西就能推演出来。我还记得初三暑假，我躺在床上，物理教科书像放电影一样一页页在我脑海中闪过。

1987 年，我参加了高考。那时候改革开放快 10 年了，一方面很多人说要搞经济，一方面大家又认为“学好数理化，走遍天下都不怕”。当时我纠结的是学经济管理还是学物理，我想学物理，又怕将来难以养家糊口。父母安慰我说：“我们有退休工资，你不用担心。”

于是我报考了中国科学技术大学近代物理系，进入了物理学的殿堂。牛顿力学、电动力学、统计力学等学科我都学得不错，但是大三的量子力学把我搞糊涂了。传统的牛顿力学有点像决定论，原则上一切东西可以计算出来，比如一旦确定了初始条件，你可以预知物体的位置、月亮的轨迹等。但量子力学的很多观念和经典物理学完全不一样，它有我们熟悉的确定性和必然性，又有不确定性以及或然性。量子力学的奇怪之处在于，微观世界里一个微小粒子，在特定条件下能同时既在桌子上又在地板上，既在北京又在上海，就像孙悟空会分身术一样，这种现象被称为“量子叠加”。当把量子叠加扩展到两个粒子时，就会出现“量子纠缠”现象，处于纠缠态的粒子即使相隔很远，当对其中一个进行测量改变其状态时，另一个状态也会即刻发生相应的改变。

这简直太奇怪了，我无法理解量子世界的这些特性，苦苦思索以至于疏于做题，期中考试差点没及格。我被量子力学深深地吸引，集中研究和总结了量子世界的各种佯谬，写进了本科毕业论文。有些佯谬非常有趣，比如量子芝诺佯谬，意思是如果你盯着一个物理体系，一直在测量它，这个体系就不再演化了。通俗一点说，比如你想让母亲永葆青春，最好一直盯着她看，这样她就会永远年轻。

做本科论文时，我得到一个结论，如果量子纠缠在往两边送的时候，中间被人偷偷测量过，两个粒子之间的纠缠就消失了。这种特性能提供一种安全的密码分发手段，如果信息传送中被人偷看过，就会影响纠缠关系，从而被传递者发现，这其实就是量子保密通信的基本原理。

事实上，量子力学的奥秘相当深邃。量子力学的创始人之一玻尔说，如果学了量子力学后，你不觉得奇怪，不觉得不可思议，不犯糊涂，那你根本就没学懂。著名物理学家理查德·费曼则直截了当地说，世界上没有一个人懂量子力学。

后来我想，既然量子力学的基础理论短时间内无法取得突破，不妨先做实验验证已有的理论是否正确。物理学终究是门实验科学，再奇妙的理论若得不到实验检验，也无异于纸上谈兵。

20 世纪 90 年代中期，我硕士毕业。当时中国的经济已见起色，但国家依然没有足够的财力来建设实验室，如果想做量子物理实验，需要到国外留学。1996 年，我到了量子力学研究的重镇奥地利因斯布鲁克大学攻读博士学位，师从量子实验研究的著名学者安东·塞林格。我至今仍清晰地记得第一次见到塞林格教授时，他问我未来的计划是什么，我回答："在中国建一个和您的实验室一样的世界一流的量子光学实验室。"

到奥地利不久，我发现一个有趣的现象：通过特定操作，可以利用量子纠缠，把一个粒子的状态传递到另外一个粒子上，而不用传递这个粒子本身。我很兴奋，在实验室的组会上做了报告。但是我讲完之后没有一个人提问，过了一会儿才有一个人站起来说："建伟，你知不知道量子隐形传态？"我说："不知道。"他就没再说什么。之后我才知道，我的想法 1993 年就有科学家已经提出来了，就叫作"量子隐形传态"。那个时候，中国的文献极度缺乏，我们的信息和国外是脱节的，很多学术上的前沿研究我们并不能及时知道。

不过我的报告让导师塞林格非常高兴。他告诉我，实验室正准备做光量子隐形传态实验，于是我要求加入实验。1997 年，我们成功把一个粒子的状态从一个地方传到另外一个地方，但是这个粒子本身并没过去。这就像科幻故事里的星际旅行一样，这边的人消失了，然后在那边重构出来，这样的研究太让人兴奋了。我们的工作发表在《自然》杂志上，后来被认为是量子信息实验领域的开端之作。这一工作同时被美国物理学会、欧洲物理学会和《科学》杂志评为年度十大进展，并被《自然》杂志在其特刊选为“百年物理学 21 篇经典论文”。

这项工作坚定了我从事量子物理实验研究的信心。那时，不管是量子隐形传态还是量子保密通信，传输的距离只有几十厘米，根本没有什么实用价值。要做实用性的量子通信，首先需要远距离传输，其次要解决现实条件下的安全性问题，这些内容成了之后 20 年我研究的主要方向。

为什么要做量子保密通信呢？我们目前所有的经典加密算法都依赖于计算复杂度，只要拥有足够强大的计算能力，原则上都可以破解。而量子通信可以提供一种原理上无条件安全的加密手段，量子密钥在量子通信中的作用就像火漆一样，但比火漆更彻底，一旦有人试图打开信件，量子密钥就会让信件自毁，并让使用者知晓。

然而，要实现远距离的量子通信，还要依靠量子中继，而量子中继的核心环节是量子存储技术。当时国内的研究基础依然很薄弱，从 2003 年起，我一方面在科大大力发展光量子信息技术，另一方面到冷原子和原子芯片领域具有很强实力的海德堡大学物理所工作，以客座教授的身份在欧洲通过各种渠道申请经费支持，并从国内招收研究生和博士后，为我国培养冷原子量子存储方面的研究力量。

2008 年，在完成了充分的技术积累和人才储备后，我放弃了在海德堡大学的职位，全心回国工作，同时把自己在德国海德堡大学的实验室搬回科大。搬家清单足足列了 120 页，大到激光器，小到 12 毫米镜片，全都带回来了。德国《明镜周刊》采访我，问为什么回去。我说我喜欢研究科学，我也很爱中国，既然能在自己的国家做研究，当然要回去。从大的时代背景来说，改革开放几十年之后，国家有国力支持前沿科学研究，我们在国内照样能够做出一流的研究。

2016 年 8 月 16 日，我国发射了世界首颗量子科学实验卫星“墨子号”，之后成功实现了三大既定科学目标，在国际上率先实现了千公里级星地双向量子纠缠分发、千公里级星地高速量子密钥分发和千公里级地星量子隐形传态，这些原理性实验都证明了利用卫星平台进行远距离甚至全球化的量子通信是可行的。

量子卫星的成功引起了国际学术界的广泛关注，受到了高度肯定。但在量子卫星立项和研制过程中，也时常出现一些疑虑。人们常问：美国、欧洲都没有发射量子卫星，我们国家先搞，到底靠不靠谱？回复质疑的最好办法就是做好自己的工作。在国家的坚定支持下，我们不负所托，达到量子通信研究国际领先的水平，使我国在信息安全领域至少拥有了一项不惧国外封锁、掌握在自己手中的核心技术。此后，受量子卫星成功实施的影响，欧洲、美国对这个领域的重视程度日渐增强，纷纷跟进，提出了空间量子实验的计划，国家级战略项目也相继启动。

这么多年过去了，研究越深入，我越能体会量子力学的神奇，我想我这辈子可能也无法理解量子力学的真谛了。这就好比 1000 年前上帝给了人类两个手机，古人想破头也无法理解为什么这个东西能千里传信。现代人可能还没有回答量子力学本质的能力，或许几十年、几百年，甚至几千年之后，如果人类还没有毁灭，可能会弄明白。所谓“朝闻道，夕死可矣”，如果能让我搞清量子纠缠的本质，这辈子就没有白活。

尽管我们无法理解量子力学一些奇妙现象的本质，但并不代表不能应用。就像很多药物诞生之初，人们也不明白它为什么有效，直到若干年后基础科学进步了，才知道它的作用机制。

目前，量子计算技术依然处于实验阶段，估计还要二三十年才能实用化。量子保密通信则已经进入了实用化阶段，我希望未来能发射3～5颗低轨道卫星和一颗高轨道地球同步卫星，构建完整的空地一体广域量子通信网络体系，并且与经典通信网络实现无缝链接，广泛、深入地服务于国家信息安全。

● 采访手记

中国的科研很大程度上是在跟随发达国家的脚步，而量子通信技术却做到了全球领先，给了中国科学家极大的自信。

量子信息技术是一个全新的学科，主要包括量子通信、量子计算和量子精密测量三个方面。量子通信可以提供原理上无条件安全的通信手段，量子计算可以带来计算能力的巨大飞跃，量子精密测量可以超越经典方法的测量精度。这三者中，量子通信是最先得以实用化的量子信息技术。

从理论上来说，以往建立在计算复杂度基础上的加密算法，都是可以被破解的。第一台现代计算机的诞生，就是为破解复杂的数学密码。随着计算机的飞速发展，破译数学密码的难度也逐渐降低，信息安全面临的挑战随之上升。而量子通信基于单光子不可被分割、未知量子态无法被克隆等特性，可以做到原理上的无条件安全。

为了将量子通信技术推向应用，潘建伟深耕20年，其间遇到各种阻力和困难。1999年，29岁的潘建伟博士毕业准备回国工作，那时量子信息研究在国内几乎一片空白，不仅不被承认，还被认为是伪科学。在这种环境下，想要申请国内科研经费自然非常困难。潘建伟无奈之下，申请了国外大学的教职，同时也继续利用假期回国讲学，为我国在量子信息领域的发展提出建议，并带动一批研究人员进入该领域。

天无绝人之路。就在当年，知名学术期刊《自然》评选出“百年物理学21篇经典论文”，潘建伟于1997年发表于《自然》杂志的论文《量子态隐形传输》赫然在列。值得一提的是，与该成就并列的还包括伦琴发现X射线、爱因斯坦建立相对论、沃森和克里克发现DNA双螺旋结构等经典论文。

阿尔伯特·爱因斯坦是潘建伟的偶像。他熟读《爱因斯坦文集》，大学时还有个绰号叫“阿尔伯特”。在潘建伟看来，学得越多，越能感到爱因斯坦之伟大。爱因斯坦对物理学的各个方向都做出了深刻的贡献，比如说引力波、量子纠缠、凝聚态物理、大统一理论等。而量子力学则让爱因斯坦备感头疼，他曾形容量子纠缠现象是“鬼魅般的超距作用”。爱因斯坦或许不曾想到，正是他所质疑的量子纠缠现象，引发了量子信息这一全新的学科。

潘建伟也没料到，自己会以这种特殊的方式向爱因斯坦致敬。消息传到国内，他所从事的研究开始得到认可，提交的科研项目也终于获得了中国科学院和国家自然科学基金委的支持。拿着700万元资金，潘建伟开始在母校中科大着手组建实验室。之后几年，他所在的团队频频在国际顶级期刊发表高质量论文，41岁的他于2011年当选中科院“最年轻院士”，2012年荣获国际量子通信奖。

2016年8月16日，全球首颗量子科学实验卫星“墨子号”发射成功，世界首次实现了卫星和地面之间的量子通信。2017年9月29日，量子保密通信干线——“京沪干线”开通。京沪干线和量子卫星相结合，构建了我国的广域量子通信体系的雏形，为率先建成全球化的量子通信卫星网络奠定了基础。

“墨子号”发射那年，欧盟和美国也颁布了各自的国家级研究计划。2016年5月，欧盟量子大会上宣布启动10亿欧元的量子技术旗舰计划，连同各国和企业的配套，总经费将超过30亿欧元。美国政府在每年斥资2亿美元资助量子信息科学领域的基础和应用研究的基础上，今年7月，国会通过了为期10年的“国家量子行动计划”法案，未来4年间将投入约13亿美元。

除了量子通信之外，潘建伟领导的团队还专注于量子计算与模拟、量子精密测量等领域。利用量子态的叠加性质，量子计算可以实现计算能力的飞跃，将为解决经典密码分析、气象预报、药物设计等大规模计算难题提供全新的方案。量子精密测量技术可以大幅提升自主导航、环境监测、医学检验等领域的精度，也将会为引力波探测提供理想的工具，倾听来自宇宙的回声。“探索科学能让人获得一种平静的快乐，你可以躲进小楼成一统，寻找自然界的和谐与美。”

王晓东

做中国人自己的抗癌药

口述 | **王晓东**　采访、整理 | **曹玲**

随着中国制药业的发展，如果我们能开发出真正意义上的创新药，会有很多医生愿意共同把这个事情做好，推动医学事业的发展。

我在北京师范大学学生物的时候，本科毕业论文导师叫薛绍白，他是我国改革开放后第一批派到国外的访问学者。当时很多人出国留学挣了些美元，回来给家里买“三大件”：冰箱、彩电、洗衣机。而薛老师却用攒的钱买了一台科学仪器带回来，那是当时中国第一台流式细胞仪，开创了这个领域的工作。

我和薛老师聊过很多有关科研的话题，非常清楚当时中国的科研条件和国外差距很大，如果想在科学上有所建树，出国留学是必须的。但是我们那一代人，大都有着“学成归国”的想法，我并没有长期留在美国的打算。

最初我以为，拿到博士学位就算学成了。因为当时有很多这样的宣传，老一辈科学家毕业答辩的第二天，就收拾行李准备回国。但是在美国我逐渐意识到，拿到博士学位只意味着跨入了科学殿堂的大门，离一个优秀科学家还有很长的路要走。

37 岁时，我成为美国得克萨斯大学西南医学中心的终身教授，这才觉得自己差不多算是学成了。一方面我对本专业有了透彻的学术理解，另一方面我也了解了美国的学术体系是如何运作的。

2003 年，国家要成立北京生命科学研究所（以下简称“北生所”），定位是科技体制改革的“试验田”。这对我来说是一个发挥作用的好机会，于是我回来了，和耶鲁大学终身教授邓兴旺共同担任所长，那一年我 40 岁。

从 1985 年赴美留学到 2003 年回国，中国发生了翻天覆地的变化。我一直在思索：接下来，中国的科学发展到底需要什么？怎样才能在中国做出影响世界的科学？从某种程度上来说，科研有些像体育，体育是体能竞争，科研是智力竞赛。科研文化和体育文化也有相似之处，中国女排当年能够“五连冠”，是有其文化传承的。

我认为，一个好的科研文化是追求卓越的文化，需要对好坏有一个判断标准。然而在中国这样一个人情社会，很多情况会导致判断不清。北生所最重要的任务就是建立符合科学发展的文化和体制环境，并以此为载体，吸引受过系统科学训练，具有科学追求的年轻人回国，让科学家们能心无旁骛地进行研究。

创立北生所并非一个一帆风顺的过程，作为先驱，你必然会经历各种冷暖。我在北生所任所长 15 年，收获很大，它实现甚至超过了我的愿望。北生所很多年轻科学家通过自己的努力，走到了各自领域的世界前沿。比如 2012 年，李文辉研究员在《eLife》杂志上发表了有关乙肝病毒受体的研究结果，这一发现被同行认为是“真正在中国做出的生命科学重大突破”。李文辉自 2007 年到北生所，5 年只发过一篇文章。一个科研机构容许工作人员在 5 年时间里没有像样的业绩，这在国内科学界是很少见的。

一直以来，我都有成立公司的想法。我在美国的研究领域是细胞凋亡，细胞凋亡与肿瘤治疗的关系非常密切。2010 年，有投资人找我，希望我能在美国旧金山湾区创立医药公司。湾区是和美国波士顿齐名的生物医药创新谷，聚集了大批的华人科学家和创业者。

在朋友聚会上，我遇到了欧雷强（John Oyler），他是美国人，在企业运营方面有着丰富的经验。我们很早就认识，当时他刚刚卖掉了上一个公司。我们一拍即合，观念不同的是他认为创业应该在中国。

中国当时已成为全球仅次于美国的第二大医药市场，有着巨大的药物需求。中国正在步入老龄化社会，中国每年大约新增 430 万例癌症患者，远远大于欧美和日本的总和。由于本土研发能力不足，中国癌症患者的五年生存率远低于欧美，只有三成左右。这意味着中国癌症患者的需求远远没有得到满足，抗癌药市场会越来越大。

我被他说服了，公司设在中国，名字叫“百济神州”，意思是“百创新药，济世惠民”。2011 年，公司成立，专注于癌症治疗的分子靶向药和肿瘤免疫药物的研发。公司位置在北生所对面，我担任科学顾问委员会主席，公司的日常经营由欧雷强主管。目前，我依然在北生所上班，相比企业家和创业者来说，我更喜欢科学家这个身份，科研一直是我的主业。

我们希望百济神州可以研制出具有全球竞争力的新药，让中国的抗癌药研发与国际接轨，改善国人的健康。这是一个不小的愿景。新药研发是一个系统工程，难度和投入都非常大。在国外，制药公司研发一款 First-in-class 的新药，和波音公司研发一款新型飞机的投入是一样的，都要 10 亿美元的资金，而且整个研发周期超过 10 年，成功率不超过 12%。

而百济神州成立之初，中国制药业在全世界没有任何影响力，远没达到制造 First-in-class 药物的能力。在这种情况下，我们退而求其次，争取在已有基础上做 Best-in-class 的药物，这种模式可以大幅降低研发风险和成本，获得更好的治疗效果。（此处根据采访对象意思整理）

这就好比，如果你说要设计一款全新概念的飞行器，很可能没人给你投资，因为根本不知道飞行器会是什么样子，也不知道能不能成功。但如果你要设计一款比波音飞机更省油，飞得更远的飞机，反而更容易获得投资，因为更有可能实现。

百济神州希望运用成熟的理论和技术，在仿制中创新，使药物在安全性和有效性方面有所提升。比如当下肿瘤研发领域最火的免疫治疗药物 PD-1 抑制剂，我们研究了国际上已经批准上市的 O 药（Opdivo）和 K 药（Keytruda），并在实验室发现了这两个药物的缺点，在自己的药物开发体系里进行修正，做出更加安全有效的药物。

很多人想参加临床实验，有药就意味着有希望。新药研发中最花钱的环节就是临床实验环节，但中国的临床实验太少，参加临床实验的人数和澳大利亚一样，只有美国的 1/10。澳大利亚人口 2500 万，和北京市人口差不多。

以往我们没有真正的新药，所谓的新药临床实验都是跨国公司的药物在国外上市后，为了进入中国市场才在中国做的研究。中国的医疗体制也没有鼓励医生参加药物临床实验，这和发达国家有很大的不同。在美国，医学训练和行医是标准化的，无论是乡村诊所还是全美最好的医院，95% 的疾病治疗方式基本相同，医生的医术差距主要体现在如何医治疑难杂症，以及有病无药的情况下如何治疗，而后者就需要使用新药。所以医生对参与临床实验抱以很大的热情，他们的工作推动了医学的发展。

随着中国制药业的发展，如果我们能开发出真正意义上的创新药，会有很多医生愿意共同把这个事情做好，推动医学事业的发展。如果参加临床实验的人数增多，就能把研发费用降下来，从而降低药价，让更多人用得起药。

目前，百济神州已经向国家药监局提交了 PD-1 药物上市申请，明年可能会获批。我们希望看到的药物降价的情景已经开始出现。不久前，O 药和 K 药公布了中国大陆的定价，价格只有美国的一半左右。国产 PD-1 药物陆续上市后，PD-1 整体的价格还会继续降低。如果没有这么多中国人研发的同类药物在后面追赶，进口抗癌药给出这样的价格是不可想象的。

长久以来，天价抗癌药成为癌症患者沉重的负担，就像 2018 年热映的电影《我不是药神》一样，很多人四处寻药，甚至不远万里去海外买药。如今我们可以设想，日后将会出现国外患者来中国买药的情况。

除去外国人来中国买药之外，还有一件有趣的事情。不久前有篇文章在业内广泛传播——《第一个在华创业的美国亿万富豪出现了》。根据《福布斯》的信息，欧雷强是第一位出生于美国，通过在华成立公司，身家达到 10 亿美元的创业者。这说明中国的创业环境非常好，一个不会说中文的美国人都能成功，中国人为什么不行？

● 采访手记

2004 年 4 月，41 岁的王晓东因其在细胞凋亡领域的研究，当选为美国国家科学院院士，成为改革开放后 20 多万赴美留学生中进入美国科学界最高殿堂的第一人。

此前一年，他已经应邀回国创办北京生命科学研究所。因为研究的方向和癌症有关，经常有人问他有没有更好的治疗手段。手段是有的，但用不起或用不上。治疗癌症所需的最新药物基本来自国外，中国要么和国外有 5 ~ 7 年的上市时间差，要么就是已有药物价格太高，足以让人倾家荡产。

王晓东非常理解患者的心情，他也深知跨国药企的盈利规则，做一款新药需要投入巨大精力、时间和金钱。解决这个问题的一个出路是做中国人自己的抗癌药，从而降低价格，惠及大众。

经过几十年的研究积累，国外在抗肿瘤新药研发领域进展迅速，在靶向药物和免疫抗肿瘤药物领域不断有新药上市。与传统的放化疗相比，这两类药物就像精确制导的武器，疗效显著、可持续性高，而且副作用很小，让许多患者获得了新生。

当时中国的制药业虽然在改革开放后从无到有，由小及大，取得了巨大进步，却依然以仿制药为主，在国际上掀不起丝毫涟漪。直到改革开放的第四个十年，随着国内政策和创新环境的改善，配套体系日益健全，海外精英相继回归，资本竞逐，群雄并起，一大批创新药企业扎堆冒出，我国制药业才终于从以仿制为主走向仿创集合，开始研发自己的新药。2011 年，贝达药业的新药凯美纳（盐酸埃克替尼）获批，成为国家“十一五”重大新药创制专项标志性成果。时任卫生部部长的陈竺院士甚至将凯美纳誉为民生领域的“两弹一星”。

百济神州就是在这个背景下诞生的，之后它成为中国医药界一个特殊的存在。成立 8 年时间，百济神州研发项目投入巨大，公司尚未盈利，却跻身中国生物制药行业龙头行列，并于 2016 年在美国纳斯达克上市，2018 年 8 月又在港交所挂牌交易，成为首家纳斯达克、香港两地双重主要上市的中国生物医药龙头企业。

百济神州的 PD-1 药物已经提交上市申请，在其之前还有君实、恒瑞、信达三家企业也提交了上市申请，2018 年内就会有国产 PD-1 药物上市。

王晓东的希望正在慢慢实现。2018 年 8 月，百时美施贵宝公布 PD-1 抗体 Opdivo 的建议零售价 100mg/10mL 规格为 9260 元，与其他上市地区价格相比，每年的费用约为 30 万人民币，这一价格为美国的 54%，中国香港的 68%，可谓全球最低。2018 年 9 月，默沙东公布其 PD-1 抑制剂药物 Keytruda 在内地的售价为 17918 元（100mg/4mL），大约是美国价格的一半。

跨国药企将全球“地板价”放在中国市场，是前所未有、出乎意料的举措。不少人判断，除了在短暂的独占期内抢占市场外，这一定价还直指本土创新药企，将直接压缩国产 PD-1 产品未来上市后的市场空间。

国内有上百个在研PD-1项目，虽然有泡沫之嫌，但也不能说完全是坏事。这就像是改革开放初期，全国数千家企业生产电视和冰箱，资源分散无法和外企竞争。但如今看看中国家电在全球的占有率，当时的观点可能是错误的。大浪淘沙，终有胜者，这就是市场经济。

第六章
艺术：曲折向前

主笔　宋诗婷

1979年9月，“新中国成立三十周年全国美展”期间，美术馆东侧公园里聚了一群人，公园的40米铁栅栏上挂满了油画、水墨、雕塑、版画和木雕，美院的学生被眼前自由不羁的艺术风格吸引，路过的老百姓却一头雾水。这是“星星画会”的第一次展览，没过多久，这股追求“艺术创作自由”的风潮就吹遍了全国，引起年轻艺术家和艺术爱好者的追捧。

当年，一群摄影师用相机记录下“星星美展”的开幕仪式和展览现场情况。这些年轻的摄影师属于一个刚刚成立的组织“四月影会”，那是“文化大革命”后中国第一个民间摄影组织，几个月前刚刚举办了第一次展览。那场被命名为“自然·社会·人”的摄影艺术展展出了45位摄影师的100多幅作品，题材大胆、风格各异的照片同样在艺术界引发了一场大讨论。

“星星画会”“四月影会”和更早成立的“无名画会”被视作中国

当代艺术的开端，20 世纪 70 年代末到 80 年代初，全国各地涌现了一批前卫艺术团体，这些年轻人张扬自我的创作更新着中国艺术的既有观念。

这场艺术变革运动在 1985 年达到高潮。“前进中的中国青年美展”在中国美术馆开幕，展出的 150 件前卫艺术作品揭开了“八五新潮”的序幕。

那是热闹的时代，真正的觉醒与谬误相伴而生。按亲历者张晓刚的说法，“‘八五新潮’是一个很重要的节点，它在新时期的中国艺术从乡土现实主义背景上深化和转向至个人主义和现代主义，在形式探索和思想观念方面具有革命性。我觉得要说很有个人价值的作品，可能并不一定多，但它像一股洪流席卷了全国各地，整个时代沸腾了”。沸腾的不仅是美术圈，设计、建筑、影视都或多或少地被这场思潮影响，各个领域都开始探索新的表达方式。

20 世纪八九十年代的“出国潮”影响了国内艺术领域的发展方向，包括徐冰、蔡国强、陈丹青在内的一批中国当代艺术家开始了他们的留洋之旅，并在东西方的思想碰撞中调整着个人创作的方向。张晓刚、刘小东等另一批艺术家选择留守，也相继开始了他们扎根本土的艺术实践。

中国人开始走出国门，西方前卫的艺术、设计思潮也向国内涌来。1996 年，在美国教书、做建筑师的张永和辞职回国，并在北大创建了建筑学研究中心，开始探索中国当代建筑学的发展。

大到建筑设计，小到服装、产品，20 世纪 90 年代的中国对“设计”和“品牌”几乎没有概念，抄袭与重复，这是中国制造在很长一段时间被诟病的。也是在这时，马可、陈逸飞等艺术家、设计师开始遵从国际规则创立个人品牌，“中国设计”尝试摆脱腐朽和魔法，开始崭露头角。

2008年之前，当代艺术和设计一度被商业和资本裹挟，经历了一段疯狂期。“中国当代艺术F4”岳敏君、张晓刚、方力钧、王广义等人的作品在拍卖市场屡屡被拍出高价，西方美术馆和画廊大量收藏中国艺术家作品，刚毕业的美院学生也能一夜暴富。马可和毛继鸿的品牌“例外”在国内大规模扩张。艺术、设计与生活方式成了富起来的中国人热衷讨论和消费的事。

有人是亲历者，也有人是见证者。改革开放的40年也是中国剧变的40年，有人选择记录变化中的中国，这也一定程度上解释了，世界新闻摄影比赛荷赛奖为何是中国摄影师得到过最多荣誉的赛事。

普利策奖得主刘香成把自己视为“外来者”，他用镜头定格了《毛以后的中国》。肖全与三毛、杨丽萍、王安忆、谭盾等艺术家、作家共同度过了青春，记录下20世纪80年代文艺青年的黄金年代。吕楠、任曙林等摄影艺术家选择拍摄那些被遗忘的日常和边缘人，为历史留存真实细腻的影像。

如今，中国当代艺术的疯狂期已经过去，看似是低潮，却暗藏希望。年轻的当代艺术家、设计师、舞台艺术家和音乐家渐渐冷静下来，重新寻找自己的艺术语言，他们有意识地摒弃中国符号，开始尝试以更平等的方式参与到国际化的艺术交流中。

艺术注视着时代，也阐释着时代，它注定是曲折的，正如我们所经历的这40年。

谭盾

从乡音到世界音乐的舞台

口述 | **谭盾**　采访、整理 | **蒲实**

“从《风雅颂》到《慈悲颂》，整整 35 年，很令人感怀：我先是从一个家去看世界，然后又从世界来回望我的家。”

13 岁时，我已是长沙的“小天才”，在长沙中学生音乐歌舞团做音乐总监。听说新疆南疆军区要招指挥，我想去考。招生条件是 18 岁以上，一进去就是排级干部，发把枪。我舅舅在派出所工作，把我户口年龄改大了 5 岁。招生老师过来那天，我正好在中学生歌舞团指挥《清风血泪》，下午又演出我作曲的《梦见毛主席》。部队要了我，但我妈抱着我的腿，舍不得我走。

1973 年，我没去成新疆，只好乖乖去插队，从一个乡下到了另一个乡下，去了雷锋公社附近。一天，我正在插田，大喇叭里突然响起我从未听过的音乐，雄浑有力。有人告诉我这是贝多芬的《命运》。高音喇叭里的播音员说，这是费城交响乐团在尼克松和基辛格带领下访华的演出，他们还演奏了《黄河钢琴协奏曲》。我还清楚记得喇叭里的解说，说费城交响乐团具有一种“高纯度”的“银色的声音”。那是我第一次听到西方音乐，只觉得震撼。在乡下，我是做巫师的，天天帮农民搞红白喜事，对红白喜事的乐队了如指掌。农民都说，费城是个特别遥远的地方，我这辈子就在乡下了。

1976 年的一天，我正在田里劳作，远处来了一个京剧团的人。京剧团是唯一有乐队的地方，我一直想进。他们说我得先接受贫下中农再教育，思想改造好以后才能进团。那天，京剧团的两艘船在洞庭湖翻了一艘，指挥也溺水了，需要人顶替，我就去了湖南京剧团。那一年，毛主席去世，1977 年恢复高考。我在京剧团听说上海考试了，就去考试。那一年报考中央音乐学院的有 4 万名考生，只招 10 个人。经历了万马齐喑，正是九州生气恃风雷的氛围，来考试的个个都是三教九流的天才。

轮到我面试，主考官是李西安，后来上海音乐学院的院长。他让我把带来的小提琴拿出来，拉一首莫扎特。“莫什么特？是哪个省的？”我问。他说：“你连莫扎特都不知道，怎么考音乐学院。”我的小提琴只有三根弦，还没来得及换新弦。我说，“文化大革命”里我没有听过西方乐曲，但我在乡下一直搞音乐。他问：“那你可以做什么？”我说：“你把中国地图打开，你点到哪个地方，我就可以拉那个地方的民歌给你听。”他从内蒙古点到湖南，从新疆点到四川，点了好几个地方，我都拉出来了。我总共可以拉四五百首民歌，全中国所有地方的民歌。那时我在一个破旧的垃圾箱里捡到一本《中国民歌》，这本书已经被我反复翻，翻得稀烂。他说，这个比拉莫扎特厉害，“考上了，我喜欢”。

我回去等通知。过了半年，得到一份通知书，没有被录取，如晴天霹雳。当时很多老师联名给邓小平写信，要求扩大招生，因为要录取的人太多。10年间积累的全是接受过再教育的、很有知识和想象力的年轻人，从事什么劳动工种的都有，都很有音乐才华。邓小平特批扩大招生，招了30个。我的那批体检试管在化验时出了些问题，李西安老师专门从北京带我坐火车回到上海，在上海人民医院重新做了检查，当晚就把报告带回了北京。他特别兴奋，他的一个考生有救了。他是我的恩人。这件事直到今天还在上海音乐学院招生时被不断谈起，大家生怕可能会漏掉任何一个有才华的人，每到这时就会谈起“谭盾当年的故事”。我们班会集了郭文景、陈其钢、叶小纲、刘索拉这些人物，个个都厉害。我们过去都是搓背、打铁、种地的，是改革开放让我们走了出来。

进入中央音乐学院不久，音乐理论刚入门，配器法、对位法、和声学都没有学成，我却很有冲动去写心里的感受。我从楚文化的故乡一下子到了北方，很想把屈原“路曼曼其修远兮，吾将上下而求索”的感悟写出来。大一的假期有两个多月长，我没有回老家。我在教学楼要锁门前一个小时躲了进去，把8张桌子拼起来，在里面写作、睡觉，完全直面自我的孤独和探索欲。我想象出一个交响乐队，也加入了很多中国民族乐曲，比如萧和板鼓。完全是根据艺术的想象和意念的归纳，我把内心感受变成了音乐去表达，完成了交响曲《离骚》。开学第一天，我写完了。我的老师李英海是著名作曲家，写过电影《聂耳》的主题曲。我把我的作品给他，他一看是《离骚》，吓了一跳。他说：“你很多东西还没学呢。”我说，我凭想象写的，只是像写日记一样写下对声音的感悟。他鼓励我去投稿，结果我得了作曲大奖。那是1979年全国交响乐第一次评比。中国刚刚改革开放，从我的作品，可以看出我的心态。那时我 20 岁刚出头，一石激起千层浪，感觉就像一辆汽车一下子加满了油，有了特别自信的感觉。

在中央音乐学院时，有两位作曲家深刻影响了我，一位是斯特拉文斯基，一位是巴托克。他们把自己家里、自己村里的那些东西，那些乡音，玩儿成了世界的潮流音乐。我认识到，所有的伟大作曲家都是那么诚实自信地面对自己的文化。此后 40 年中，中国文化的根也一直是我的助听器，让我听到我自己。对我影响很深的是中国戏曲——湖南花鼓戏的幽默、川剧的鬼气、京剧的戏剧性，还有楚文化的诗意，它们让我从粗犷原始的元素中去追求儒雅的意境。大四的时候，我写了《风雅颂》。1983 年，我作为中国第一个获得了国际作曲奖的音乐家去德累斯顿领奖，获得了很多宣传，西方也看到了中国音乐界正在发生的变化。重返德累斯顿，是 35 年之后的事了。

1973 年随着尼克松、基辛格访华的人中，有一位原籍江苏常州的音乐家，时任哥伦比亚大学艺术学院院长。他叫周文中，是作为美国华侨考察中国智囊团成员之一来的。1983 年，他再一次回到中国。当时他听到消息，中国正在反“精神污染”，觉得好奇，从而得知邓丽君的“靡靡之音”和一位叫谭盾的年轻音乐家的现代音乐不能听。那一年我在德国得了作曲奖，被批评过于现代，以至于让乐队已不成为一个乐队。周文中说他想听听谭盾的音乐，别人就在中央音乐广播电台被封存的唱片中找出了《离骚》。听完《离骚》，他找到我们音乐学院的院长吴祖强，问能否把我带走，但那时时机不对。1986 年，“反资产阶级自由化”过去了。我冒昧写了一封信给周文中，告诉他我又开始演奏、指挥和作曲。我问他给我的那个哥伦比亚大学奖学金是不是还有效，他说奖学金虽然失效了，但我们可以再申请。1986 年 1 月 1 日，我从北京飞去了纽约。我非常感谢周文中老师，在一个特殊的时期注意到了我。

到了纽约，周文中老师教导我，千万不要掉到一个万花筒里去，纽约就是一个万花筒，从哪方面都会吸引你。我在纽约感受到一种前所未有的氛围，对我来说是非常好的土壤。它非常多元化，汇集了全世界的神经病和天才，有潦倒的嬉皮士，也有伟大的艺术家，在纽约的街头巷尾就可以学到很多东西。在纽约，我在拐角处就能碰到安迪·沃霍尔（波普艺术的鼻祖），再拐一个角又能碰到约翰·凯奇（当代最重要的作曲家）这样的人。约翰·凯奇成为我的老师，他和贾斯培·琼斯（当代艺术家）这些人混在一起。后来在日本又碰到武满彻，他与黑泽明交往密切。在德国又遇到了汉斯·维尔纳·亨策（当代作曲家）。能遇到他们我很幸运，这种氛围现在已经没有了。

但那时周老师每星期给我上课，只教中国古代美学。我问他：我为什么要来这里学中国美学？周老师说，其他的东西我都可以在哥伦比亚大学和纽约学习，但“文化大革命”中间，我没有学过中国美学，也没有接触过儒释道思想，没有学过庄子、老子和孔子。改革开放之后我们到纽约学习，实际上是一张白纸，只是野心勃勃而已。野心勃勃是因为实在饥渴万分，但知识实际上很匮乏。我虽然早已能演奏 400 首民歌，但周文中老师问我：“你懂得民间的东西，但你懂得什么是唐朝，什么叫宫廷，什么叫大曲吗？”这些我都不知道。很幸运，在美国我选择了大学而不是音乐学院学音乐。音乐学院是比较技术性和专门的，但哥伦比亚大学的人文积淀非常深厚，远东系、电影系和新闻系世界知名，让我得到了一片肥沃的土壤。目前中国各个领域最活跃的人才，从科学、经济到文化、艺术，很多都是改革开放前十年二十年出去的人才，现在陆陆续续地回来。他们辛勤地劳动和工作，成为中国在各个领域的栋梁。

2003 年，我在纽约已小有名气。有一天，我接到一份指挥邀请，一打开，是费城交响乐团的邀请。没想到时隔 30 年，我真的到了费城。站在费城交响乐团前，我的指挥棒一下去，故事突然就上来，想起了 1973 年在乡下插田时从广播里听到的《命运》。30 年风云突变，兜来转去，我竟真的来到了费城，那个交响乐团竟活生生地呈现在我面前，这 30 年就如过了百年。我下不去指挥棒，而是问他们，1973 年有哪些人去过中国，乐团里有一半的人都举起了手。那次以后，我就和他们结下了深厚的缘分，后来我每一年都和他们合作音乐。

2006 年，北京奥运会即将开幕的前两年，我拿了格莱美奖和奥斯卡奖。纽约大都会歌剧院来找我作曲，我就写了歌剧《秦始皇》。2006 年首演之后的庆功酒会上，我的对面坐了两个人，一个是希拉里·克林顿，还有一个是基辛格博士，他们过来祝贺年轻的作曲家。基辛格博士说，他在听我的歌剧时一直在思考一个问题："为什么我们能够在大都会歌剧院的舞台上听到关于中国的歌剧？这在过去是难以想象的。"基辛格告诉我，他是从毛泽东时代过来的外交家，他简直难以相信这样的事情会发生。他举起酒杯："你从湖南乡下到大都会歌剧院的舞台，只用了 30 年时间，但你知道这 30 年是多大的距离吗？让我们为我的朋友邓小平干一杯吧！如果不是因为邓小平，也许永远不会有中国的指挥家和音乐家来到这个世界舞台上，也不会有关于中国的故事在纽约演出，从而改写歌剧的历史。而如果没有中国音乐的注入，西方的音乐又会多么无聊。”

1983年获作曲奖后，我再也没有重返过德累斯顿，直到2018年。我花了5年时间考察敦煌，写了《慈悲颂》。我看了几千个洞、几千幅画，寻找故事的来源，从六祖慧能一直到《心经》、玄奘，故事太多，每个洞都是一个家族上百年的历史。我在北京的燕京图书馆看到了敦煌遗书，然后到全世界去追踪被带往国外的东西。我先后去了大英博物馆、法国国家图书馆、奈良国家博物馆、北京图书馆，看到了几万个故事，从结构和观念来讲，资料太多，无从下手。我决定从原始的手稿里去找到我要的东西。到了大英图书馆，奇迹发生了。他们的馆长说，他们一直在花很多钱来保存这些敦煌手稿，手稿库是恒温的，上下一共三层，全自动运行。我下到了地库三层，看到了10世纪唐代时期的手稿。我一翻开，哇，《心经》全本！旁边还有舞谱和乐谱。也就是说，这是唐代某个家族在祠堂里做仪式用的。那个纸的香味，让我直接嗅到了唐朝的情景。从这里开始，我就想以玄奘的《心经》为中轴来做《慈悲颂》。这样，我又回到了敦煌，寻找敦煌的声音来再现中国文化的河流。

我选了6个故事：菩提树下、九色鹿、千手千眼、禅缘、心经和涅槃。在每个故事结束的时候有一个合唱，作为故事的总结，讲述平等、因果、奉献、自然、心灵和彼岸的故事。在法国国家图书馆，我看到了全本敦煌的琵琶曲，共25首。我回到敦煌的画中去寻找乐器的型，再到中国音乐史学中去寻找律，然后找音，做出了乐器。从奈良到泉州，再到北京，探索把壁画中的乐器还原，越到后面越清晰，我似乎已经可以听到《慈悲颂》的声音了。我看到的所有东西都有年代感，如此古老，看得实实在在，闻得实实在在，以通感把绘画变成声音是水到渠成的过程。我恢复了壁画中的好几件乐器，比如二胡的前身奚琴，敦煌记载了二胡在上千年前流传到中国时的样子。

最后把壁画转换成声音，我选择交响乐团和大合唱的形式，这是一个全球的平台。全世界都有音乐学院、合唱团和交响乐团，是一个体制性的声音桥梁。在这个过程中，一个新的乐队不知不觉地形成了。过去300年来，交响乐队的乐器从未变化，但它们演奏的音乐在不断地、无限地变化，就像相同的文字，每个人都有不同的运用感悟，是精神方面的内容不同引起了变化。我想让交响乐团奏出中国的文化，奏出敦煌的音乐，在德国人、俄罗斯人、匈牙利人等西方人面前谈，“我们从哪里来”。

要把洞里的故事通过音乐在哲学的故乡讲给西方人听，其实很紧张。在德累斯顿演出时，我带了几套衣服去。我最崇拜的作曲家斯特拉文斯基每次首演，都会遭到鸡蛋和西红柿的攻击，我也担心德国人因听不懂敦煌而如此攻击我。首演很成功。写《风雅颂》，我是在一个中国人的想象中营造世界；40年国门开放，资讯不断涌入，我们经历了从最原始的状态到最现代化的演变过程，其演进可以与过去4000年历史的演进相提并论。从世界回望中国，在敦煌的洞里，我不仅看到了美妙的壁画和音乐，也看到了中国世世代代的信仰，即使在兵荒马乱、朝代更迭的远古，也得到强悍的坚守。

● 采访手记

两年前，我采访琵琶演奏家吴蛮。她讲起和谭盾他们这一批20世纪80年代去美国的中国音乐家，在纽约彼此提携的那段岁月。她说，那时他们从不同的音乐艺术院校来到美国，时常周末聚会，一起做新作品。谭盾、陈怡、周龙这些作曲家当时都在哥伦比亚大学读书，在美国“混”着，寻找自己的出路。他们写西洋乐曲是没人给演的，就开始为吴蛮这些中国音乐家写，大家相互提携，写完以后就租一个小型音乐厅开音乐会独奏，引来惊奇的赞美。那时纽约的华人艺术家圈子很小，后来这些人一个个都在国际舞台上出来了，“都耐得住寂寞，被发现或者去发现自己的位置”。吴蛮当初带了7件传统乐器去纽约，后来除了琵琶找到了自己的位置和角色，其他几件如今都被搁在了柜子里。回过头看，她说，和西方乐器雷同的传统乐器易被替代，唯有琵琶以独有的特色走出了自己的路。

谭盾“路曼曼其修远兮”的音乐之路也是这样一个在世界音乐舞台上找到自己位置和角色的历程。早在中央音乐学院读书时，他就从斯特拉文斯基和巴托克那里提炼了做音乐的方向：所有伟大的作曲家都必须诚实地面对自己的文化，而他的根基在中国文化，他要把湖南那片土地的乡音融会到全球性音乐的语言中去。谭盾的音乐语言里，打底的是湖南花鼓戏的幽默、川剧的鬼气、京剧的戏剧性、楚文化的诗意，还有他烂熟于心的中国民歌。他在1994年创作的《鬼戏》就有很浓的特色，形成了他独特的音乐语言。

吴蛮告诉我，他的整个音乐从结构上讲很传统，是他以前在脑子里存下的东西——弦乐部分完全是传统民歌，只不过他让小提琴来拉二胡的东西，又加了一段巴赫，本来是钢琴的东西，现在把它与河北民歌《小白菜》糅合在一起。“他用弦乐四重奏加琵琶这种组合形式，加上湖南的巫术文化、萨满文化，加上人声，还有水、纸这些元素，说拼贴也好，创新也好，放在一起，就变成了一个非常有意思的新东西。”这一批音乐家最后都在西方音乐数百年承袭固定下来的运作制度中寻找到了位置，这才让蕴含着中国文化的音乐之声能够在世界各大音乐厅和歌剧院奏响。他们带来的中国音乐改变了西方艺术音乐传统的元素，也增加了西方音乐的语汇。

谭盾在上海的工作室里挂着两幅图，远看一张是一个圆，一张是一个十字。这是根据他受德国巴赫学院委托作的音乐作品《复活之旅》绘制的，分别来自乐谱的第一页和第六页。其中一幅上面用英文写着：“从来不会有开始，也不会有结束，只有继续。”他告诉我，这两张乐谱反映了他创作时的作曲状态。他说：“我是一个特别想看到声音的人，创作过程中总是试图在想象的心灵里看见它的形状。”他把音乐谱成圆的形状，有《山海经》和《创世记》的感觉，最后合唱做出来真的是这个样子，“像一团雾生动地在运动”。第六页的十字是一把小提琴和大提琴在轻柔地二重奏，这时全体乐队同时演奏一个强音切入，接着回到小提琴和大提琴的二重奏，这个声音的形状正好是个十字，就如西方与东方的交汇共振。谭盾音乐的创作源泉来自中国哲学，把哲学通过交响乐和现代音乐的概念转化为声音，对他来说是一个迷人的世界。

徐冰

我为什么会做出“英文方块字”

口述 | **徐冰**　采访、整理 | **曾焱**

1990—2008 年，是艺术家徐冰在美国生活和创作的 18 年。徐冰说，这段经历对他最有价值的是：对西方了解的结果是帮助我们认识东方。他自此开始有意识地、主动地试用中国的经验审视当代艺术的问题。“英文方块字”不仅是他个人基于这种思想与方法的艺术作品，也是 20 世纪 80 年代以来中国当代艺术生长架构里的重要支撑。

我是 1990 年去的美国，随身带着《天书》《鬼打墙》的资料和两卷《五个复数系列》。当时外语不行，到那儿就感觉有点像一个文盲：你的思维其实很成熟了，但是你的表述能力又跟幼儿园的孩子差不多。这种冲突给我感受挺深的，也影响了我之后的创作。

第一站去的威斯康星麦迪逊大学（Wisconsin-Madison），身份是所谓“荣誉艺术家”（Honorary Fellow）。那时我对当代艺术当然是崇拜的了，就一心想做和他们能接轨的东西。很快我就得到了一个比较大的个人展览的机会，在美国博物馆做了第一个展览。我体会到了当代艺术系统的运作，还有作为艺术家在那儿的一种“特权”：博物馆把钱找好，请你去办展，画册、布展、媒体……这些部门都为你一个人服务，最后展览请柬设计完了，还要拿到附近的社区去给居民看，说你们喜欢不喜欢，文字看不看得懂，特别专业化。

1990 年还有件事对我是重要的，就是我去 MOMA（纽约现代艺术博物馆）看了一个题为“高与低”（High&Low）的展览，策展人把一些重要的大师的经典作品和大量通俗的社会资料放在一起对照，揭示那些大师作品思想的来源。我从这个展览开始意识到，当代艺术有它虚伪的一面，对这个系统的弊病有了警惕。

1993 年，我迁居到纽约。那时候，美国经济开始萧条，他们艺术市场比较好的阶段正在结束，开始进入了低潮。艺术上的动态就是多元文化兴起，艺术家的文化和种族的背景成为主题，全球都一样。在法国有一个重要展览叫“大地魔术师”。后来，又有一个美国的策展人丹·卡麦隆（Dan Cameron）在西班牙做了“生与熟”，也是继“大地魔术师”以后最重要的一个展览，主张来自世界各地的在不同文化关系中的艺术家都参与进来。他来邀请我，说得特别兴奋，因为是在马德里的索菲亚王后艺术中心，是一个特别重要的美术馆。但当时我没什么反应，因为我根本搞不清西方美术馆系统里的讲究，哪些重要，哪些不重要之类的。

当时就这么一种状态，就是和西方近距离接触之初的一种陌生。还记得我和丹·卡麦隆是在纽约东村一个意大利的小点心店里聊展览，一个老头儿进来，后边跟一个年轻人，他就压低声说，这是金斯堡（美国“垮掉的一代”著名诗人）。当时东村就是这种感觉。

那时特别忙，因为多元文化了嘛，跑到世界各地创作和展览，全是我们这种具有边缘文化背景又生活在欧美中心城市的所谓多重身份的艺术家，带着各自独有的背景成分，做着最极端、最具实验性的艺术。走到哪儿做展览差不多都是一批熟悉的脸。中国艺术家在纽约的，主要是我和蔡国强比较活跃。欧洲有黄永砯、陈箴。这种全世界跑来跑去的经历，差不多延续到了 2000 年。那个时期我对国内当代艺术已经没有特别的关注，说了解也就是“政治波普”什么的，看过一些作品，印象还挺深的。

我当然很希望自己的作品能够融入国际，但我后来认识到，其实你的东西是不是在那儿生效，在于你能不能通过你的艺术，把身上携带的文化基因优质的部分给呈现出来，从而对那个系统中盲点的部分有调节的作用。为什么？因为那里不需要再多一个跟他们一样的东西。这是后来才悟到的。

我是说过，1993 年到 2000 年之间，“中国的新潮艺术越发成为小圈子和迎合西方策展人的活动”这种评价。我自己在那个时期有没有这种心理？不能说完全没有，但和直接地迎合又不是一回事。

我在美国时期的作品，很多都带有比较强的中国的思维和中国的方法。那会儿老有人批判中国元素什么的，问题是，我一直就相信艺术家身上携带的东西与作品结果有直接关系。比如说 1987 年我做《天书》的时候，就想做当代艺术，但是做出来以后却是里里外外的中国的方法和中国的材料。那时候我跟西方没关系，也谈不到迎合西方，可要从后来效果看，感觉它是我最“迎合”西方的一个作品，因为使用了很多中国元素。所以我认为应该是这么一种关系：携带了你特殊文化基因的这一类作品，在一种全球的多元文化的浪潮中，可能更容易被关注和接纳，有点无心插柳的意思。

刚到纽约那年，大约是冬春之际，我在街上走，第一次有了关于“英文方块字”的想法。很难说清楚灵感具体发生在哪一刻。在一种语境和关系中，思维有一种紧张度，或者说思维有敏感点，任何一个小的信息都有可能和你的这个敏感点链接起来，获得某种想法的启示。我一直对文字有兴趣，所以到美国以后，我做过很多关于文字的实验，特别是英文的文字实验，但很多都不成熟，我也就没有拿出来过。2018年我在798尤伦斯艺术中心的回顾展览，有几件小型的概念作品，其实都出现在“英文方块字”之前那个阶段，比如“ABC”啊，“Wu街”啊。这种实验最后让我认识到英文是什么性质的文字，中文又是什么性质的文字。

刚有“英文方块字”想法的阶段其实是很兴奋的，我意识到，有可能是找到了我长期处于愿望中的一个表述方法。我的愿望是什么呢？就是把两个截然不同的书写体系找到一种方法弄在一块，“英文方块字”结果是个表里不一的东西。

我用这个方法写出的第一个字是什么？已经记不得了。我笔记本上有各种各样的，开始的时候很难写，写得也不好看，因为中国毛笔的用笔和英文字母实在是太八竿子打不着了，它的结构、它的顺序，都得慢慢琢磨。你写的过程，实际是思维斗争和冲突的一个过程。多少我还是被“文化”过的这么一个人，“文化”对我们思维的制约性是非常强的。所以那个阶段我写的英文方块字确实不好看，但是它记录了你一个思想斗争的历史，还是很有意思的。

我如果什么都不干，一辈子就写这种方块字，也写不到极致的好。

因为书法本身实在是太敏感的一种形式，这个阶段写的，和上个阶段写的，一定是不一样的。因为它敏感地记录了你的心情，你的身体状况，你的一切。我现在写英文书法，可以不像开始的时候那么受到英文字母的干扰了。我可以把它作为两张皮，就是说，完全专注于它的书法性，即一种书法的外在形式，体会它的间架结构、它的运笔等。这种书法戴着面具，是我们旧有的文化概念或者知识概念所不能够解释的。

至于谈到它对于中国当代艺术的架构意义，我倒是没有特别考虑过。对我来说，“英文方块字”这个系统的价值核心还真不是什么中西合璧，而是我的很多作品一贯的东西——等于是把我们旧有的知识和概念逼到一个死角上，然后，这个作品才开始生效。就是说，它让我们的惯常思维受到狙击或打击，因为你搜寻不到任何旧有的知识概念来说明。你必须要一切东西归零了以后，再重新启动，建立一种新的思维关系。就像《背后的故事》，它是一幅画，但这幅画又不存在。我比较喜欢的其实就是这么一种东西，表面和实质的背反。

“英文方块字”在很多地方展览，做成中国书法教室的形式。后来在我的讲演上，有些人就问：哎呀，中国人是不是不高兴啊？因为你把中文改变成了英文。我说中国人很高兴，因为我把英文改变成了中文。

总之就是它介于一个没法判断和界定的地带。它有一种在艺术之外的繁殖力。

所以要说我在国外十几年，对我的艺术生涯有什么意义，我觉得很重要的是，我把当代艺术了不起的地方和它的弊病之处给弄清楚了。再一个呢，是对自己的文化变得更敏感了。后来我发现，这个文化其实不仅是古代文化，咱们后来的各种社会主义的经验也好，“文化大革命”的教训也好，这些东西都在你的身上生效，都可以被使用。2008年重新回到中国以后，我发现其实有价值的东西有时是包裹在你不喜欢的东西的内部。

刚回来那段时间，我真的感受到中国整体的实验性，是一个全新的国家，就和我刚去美国时的感受是一样的。艺术上我跟年轻人接触多，因为在美院嘛，管理、教学，为他们办展览什么的，我发现年轻的艺术家已经有他们的一套方法和面对世界的一个态度，跟我不一样。那些商业上受关注度比较高的艺术家，他们的东西，我已经不是那么有兴趣了，因为对我不是太有启发。可是更年轻的一代艺术家，不管怎么样，他们感兴趣的东西和他们的方法，多多少少带有未来性。

这 40 年，中国艺术系统的变化真的是很大，就像中国这 40 年的变化一样巨大。这 40 年里出现了当代艺术——真正和西方短兵相接，在我们这一代艺术家也是相对深入和比较大规模的。如果没有改革开放，这些都不可能发生。另外就是艺术市场的形成。这两个应该是中国艺术圈最大的变化吧。

● 采访手记

和徐冰约采访的那天，他很不巧刚刚飞到纽约。此前一天在北京尤伦斯当代艺术中心的“徐冰：思想与方法”国际研讨会上还见到过他，当时他坐在报告厅最后一排，听着台上来自国内外的学者评述他的艺术，很认真，也很疲惫。雕塑家、老朋友隋建国问他：怎么不坐前排？他说，不太好意思。

国际研讨会实际上是他同名回顾展的一个部分。这个展览从7月25日持续至10月18日，对艺术家40年的思考与创作做了最全面的探索与呈现。从入口处20世纪80年代的代表作《天书》开始，汇集了来自徐冰创作生涯中各个阶段的60余件作品，也包括他在美国期间最重要的作品:“英文方块字”书法教室。

徐冰一直被认为是中国当代艺术领域具知识分子思维的人。他在不同时期用作品谈论的，某种程度上是同一内核:关系，文化与人、传统与现代、东方和西方、真实与表象的关系。

“在20世纪80年代中国大胆的先锋运动中，徐冰是一个特立独行者;在新兴于20世纪90年代纽约的全球当代艺术对话中，他则是一位幽默诙谐而颇具机锋的关键人物。在海外生活了18年后，徐冰于2007年末回到中国，回到自己的母校，并致力于使这些塑造了自身世界观的体系与机构呈现出新面貌。”展览前言中，对这位中国当代艺术的亲历者和推动者的重要性有准确描述。

2007年，徐冰写过《关于现代艺术及教育的一封信》，在信中，他和一位“永良先生”讨论对20世纪80年代以来中国美术进程的看法。在那封信中徐冰说，20世纪80年代以来是中国社会变革最剧烈的时期，社会本身就是一个大的实验场，艺术自然成为这个实验场的一部分。比较过去，这期间最突出的现象是:新潮美术的出现和艺术市场的形成。他理解的中国新潮美术是四段式的。“文化大革命”结束至20世纪80年代初，艺术家对精神层面的终极追问是真实目的，而艺术形式的实验和改变是被思维进展的需求带出来的。1989年到1993年基本是空白状态。然后1993年到2000年，他觉得是“为西方策展人的阶段”，造成这一现象的原因也和当时新潮美术在国内没有展示空间有关系。而在 2000 年以后，随着中国变革的多姿多态、国家对新文化提倡的姿态，特别是艺术界与西方系统的直接接触，令新潮艺术转向寻找中国性，但这种“中国性”过早地被商业攫取。

“现在距离我写信的时间已经十多年过去，我的观点没有改变。”徐冰跟我说。我们的采访如期进行，只不过改成了微信语音通话，隔着 12 个小时的时差。

徐冰跟我说，实际上写那封信的时候，他还没有真正回来参与教育实践。回国后有七八年，他也在不断印证那封信里的判断。“我发现这种阶段性其实都不是艺术系统本身的事儿，都是艺术系统之外大的社会文化环境的事儿。所以，整个社会的共同拐点，一定也是左右艺术系统阶段的时间点。”

“我不重视艺术形式和流派本身，我重视社会现场给我补充的思想内容和思想动力。”徐冰这样说。

张晓刚

记忆只是一个过程

口述 | **张晓刚**　采访、整理 | **曾焱**

张晓刚被评价为“中国当代艺术的缩影式艺术家”。从张晓刚艺术经历和作品风格的演变中，可看到中国当代艺术40年变迁的重要轨迹。

1978年，我20岁，正在云南晋宁县当知青，全国恢复高考后很幸运地考入四川美术学院油画系学习。当时“文化大革命”刚刚结束，积压了一大批高手，我一个刚入门的艺术青年能有这样的机会，实在有些惶恐，常常反问自己：为什么是我？大二的时候，我们班上的同学就画出了“伤痕艺术”，然后“乡土写实”，当时好轰动。罗中立的《父亲》是那个节点的高峰。那时期，中国美术界诞生了一批明星，也就是我们班上的罗中立、程丛林、何多苓等这一拨人。

我那会儿年龄比他们小，身份和心态都是学生。我只觉得，这个时代真的是大变了。我碰到了中国美术的历史节点，遇上了在节点最核心的人。这么近距离去感受艺术的变革，我觉得是老天给我的机会。

我现在还记得罗中立想起来怎么画《父亲》的情景，因为刚好发生在我们宿舍。有天，他过来串宿舍玩的时候，看到一本杂志，上面有张照片，是黄颜色的背景前面有个黑人。这个调子很明朗，很强烈。他马上说，太好了，太好了，他就是要这感觉。

我们再看见的时候，《父亲》已经完成了。同学们都跑去参观，我只记得感觉很震撼。在当时来讲，一个两米的头像很大了，只有领袖像才能这么大。而且，他画出了皮肤、毛发的质感，画出了那种苦涩的味道。过后就听说这幅画开始展览、得奖、发表……当时大家都是同学嘛，关系太近了，也没觉得他们是大艺术家了那种。但我们班是真的很厉害，隔几天就有一个人出名。几天不见面，见了问："你最近在干什么？""我在画画，等画完了给你看。"等到画完一看，哇，就吃一惊。

班上大多数同学都进入创作状态了，可我还在拼命学习，怎么画素描，怎么画色彩。直到四年级，我才开始真正去想艺术的问题：我喜欢什么样的艺术？

我那时喜欢西方现代艺术，决心做一个像凡·高那样的现代主义画家。

1982 年，我毕业回到昆明，找不到接收单位，去集体制的玻璃厂做过临时建筑工人，几经曲折被招进市歌舞团做美工。那年头喜欢现代艺术意味着你彻底的边缘化，我和好友毛旭辉、潘德海等相互支撑，一起看西方现代艺术理论、哲学和文学，也常常一起喝大酒，相依为命地死熬，之后终于有机会去上海、南京自费办了取名为"新具象"的展览，接着又拉上叶永青等人结成"西南艺术研究群体"，是"八五新潮"时期最早的艺术群体之一。从中国美术史来讲，"八五新潮"是一个很重要的节点，它在新时期的中国艺术从乡土现实主义背景上深化和转向至个人主义和现代主义，在形式探索和思想观念方面具有革命性。我觉得要说很有个人价值的作品，可能并不一定多，但它像一股洪流席卷了全国各地，整个时代都感觉沸腾了，装神弄鬼的也有，真才实学的也有，鱼龙混杂。

那个时代让人很兴奋，但对刚刚成功的乡土现实主义艺术家来讲也是一个挑战。变化太快了。《世界美术》《江苏画刊》《美术月刊》，国内不多的几本美术刊物都在讲现代主义，发展到 1987 年、1988 年那会儿，就感觉不是某些人在乱搞了，而是真的成了中国文化的发展趋势。反而原来在主流里边的艺术家开始有了危机感。那个时代很有意思：一边是功成名就的乡土艺术，占据着各种优越的创作条件、展览机制包括市场利益等；另一边呢，我们这帮人又穷又脏又不讲规则，但好像又总在折腾一些什么事。我们是生活在最底层的年轻人，但已经可以不用按照以往的模式去发展，可以用自己的方式去生活。

第一次通过画廊卖画，是 1992 年。香港汉雅轩的张颂仁来找到我，当时他要和栗宪庭（当代艺术评论家、著名策展人）在香港办“后八九中国新艺术”展览，计划先把作品买下来。这在当时美术界是件很大的事，因为大家都很穷，有人先买画再办展览，等于是学术、经济双丰收。我把所有作品都摆出来给他，他选了大概几十张。也没有给钱，我们也放心。不放心怎么办？没有其他机会。

1990 年前后，艺术圈的人其实都在往国外走。我也想出去看看，但一直到 1992 年 6 月才等来机会：德国卡塞尔大学的莱勒·卡尔哈尔德教授以个人身份邀请我去做 3 个月学术访问。当时中国跟国外的差距非常大。中国连超市都没有，到外面却天天看见那么丰富的物质、文化，看都看不完的展览，那个刺激太大。那3个月里，我觉得我每天都没浪费，有机会就背着水和面包关进博物馆，待一天再出来。在中国，人家说我是前卫艺术家，但到了德国以后，人家所谓的前卫艺术我根本看不懂。我能看懂的艺术都在美术馆里，那是我最熟悉的知识结构，20世纪80年代再往后我就不甚了解了，等于说我的知识结构落后了20年。

出国很不容易，每个人都会抱着“如果不回来就转换一下身份”的想法。3个月到期了以后，教授问我怎么样。我说，收获很大。想不想留下来？我说我时间到了。也不知道为什么，当时很坚定我一定要回去。这种话说出来好像爱国主义一样，其实我是对自己开始有了很清楚的认知。像徐冰他们，都是那个时候留在美国了。记得后来1996年我第一次去纽约，当时有一个中国艺术家的聚会，我碰到徐冰。还是他告诉我，有一本算是国外很重要的《亚太艺术》的刊物用了我的画做封面。当时他就把自己那本送给了我。

从德国回来以后我一年没法画画，陷入从未有过的迷茫期。我感觉国内变化很大，流行文化进来了，大家都热衷于调侃和谈钱，短短几个月整个环境都变掉了。记得回国后去参加广州双年展，见到国内的朋友，第一句话都是问我你签约了吗，然后就是请我去很贵的地方下馆子。当时下馆子是件隆重的事情，一般要请很重要的人才咬咬牙把存款弄点出来下馆子。但我回来后发现周围好多朋友都可以很随意了。他们签的台湾画廊每个月会付几千块钱，当时我的工资才200块钱。我后来给朋友写信说，所有关于灵魂的探讨，关于价值和追求，最后好像都变成一件商品在货架上出售。我对这种感觉有点悲哀，但是也没办法。拿到钱还是很高兴，是吧？

那会儿对我来讲最重要的问题还不是这个。最重要的是我自己该怎么办，我还要不要做艺术家？远走欧洲的 3 个月可以说改变了我的一切。我决定放弃曾经那么喜爱的西方现代艺术传统，我开始想怎么去表达中国，建立自己的艺术体系。

这个语言转换是艰苦的过程。我做了很多肖像画实验，直到 1993 年夏天，回到昆明家里，偶然翻看到父母的老照片。我无法说清楚那些被照相馆精心修饰过的照片究竟触动了自己心里的哪一根神经，总之难以释手。我画了第一张脸，一个戴着眼镜的男人。我把自己熟悉和习惯的东西一点一点去掉，写实的技法，表现主义的技法，深度、色彩、笔触，能去掉的全都去掉。我感觉自己似乎找到了，一种恰到好处的平衡。

第一个看到"这张脸"的应该是画家陈卫闽，我们共用一个画室。那时候在川美，我们是四个人一个画室，中间用隔板隔开。我跟陈卫闽关系比较好，每天都要讨论。还记得是我刚画出第一张三个人"全家福"的时候，他进来了，然后在那儿发呆。我说你怎么了，他说画太好了。我说，是吗，我在画一种陌生的东西。

画了几张以后，我把照片寄给张颂仁。他说，这个是他看过的我最好的作品。1994 年画到第六张的时候，张颂仁突然告诉我，说你的作品入选第二十二届巴西圣保罗国际双年展了。同时邀请的中国艺术家还有王广义、方力钧、刘炜等 5 人。又是天上掉了一个大馅儿饼，但这一次我没问"为什么是我"，因为我觉得自己确实在绘画中找到了一种全新的感觉。那年正好女儿出生，我没有飞去圣保罗。张颂仁回来跟我说，成功了，说我得了一个铜奖。那年是我的本命年，36 岁。之后我的作品又参加了威尼斯双年展、悉尼三年展等，开始忙起来了。

“中国当代艺术 F4”的说法我记得大概是 2003 年以后，艺术市场慢慢火了才有的。当时不是有一个台湾电视剧《流星花园》吗？ F4 从那儿来，把我和王广义、方力钧、岳敏君都放进去了。我对这个称谓一直很反感。

市场火了是什么样子？大量的人进来买画。那会儿艺术家的画室基本上是空的，旧作品都卖掉，还有画不完的订单。2002 年底，我搬到崔各庄费家村，刚去没多久，“非典”就来了。那时我已经有了两个合作画廊，基本是画完就拿走，卖没卖我也不知道，因为画廊买断了，我不用去考虑。

对我个人来讲，市场时代来临也算一个节点。2006 年春季，纽约苏富比首场中国当代艺术品拍卖之后，我在市场上突然变成了宠儿，全世界都在关注我。实在让人惶恐。其实之前我在国内国外的拍卖上都不是最高纪录。国内第一个拍卖过 100 万元人民币的画家是王广义。记得有次广义问我，你这张画（一张 2 米×3 米的《血缘・大家庭》）卖多少钱？我说画廊市场价好像是 6 万美元。他说太低了，你应该要求涨一涨。我才知道许多画家的价格早超过了。

后来大家总说 2006 年纽约拍卖怎么戏剧性地改变了中国的艺术市场和艺术家的境遇。其实那场拍卖只是结果之一。

那天拍卖是北京时间的晚上，我正在昆明，和毛旭辉他们在酒吧里打牌。半夜 12 点，黄燎原和程昕东从现场给我打来了电话，他们说：“太火了，你的画全场拍了个最高价，你猜多少钱？”我说 20 万。他说，估计加上佣金要过百万了。第二天回家我就跟我爸说，昨天接到消息说我的画卖了 100 万美元。我爸听了没吭声，因为他根本不相信。过了几天，他给我打电话说，看来我说的那个事情是真的。我说怎么了？他说《参考消息》上登了。

从那时中国当代艺术就进入二级市场，一个疯狂的市场，非常不真实。一下跟井喷了一样，紧跟着后面价格就密集地飙升，随时有奇迹爆发。短短的两年，到 2008 年就完了。两年相当于 20 年，以至于后来这 10 年都感觉没什么变化。

如果要说在价格泡沫之外，这两年的市场飙升还有什么正面作用，我觉得是当艺术进入市场经济时代以后，整个价值系统都改变了。尤其当代艺术拍卖价格的飙升，将过去一套旧有的话语体系可以说是彻底摧毁了。这一点非常明确，也很重要。

但对艺术家的创作来讲，我觉得还是反作用更大。因为大家都开始画“钱”，什么东西好卖，大批的人就开始画这个，对艺术本身的思考越来越少。

这几年我经常问自己那个问题：为什么是我？一方面我觉得我很幸运，另一方面也有点后怕。我算当代圈里一个完整经历了几个不同的历史时期的艺术家。从最早的“伤痕”“乡土”到“八五”，从国际接轨到艺术市场，四个阶段我都在场。之前我都不是风口浪尖的人物，到市场的阶段我却被认为是很重要的艺术家。我就这样一半稀里糊涂，一半跟着时代走过来了。

● 采访手记

采访那天，张晓刚正在北京工作室为他的美国个展做行前准备。两天后的 2018 年 9 月 6 日，位于纽约曼哈顿切尔西的佩斯画廊准备展出他的 11 件新作。

个展规模其实并不大，但在开幕前一周，张晓刚的名字和最新画作被大幅登上了 2018 年 8 月 28 日的美国《纽约时报》网站。那篇长文提到，美国政府 8 月刚刚宣布，特朗普新一轮关税针对的中国商品清单底部，包括完全手工绘制的油画和素描、原创的雕塑以及 100 年以上的古董。报道称，所有源自中国的艺术品都将被征收关税，不管这些艺术品是怎样进入美国的。

而张晓刚，正好是这个消息正式公布之后，第一位在美国重要画廊举办展览的中国艺术家。据称，拟议的进口关税将由“生产地点而非创作者的国籍”决定，那么对于在中国拥有工作室的艺术家的画廊销售将会产生多大影响？张晓刚在国际当代艺术圈的高知名度，令他成为这次事件节点上的报道对象。

而 12 年前，2006 年 3 月，也是《纽约时报》，当苏富比拍卖行在纽约“亚洲当代艺术”专场首次举行中国当代艺术拍卖，张晓刚的作品《血缘 · 同志 120 号》以 97.92 万美元创下全场最高纪录之后，记者在报道中援引采访对象的观点说：张晓刚的这一幅天价作品，已成为当代艺术市场的重要“风向标”。为什么总是我？这是运气好还是运气坏？在我们的聊天中，张晓刚开起了自己的玩笑。

在当代艺术领域，张晓刚这20年一直备受关注，同时也被多重误读。艺术市场的天价和国际知名度，在很多时候，无论是他最具影响力的“大家庭”系列，还是后来试图往前探索的“失忆与记忆”“绿墙”等系列，都处于被高度政治化和高度东方化的“观看”中。但张晓刚个人的诠释并非如此。他说，他绘画的是个人与记忆和历史，“我想看到的是个人在历史中的一种状态，以及个人在集体中的关系”。

现实中，张晓刚和“历史”——无论是1978年以来的中国社会史还是艺术史——也有一种令人迷惑的关系。那就是，他拥有与时势保持距离的意愿，他却总是在场。

张晓刚是为数不多经历了完全不同的四个十年的艺术家。第一个十年是改革开放初期，从乡土艺术到现实主义，以他的回忆，他虽然没有画这些，但是受到身边同学罗中立等人的影响；接下来的十年，他加入到“八五新潮”的现代主义运动，而随后在20世纪90年代中期中国艺术国际化的趋势中，他是第一批进入西方画廊和西方重要展览的人；到2000年以后，市场经济时代开启，艺术市场暴涨，他一夜之间被显化为中国当代艺术最重要的视觉符号；而在2008年美国金融危机之后，中国当代艺术的泡沫被快速抹平，这十年，张晓刚从世俗层面的巨大成功中退离，回归到个人内心的平静叙述之中，希冀可以用绘画刻下自己的精神坐标。

张永和

重建平常建筑

口述 | **张永和**　采访、整理 | **贾冬婷**

“新文化运动推广白话文，建筑有没有白话文？”张永和认为，40 年里建筑最大的变化，恰恰不是走马灯式的新风格和新技术，而是对平常建筑的重新建立。他本人作为当代中国独立建筑师的代表人物，也是这一过程的最重要的推动者。

过去 40 年，中国的变化有多大，大家都有切身感受。建筑领域的变化也不小，而且不止一次，我属于一个没落下的，都赶上了。

我父亲张开济是一个很特别的人。我常常觉得，他非常疯狂。1967 年，我们家被抄家，他也挨斗，但他对我和我哥哥提出，“你们俩十来岁了，应该学英文了”，就去给我们找老师。到了第二年，有一天，父亲问我：“如果有机会出国，你敢不敢？”在当时那种情况下，没有机会上大学，更没有机会出国，可是我爸就会想这些，跟当时的外部世界一点关系都没有。

记得恢复高考之前的 1976 年，我还在北京稀土研究所工作，一次出差，从武汉坐船经长江去重庆，忽然听到船上大喇叭广播：“打倒‘四人帮’了！”我对政治不大敏感，当时对将要来临的变化还没有明确意识，但对于以后要念书，因为我父亲，有一定的精神准备。所以等到 1977 年能考大学了，我和我哥都没犹豫就考了。我在南京工学院（现东南大学）只读了三年没毕业，1980 年后有机会出国了，我爸就极力怂恿。那时候出国的人还很少，私人护照的 001 号到 004 号我们也认识，是四兄弟，他们大概是 1979 年出去的，我哥是 1980 年，我是 1981 年。我可能是“文化大革命”后第一批留学生里面学建筑的第一个。

我到了美国，跟现在留学去精英学校不一样，我去了印第安纳州的波尔州立大学（Ball State University），后来我们就叫它“球大”。那是一个特别乡下的地方，周围只有一望无际的老玉米地，跟先锋的艺术、设计完全不沾边，我就在那里继续读完了本科。不过我这人有狗屎运，第二年就碰上一个老师，南非人罗德尼·普莱斯（Rodney Place），出身英国建筑联盟学院（AA），他讲的都是文艺复兴时的绘画、雕塑、现代艺术，跟盖房子没多大关系，可是他对我后来成为建筑师的影响特别大。他的课，可以说是特别“禅”，就放一张照片或者一张古画，对着一屋子七八个人，问：“你看到了什么？”一开始我们都不太会严肃对待，可他绝对不放弃。有次我实在烦了，把自己对一张画的理解讲给他听，他没反应。再问，他就说：“嗯，还有什么可能？”后来我在 1985 年又回到“球大”，去教书的路上，开车在科罗拉多大山里，突然悟出那张画的意思了，同时也不再关心老师到底是怎么想的了。我的独立思考意识，也就从这么一个戏剧性的“顿悟”时刻开始了。我开始思考自己到底是一个什么样的人，做一个什么样的建筑师。

20 世纪 90 年代中期前，我一直在美国教书，从“球大”到密歇根大学，到加州大学伯克利分校，再到莱斯大学。后来就开始想盖房子。

回国念头的萌发，我记得大概是在 1988 年，我去耶鲁大学看一个中国朋友，他说“我给你听点东西”，我们就去他的宿舍。那天下大雪，外头特别亮，他的宿舍里又黑又乱，他拿出一个录音机开始播放，音质糟透了，但音乐实在太震撼了。那是我第一次听到崔健，没想到这么棒，于是开始想回中国，也就是奔着正在发生的当代文化去的。其实到今天也是，我觉得中国的机会除了所谓创业挣钱，还面临当代中国文化的一个催生阶段，建筑师也能在里面做点事情。

在中国的建筑实践开始得有点稀里糊涂。1993 年，我和鲁力佳回来过春节，有朋友找上门来找我们做设计，我本来也很想盖房子，就这么开始了，开始了就骑虎难下了。我后来得到去莱斯大学教书的机会，秋天到休斯敦，就想，注册一个公司吧！鲁力佳站在柜台上，要交 7.5 美金注册一名儿，我们没有名字就临时编，她说：“要不就叫‘非建筑’？”我比较实际，心想“要叫‘非建筑’，谁找咱们盖房子呀”！就加了个“常”字，叫“非常建筑”，用汉语拼音注册，觉得好像还有点意思，等于非常不严肃地干了一件严肃的事。我确实还有一层想法，就是觉得中国的建筑过于强调造型，过于怪异了。我想，如果这些是“正常建筑”，那么我们想建的可能就是“非常建筑”了。但实际上，满大街上的才真是非常建筑？

1996 年，我决定辞掉教职，回国当建筑师了。那时候，市场上还是以大设计院为主，只有几个零星的独立建筑事务所，独立建筑实践的基础几乎不存在。再加上我们自己以前又没有真的实践过，所以那个艰难劲儿也超出想象。第一个真正建成的项目是席殊书屋，当时是要在车公庄中国建筑设计研究院楼里建个书店，朋友介绍给我们。那个地方原本是过车的通道，只是那些年给堵起来了，我们顺着这个线索想到书店与城市的关系，把车流人流等要素汇合在一起，用现成的自行车轮子做了“书车”——一个旋转的书架。当时中国建筑界正受西方后现代主义影响，建筑师都在谈论符号，实际上就是往建筑上贴装饰，我那时候意识到建筑学核心问题的缺失，席殊书屋这个小小的书店室内设计算是一种批判式回应，它在建成后收到的反响还是挺强烈的。尽管 4 年后被拆除了，原址重新又恢复成了过道，但它对中国当代建筑学产生的影响大家还常常会提起，所以结果并不算“小”吧。

我到现在还在想，新文化运动推广白话文，建筑有没有白话文？现在的建筑设计实际上是文言文，因为有一种自我意识。我有时会有一种把设计做得直白的意愿，但回到中国实践之后发现，如果设计不明显或不张扬，业主会认为你没有设计，所以我一直想做出有说服力的“普通建筑”，但没做到。

因为总遇到好老师，我对教书也特别起劲。我一边回国做建筑师，一边又想着也许什么时候可以办学。1998 年，来了机会，北大一位副校长碰到我，问我愿不愿意去北大教书，办一个建筑学研究中心，我就去了。我当时已经开始觉得，光教一门课不行，得建立起来一个教育体系，而且应该借由教育赋予建筑实践批判性，这样才能培养出有立场的建筑师，于是慢慢搭建起“本体建筑学”的框架，这是在北大 5 年的主要工作。后来麻省理工学院请我去做建筑系系主任，当然又是我赶上了，就在建筑教育上继续投入了几年。我记得读大学时，有一次我父亲去哈佛大学建筑系访问，后来提及碰到当时的系主任，一位贝聿铭事务所的合伙人，我随口跟我父亲说“我以后也要当哈佛的系主任”，我父亲表情特别痛苦。我以为是因为我失言了，太不自量力，结果我父亲说：“你野心太小了，当个哈佛系主任算什么呀，你要当一个好建筑师。”我后来还是在麻省理工当了一把系主任，但总想起我父亲要我清醒，要我不要忘记实践。

我虽然算是子承父业，但父亲张开济跟我的个性很不一样。他有一次跟我说：“盖房子，根本不是我的理想。我的理想是当外交官。”对我来说又是非常意外。他那一代建筑师，对于自身角色普遍有一种社会性的理解，就是我能画各式各样的房子，你要什么我都可以给你画。而我的理想比较狭隘，就是盖房子，至于怎么盖，我会跟人没完没了地争。

这就牵扯建筑师能做什么的问题。在美国大学里，老师基本都是左派，都谈论社会问题、环境问题等，关注这些问题当然不错，我自己也是中偏左的政治立场，我也认同建筑实践要关怀社会。唯一的不同，是我要用建筑技能和知识来解决问题，而不是做个社会活动家式的建筑师。建筑设计能在多大程度上解决社会问题，比如世界贫穷问题？由于日本建筑师坂茂的救灾工作，以及智利建筑师亚力杭德罗·阿拉维纳（Alejandro Aravena）的社会住宅，人们开始过高地估计建筑推动社会的能力，但对这一点我恰恰不太肯定。首先建筑师不能改变任何体制，其次我们提供的设计智慧不容易传递给大众，手机行，像 iPhone，房子不一定行。所以现在大家倾一生积蓄来买房，完全是服从经济游戏，而不一定是买了一个好设计，这事儿真扭曲。

我现在绕了一个圈，又回到建筑本体了。建筑设计要干什么？就是盖一个房子。盖一个房子，就得把房子最基本的部件都搭对了，从材料，到空间，到结构。再进一步，能不能搭得巧一点儿，建筑是门手艺，中国有一个说法叫“意匠”。回头看，我特别尊敬梁思成先生，他感兴趣的就是建筑构造。

今天看，还有两件事情要做，有可能从中找出一个属于中国自己的建筑。第一件，是建立对中国近现代建筑发展的认识，寻找我们当代建筑的基因，这是一条历史、时间的纵轴。这里面也有一个“白话建筑”的问题，因为基因不是特殊的，而是普遍的。像我父亲那一代建筑师，他们学的是古典主义，去做社会主义现实主义建筑，是直接延续过去的；而我们这一代，因为成长环境的断裂，可能要先找到社会主义现实主义建筑的传承，然后再建立跟古典主义的联系，要去重新梳理那个发展过程。从建筑实践方面，其实已经有很多建筑师做到了当代中国建筑的形式表达。这里要提到王澍，普利兹克建筑奖在 2012 年颁给了他，当时我也是评委会成员，颁给他也有对当时中国建筑文化批判的意思。那个时候的大环境还是大量地抄袭和复制，王澍在做当代中国建筑，有明确的中国传统建筑的形式语言在里面，在之后影响了太多的建筑师。而此时此刻更有意义的是，怎样不再做王澍，超越王澍，根据每个人自己对中国文化的理解来想象中国建筑。更进一步，让房子看上去像中国房子，很多人做到了，那么，这房子是不是还有一个中国造法？这可能就不是某个建筑师的个人作品，而得靠建筑师们的集体努力，比如把混凝土结构推进了，把钢结构推进了，这方面也会出现曙光。

第二件，是重新认识“东西方”，这是地理、空间的横轴。东西方当然有差异，但这个提法在建筑学里造成了好多问题。比如今天说造一个中国城市，或者一个欧洲城市、美国城市，其实是把城市当成一个广告牌了。我的想法不是取代“东西方”，而是认为“南北方”的差距对建筑学更重要，即基于地理、气候不同而带来的方方面面差异。其实西方是北方，东方是南方，跟欧洲相比，整个亚洲都是偏南方的。这也是为什么我对院落这么感兴趣，除了我小时候住过十几年之外，院落也是一种南方建筑类型，它会带来丰富的户外生活，檐下、廊下、客堂间都是开放的半室外半室内空间。就像古画里，人会坐在开敞的屋子里喝酒赏雪什么的，另有一番乐趣。

● 采访手记

张永和曾经画过一个小侦探的故事：头戴一顶福尔摩斯那样的黑色硬礼帽，身穿一件齐脚踝的大风衣，脚蹬一双皮靴，还拿着一个烟斗当枪，用来吓唬人。这个小侦探住在一个长长的板楼里，他的每个探案都从这里展开。

“小侦探”是张永和小时候常听父亲讲的一个故事，父亲总是现编现讲，他和哥哥很爱听。而某种意义上，“小侦探”也是张永和本人的化身。进入他的办公室，会发现很多故事里的道具：戴礼帽的小主人公模型、自行车、烟斗、老式公文包、照相机……这些日常物件看似“无厘头”，和建筑师的主业无关，但都是张永和生活中持久的兴趣，于是被他聚拢在故事里，让小侦探替他探究一番。而对于现实中的城市和建筑，他也有一种侦探式方法论：“建筑设计者应该像小说家那样深入细致地观察生活，像人类学家那样研究人们活动的每个细节及其意义，来体察人的活动与环境的相互关系。”

在中国建筑界，张永和有着近乎超然的地位。作为建筑师的儿子——父亲是设计了包括中国革命历史博物馆、天安门观礼台等在内的“半个北京城”的张开济，他最终走出了父亲的遮蔽，确立了一条基于全球化的现代性探寻之路：他是“文化大革命”后第一届建筑系大学生，又第一批留学美国；然后在20世纪90年代回到中国进行独立建筑实践，同时在中国最高学府进行建筑教育实验；21世纪初，赴美担任重要建筑教育机构的领导者，还成为最高建筑奖项——普利兹克奖的评委；之后再次回到中国，在一个新的高度上继续建筑教育与建筑实践。作为最早一批在美国学习和执教的中国建筑师，他将中国的声音传递到西方，同时也将西方的思想传播到中国，这对一个奋力进入国际社会的国家来说尤其重要。

锅盖头、圆眼镜、慢吞吞的儿化音，被戏称为“豆浆叔”的张永和似乎天然没有攻击性，但仔细听他说话，冷不丁就会冒出机巧，甚至芒刺。作为建筑师，他的建成作品并不多，体量也不大，一开始甚至被称为“纸上建筑师”。但他的每一个建筑，无论大小，都传递出始终如一的“建筑本体”观念，即建筑不表达任何概念，只作为一栋房屋而存在。而对中国建筑界，他更重要的角色是作为全球化交互者和路径选择的启发者。

近几十年是中国城市化的黄金期，同时也是中国历史和文化的激烈过渡期，这是参与其中的建筑师必须要面对的现实。随着两方面效应的同步显现，张永和提出的介于无条件参与和拒绝参与之间的“第三种态度”逐渐成为共识：“此时此刻，每一个人都为如何能在一夜之间把前现代社会改造，转变为后工业社会而感到困惑。危险是建筑师往往来不及进入其社会和文化的角色，就被利伯维尔场消费了……既对社会和文化负责，又同时坚定建筑理念是可能的，但身心都需要付出极大的努力。”

“非常建筑”——明星建筑和明星建筑师的炫目光环也在逐渐消退。正如张永和强调的，建筑只是配角，主角是城市和生活。“比如央视新楼，打破了很多建筑学的游戏规则，看一两次或许很有意思，但人进不去，也就建立不起来跟它的亲近关系。当时我和雷姆·库哈斯（Rem Koolhaas）来往比较多，我还问过他：‘后面那栋楼和前面这栋，为什么在形式上一点关系都没有？’然后雷姆给了我一个经典的雷姆式回答：‘为什么要一样？’当时我也开窍了，是啊，为什么要一样。现在想城市或许在某些时候需要广告牌、纪念碑，但很难说北京2000年后的这几个大建筑，对城市、对市民有多么持久的影响。”

刘香成

我见证了 80 年代初中国人肢体语言的变化

口述 | **刘香成**　采访、整理 | **贾冬婷**

---

20 世纪 70 年代末到 80 年代初，摄影师刘香成捕捉到改革开放之初大江南北的一幕幕日常影像。他兼具“局内人”和“局外人”的双重视角，让这些照片成为历史转折点的一面镜子，甚至成为那个年代“中国”的化身。

1976 年的秋天，通过香港到罗湖的那段木桥路，我重新踏上了内地的土地，开始了摄影记者的职业道路，也见证了那一个时代的流逝。

在我的脑海中，内地一直离我很近。我于 1951 年出生在香港，4 岁时被父母送回福州，因为他们觉得内地的教育更好。那所小学在福州军区的旁边，班里同学都是部队子弟，而我母亲出身福州一个大家族，被划定为“官僚阶级和平地主”，我不幸地成为“黑五类”。当时全班人人都戴红领巾，就不给我戴红领巾，“全红一点黑”。小孩子都希望和大家一模一样，于是我就拼命地去除“四害”，去打苍蝇，去捡石头铺铁路，特别积极，但是我的“政治表现”一栏从来都是 3 分。结果我 1960 年要回香港的时候，全校办了一个典礼，校长给我戴红领巾，欢送我回香港。我那天回到家挺兴奋的，但隐隐约约也有一丝困惑，这是我最早的一堂政治课。我后来对内地的好奇心是很明显的，或许就是童年在福州的这段经历，让我有了特别的眷恋也好，挫伤也好，种种复杂的情感一直将我拉了回去。

我从香港高中毕业后，去了纽约学国际关系，经常去图书馆阅读一切能找到的有关中国的东西。但在尼克松来华之前，中国的大门是关闭的，信息很有限。在大学的最后一年，我选修了摄影课。一方面，它关乎创造，关乎视觉；另一方面，我有一种成为记者的冲动，想要追随我父亲的道路，他曾在《大公报》任职。我摄影的启蒙老师是《生活》(*Life*)杂志著名摄影师基恩·米利(Gjon Mili)，他将我带进《生活》去做他的助手。《生活》聚集了当时美国最好的一批纪实摄影师，包括布列松 1949 年去中国，20 世纪 60 年代、70 年代马克·吕布又去，都是被《生活》派遣的。但和这些摄影师天天相处在一起，他们却从来不跟我谈相机、光圈、快门这些，我的老师基恩·米利也是如此。他将很多他喜欢的作品剪报贴在墙上，每天下班之前，他会切一块苹果，再倒一杯小小的威士忌，给我一份，然后就对着墙面开始聊，怎么用肢体语言来表述一个故事或一个情节。比摄影技巧更重要的是，基恩教会我怎么去阐释人类的体验，并将其富含生气地反映到二维影像上去。他让我坚信，一个人必须深刻关怀他的拍摄对象。

在“文化大革命”的时候，我几次去广州探亲，当时人与人关系的肢体语言给我留下很深的印象。比如说去理发馆，理发师傅先叫我站起来，跟着他读毛主席语录，念完才给我剪头发。去饭店，整个广州只有两三家饭店，人们都要排很长的队，轮到你了，服务员把筷子啪地一下扔到你桌上，一堆人站在旁边等你吃完。

1976年，我在巴黎毕业实习结束，去拍摄葡萄牙的葡共竞选、西班牙的社会党候选人。之后在巴黎，计划拍摄法国的新总理雷蒙·巴尔（Ragmond Barre），但那天早上从酒店出来，就看到当地所有的报纸头版都是毛泽东的整幅照片，毛泽东去世了。我就给纽约打电话，说我要去中国。很幸运，《时代》（*Time*）杂志给了我一份拍摄毛泽东葬礼的委任状，这是当时美国新闻界最热的职位。

当时北京去不了，我滞留在广州，开始在珠江两岸拍摄沉浸在哀悼中的市民。在这个过程中，我突然有一种很深的感觉，这些人虽然都戴着黑纱，但是我看到他们脸上的表情，看到他们的肩膀，看到他们的步伐，和过去对任何事情都充满警惕的感觉是完全不同的。他们的肩膀不是僵硬的，脚步不是匆匆忙忙的，脸上的表情也不算很伤心，而有一种不寻常的平静。这些肢体语言的变化，再加上之前尼克松、基辛格已经访华了，我就觉得可能一个新的时代即将到来。我意识到，毛泽东的去世，是占全人类1/4的10亿中国人预料之中的震惊，他们花了远超过自己想象的时间从震惊中恢复过来，他们需要重新思考未来。可以说，这个判断影响了我的一生。

我在恰当的时间被放到了恰当的地方：1979年1月1日，中美外交关系正常化，我在1978年成为《时代》在中国的第一位常驻北京的外籍摄影记者，不久后又加入了美联社。后来外交部新闻司的官员告诉我，他们调查了1979年到1981年外国媒体的活动，发现西方发表的有关中国的照片65%是由我拍摄的。事实上，在1978年到1980年间，我是北京唯一一个外籍新闻摄影师。从1978年驻北京到1983年离开这5年间，我开始有意识地拍摄一个新时代的到来。

新时代是什么样的，人们在当时也不太明确。虽然在报纸上得知了十一届三中全会，但人们毕竟远离政治中心，并不清楚其中的意义，这些也没办法在图像上表现出来。

一些新生的事物我是比较敏感的，并且有意地去探索。那个时候大家会去圆明园跳舞，会凑在一起朗诵诗歌，这种思想上的开放，是从1978年开始的。现在回想那个时代，就像阿城所说的，其实是中国的第二次启蒙。还有一些日常生活细节，我去看普通人生活的细节，他们怎么工作，如何去爱，乃至互相建立起新的肢体语言。比如当时北影的很多朋友让我带他们去友谊商店逛一逛，他们觉得去友谊商店就是出国。一到冬天，整个北京都是大白菜的季节，每家一买就是1000公斤，最少都买500公斤，所以那时的房子里，从楼梯到阳台，6个月里都堆满了大白菜。我还记得南斯拉夫一个政治报的驻京记者，他和太太拿着一个小电影机拍了部非常幽默的片子，就拍中国人和白菜，到处都是白菜。我强烈地感受到，那个时候的北京，只要你有兴趣，只要睁开眼睛，支起耳朵，什么都能看得到，什么都能听得见。总体来说，那时的人们是充满好奇地向“前”看的，而不是向“钱”看。

回头看那一时期（1976—1983年）中照片所反映的年代，正是我从26岁起，作为摄影记者在中国度过的第一个时期。那时中国正迈出它最初的试探性步伐，去恢复和重建常识。我们能够看到，先前的很多社会创伤和动荡正是失去常识造成的。这期间，我带着儿时的记忆，也带着在西方受到的艺术教育返回中国，试图以照相机这一工具，来解释中国这一独特的社会政治历程。

我拍摄中国，抱有的关怀和同情是很明显的。一方面，相对于外国摄影师，我的经历和情感跟中国的政治文化更贴近一些，如果马克·吕布和布列松看到一个标语，他们不知道上面在说什么；或者拍人的时候，他们也听不懂这些人在谈什么。另一方面，我又有一定距离，因为如果我一辈子在中国长大的话，可能对 1978 年的画面没有那么敏感，可能会觉得日常生活就是这个样子，很多时候不会拿起相机。

我在北京度过了难忘的 5 年时间，1984 年底离开，后来又成为驻洛杉矶、新德里、汉城和莫斯科的记者。那时也没想到，去莫斯科一年后苏联就解体了，我成了唯一抓拍到戈尔巴乔夫擲讲稿宣布解体的照片的人，并以此拿到了 1992 年的普利策奖。1994 年，一系列大新闻结束以后，我跟美联社请假一年，但心里说要回到中国。在香港待了两年，1997 年又代表时代华纳回到北京。

我在 20 世纪 90 年代回到北京定居后，能够明显感觉中国社会已经从集体主义转变到个人主义。所以从那之后，就将镜头聚焦在个体身上。这些人是这个时代里面出人头地的人物，是大家追求的目标，但我拍的时候镜头还是中立的，尽量不带仰慕或者批判，只是通过这个人背后的故事展现一种社会现象。比如我感受最深的是去拍上海年轻作家郭敬明，我很好奇，怎么会有这么多人买他的书。他倚靠在东方明珠夜景下，但我拍的时候就感觉，这个人虽然看似很成功，但他没有一点安全感。

我很清楚，中国是一个很大的故事，是需要很长的时间，甚至一生去寻找的没有绝对定义的命题。

对我来说，情感上总有一个“中国梦”。这个梦在物质层面已经实现了第一步，但精神层面还在延续。

● 采访手记

中国作为一个拍摄对象，留存最早的影像是1844年法国外交官勒·埃及尔（Alphonse Eugène Jules Itier）拍下的澳门风景，他还在那里拍下了第一个中国人肖像——两广总督耆英。之后陆续有很多西方摄影师来到中国，有名的如卡蒂埃－布列松（Henri Cartier-Bresson），他在1948—1949年间辗转京沪，拍下政权新旧交替的转折时刻，也诠释了他所信奉的“决定性瞬间”。还有马克·吕布（Marc Riboud），他是20世纪50年代第一个被获准进入中国内地拍摄的西方摄影师，此后22次来到中国。

不过，对这些短暂停留的西方摄影师来说，中国依然是一个等待被发现的异域和他者，往往被赋予一种东方主义的浪漫，或者被置于一种20世纪60年代欧洲知识分子眼中理想化的革命氛围中。而在大批中国摄影师的意识中，影像手法则受到苏联影响，去制造不属于当下、只指向未来的乐观想象，很多时候会像处理一幅传统山水画那样去建构照片。

身处这两个群体之间，刘香成是个特例。他于1951年出生在香港，之后在中国内地、香港，以及美国都有成长经历。在中国早年的生活使他了解了制度的必然性，而在美国和欧洲的经历又让他接受了人文主义精神的影响。1976年，26岁的他作为《时代》周刊的美籍华裔摄影记者进入广州，1978年北上京城，1984年离开。对于中国来说，刘香成是“局外人”，也是“局内人”，这让他既有拉开距离的观察视角，又有饱含情感的切身体认。

这些为当时的人们熟视无睹的生活细节，在40年之后再看，无论是对那一代人，还是年轻一代，都显得无比珍贵而新鲜。很多看似不可思议的场景仿佛很遥远，但其实也不过40年而已。从这些照片中，我们也再次意识到，中国在这几十年间走得多么快，走了多么远。

能够在恰当的时间被放置到恰当的地方，当然也是刘香成的幸运。那是一个历史转折点，中国向着经济改革迈出第一步，通向世界的大门也刚刚打开，刘香成刚好在场，而且带着敏锐而独特的视角，有意识地记录了这个时代。尽管他那时尚且年轻，摄影生涯才刚刚开始，但拍摄那一时期，无疑是他人生的“高光时刻”。即便他在之后因拍摄苏联解体获得普利策奖，也不能掩盖这段经历的光芒。而且，中国也是他日后一直延续的拍摄母题。

我在上海摄影中心见到刘香成。为了创建这个摄影中心，他在2014年离开了北京，搬到尚在开发的上海西岸。他有摄影师对于肢体语言、对于事物细节的敏锐，但我更惊讶于他和大部分摄影师的不同：当一个复杂问题抛出时，他会陷入长久的思考，回答时语速很慢，是一种深思熟虑之后的理性阐释，而不是直观的、感性的。这也印证了刘香成一直坚持的观点：照片——尤其是好照片，会更多地依赖于摄影师知道些什么，而不是摄影师看到了什么。对他来说，“决定性瞬间”不在于亲历现场一次，不在于快门、光圈、景深在那一次恰到好处的设置，而在于他多次的观察，以及背后长期深入的思考。

刘香成67岁了，他用相机定格了不同历史阶段的中国，如今已很少在一线拍摄。不过，当我问他如果为这个时代拍摄肖像，会拍什么时，他说还想拍中国“走出去”的过程。他认为，中国有这种内在需求，而且中国认识世界其实才刚刚开始，这条路还很长。

第七章
文化：那一束光

主笔　马戎戎

1978年，是当代中国流行文化的起点。1978年9月22日，话剧《于无声处》在上海首演，燃爆沪上，与1978年8月卢新华在《文汇报》上发表的小说《伤痕》前后呼应，揭露"文化大革命"带给人们的心灵创伤。

1978—1979年，文艺界开展了一场又一场的思想大辩论。从此，文艺终于摆脱了"阶级斗争工具"的属性，艺术家终于可以回归艺术创作规律本身，人性可以成为文艺作品关注和表现的重心。中国真正意义上的大众文化和流行文化，也是从这一年开始。

整个20世纪80年代，"反思"与"人性启蒙"是中国文艺最重要的主题。1983年11月，电影《一个和八个》在北影放映室放映，中国电影开始从视听语言进行改革，开始了数十年的现代化进程。1984年，中央电视台播出第一届春节联欢晚会。电视开始进入千家万户，并逐渐取代了电影，成为中国最具影响力的大众传媒，最主流的娱乐形式。

崔健穿着绿军装登上北京工人体育馆，1986年吼出《一无所有》。之后，中国本土摇滚音乐逐步崛起，集中表现出挣脱现实束缚、弘扬个性与积极把握自我的主题。

20世纪90年代初期，经历了80年代视听语言的革新、“艺术探索片”的积累后，第五代导演横扫几大国际电影节，摘金夺银，为中国电影创下了至今难以重现的辉煌。然而，随着1994年中国国门的进一步打开，以好莱坞电影为代表的舶来的文化产品与港台流行音乐开始成为青年们的主要精神食粮，在价值认同与社会认知上，青年开始主动向欧美和港台文化靠拢。也是在这一时期，伴随着都市文化的兴起，市民阶层的审美趣味逐步成为主流。冯小刚的喜剧获得了极大的票房成功。而第五代导演和国产电影，则在市民消费主义与好莱坞的夹击下，陷入低谷。

1999年，孟京辉推出了他的先锋喜剧作品《恋爱的犀牛》。去剧本化和去舞台化的表演方式，使中国人在传统“现实主义”表演方法之外终于可以接触到另外一种不同的表演样式。从这部戏开始，萌芽于20世纪80年代的中国先锋戏剧开始广为人知，广为人看，话剧演出消费开始列入工薪族的开支，成为都市青年的一种时尚，北京人艺不再“一枝独秀”。

之后，千禧年欣然到来。2004年，被称为选秀元年，李宇春横空出世，成为中国第一个全民票选出的“全民偶像”，并在当年登上《时代周刊》（亚洲版）封面。她独特的个人气质，正好符合了那一时期人们厌弃“标准”，转而推崇“个性”的时代价值追求。

第五代导演的中坚张艺谋在2002年推出了古装武侠电影《英雄》，

正式开启了中国电影的“大片时代”。之后的15年，中国电影票房以每年30%的速度，开始了人类电影史上绝无仅有的高增长。到2018年第一季度，中国电影票房市场首超北美，成为世界第一大电影票房市场。

40年来，中国人的价值观念，已经逐渐与世界主流接轨。尊重个体价值、尊重个体差异，自由、开放、包容已经成为当下中国人的主流价值观念。回顾历史，我们要感念1978年的那一束人性解放的光芒。如果没有那束光芒，中国人至今还会被排斥在世界主流价值体系之外，以他人眼中的“奇观”存在。

2018年，为了纪念改革开放四十周年，上海话剧艺术中心重排《于无声处》。年逾古稀的剧作者宗福先，在媒体上撰文：“看着台上年轻的演员来来去去，仿佛又回到了1978年的工人文化宫。这是1978年的回声吗？——回声不是尾声。”

张艺谋

时代影响我们，我们不是天才

口述 | **张艺谋**　采访、整理 | **马戎戎**

生于 1950 年，1978 年考上刚刚恢复建制的北京电影学院，时代给张艺谋打下的烙印，太过鲜明。中国改革开放 40 年，也是中国电影现代化的 40 年。在这个过程中，张艺谋与他的“第五代”的同学们，是开拓者，也是中坚力量。

《影》，是一个关于草根的故事。2018 年，是改革开放四十周年，也是我从艺四十周年。

9 月 30 日，我的第二十五部电影《影》就要上映了。在我的作品中，我觉得《影》是一个很有特点的电影。这是一个古装片，一个关于替身的故事。从三四十年前看《影子武士》开始，我就一直很想拍一个关于替身的故事。

中国古代的资料中很少有关于替身的记载，如果有的话，也就仅仅是几句话，很模糊。我觉得这一点很特别，很吸引人。我不信几千年的封建社会，帝王将相没用过替身。后世认为秦始皇是用过替身的，但是没有记载。

最近的 10 年、20 年，我们的市场飞速发展，古装戏拍了一套又一套，一遍又一遍，重拍又重拍，一直没人拍替身。正好朱苏进写了一部三国故事，叫“三国·荆州”，我读了很喜欢，就想与他合作。

所以，我把朱苏进这个小说和剧本拿来，彻底把它改成了一个以替身为主的故事。我喜欢这个故事。因为《三国》是帝王将相的故事，充满着权力、战争、谋略。这里主角永远是皇帝和侯爵，是一个贵族阶层的游戏，没有老百姓。我觉得如果把一个老百姓设置成主角，那会很颠覆。所以现在的版本里，我把三国背景取消了，转而更突出平民的主题。

《影》的主角是一个平民，一个草根。我的重点其实是写这样一个平民的故事：不管是草根逆袭，还是什么农民起义，还是反抗、求生、野心……随便，这是一个人的故事。它脱离了权谋，脱离了老一套古装戏的规范性主题，我喜欢这个。

我个人从来不高看自己，始终觉得自己就是个手艺人，有幸从事了自己喜欢的职业。本来我就是一个普通人。我两个弟弟都是普通工人，早就退休了。我同代的朋友，没有大知识分子，都是在咸阳工厂工作，现在也全部是退休的，而且就是普通工人退休。我本来也在工厂待了7年，家庭出身也不好，没有时代，没有机遇，没有各种偶然性，就不会今天坐在这里。

一步一步，都是时代造就我们。1977年10月，中国废除高等学校招生的推荐制度，恢复文化课考试，择优录取。那年我知道恢复高考，但是还没有醒过味来。我觉得，上大学和我没关系。1978年，大学继续面向社会招生，我醒过来了。好像可以上大学了？好像家庭出身不是障碍了？ 1978年之前，北京电影学院还叫中央五七艺术大学电影学校，1978年才恢复成北京电影学院。那时，我的文化课只有初中二年级水平，只能通过文体特长想办法。在朋友田钧的建议下，我决定报考北京电影学院摄影系。

后来，我成了我们那一届学生中年纪最大的，“老谋子”的称呼，就是这么来的。所以我的作品从一开始，就比我的同学要极致一点。这似乎也有一种焦虑感，因为我是全校年龄最大的，当时觉着我起步也很晚，所以当时有这样一种心态：急于表现出原创的精神来，就怕没有时间了，没有机会了。

所以我那时的作品，会呈现出一种形式感的张扬。其实一直到今天，我仍旧非常喜欢形式感的东西。包括《影》也一样，它的黑白泼墨风是非常形式感的。今天的我会更理性一些，不再急于去表现什么。但我还是认为中国电影的形式太少了，我们有时候框框多，所以形式本身开掘得就不够。我很愿意去探索一些新形式的东西，比如《2047》这样的演出。对这种形式的东西，我有着天然的好奇心。

我记忆里的20世纪80年代，是一个非常可爱的年代。那个年代，百废待兴。大的社会动荡已经过去了，国家也不会发生大的战争。社会进入了一个和平时代，一个安定的、平稳发展的局面。我已经当上了导演，做了自己喜欢的事，接下来要想的，就是我要做什么，我能做什么。

那个年代，全民都在思考，全民都在谈论文学和艺术。我还记得，当年，作为北京电影学院摄影系一年级的学生，去看第一届“四月影会”的情景。一开门，人群不是一个一个走进去的，也不是一列一列排进去的，人是一整块，一大坨，从室内移到了室外，你在人群中，根本就不能自主迈腿儿。每张照片前面至少有五排人。

所以才有那么多优秀的小说，给创作提供了资源，所以我们才有了“第五代”。好像多么了不起。但其实那都是时代造就的，一点也不敢夸大，我们没有那么大的本事。“第五代”导演的电影在20世纪八九十年代的国际影坛上摘金夺银，当年我被称为“得奖专业户”，好像逢奖必得的那感觉。其实是因为那个时代赶上改革开放，我们赶上了发展的大浪潮。“文化大革命”结束之后，外国人对中国新电影年轻一代有极大的好奇心。他们对这一批电影有着更多更复杂的解读，也提高了你作品的意义。于是就变成“第五代”在20世纪八九十年代的国际影坛上叱咤风云。

“第五代”是一个历史名词。那个阶段的历史任务早就画句号了，历史结束了，那个过程也结束了。那个时代，因为是从“文化大革命”过来的，所以喜欢从集体、从大处着眼来评价。今天任何一个年轻导演的作品，都很难再用“代”和群体这样的集体观念来评判，每一个人都是导演自己。

“第五代”是时势造英雄，是那个时代的产物。现在“第五代”作为一个整体已经不存在，当然人都还在，都干着活呢。我们不是天才，时代影响我们。如果没有那个时代的文学艺术，没有那个时代全民的反思，我们第五代算个什么呀，啥也不懂。所以实际上是时代给了我们源泉、土地土壤，我们只是顺应时代做了一些事情，何况还借助了文学作品的强大，所以我一点都不高估自己，我做的东西都是在时代中做的，都是借助时代的力量做的。但是做得很好，也锻炼我，让我觉得自己也能思考。

20世纪90年代，包括2000年以后，新一代成长，步入商品和经济的时代，跟国际开始接轨。这个时代给了我们很多人新的命题，包括价值观发生改变，我们有新的多元化的思考。《英雄》也是时代到了这一步，要走电影产业化的方向时才能产生的。我拍《英雄》完全是无意识的，但就是开了这个头，商业大片也罢，票房冠军也罢，就哗哗都来了，其实就是步入了商业化时代，完全就是撞上了，早一年晚一年都不一样，那就是王艺谋、李艺谋的事情了。

我其实是在"第五代"中被误会的一个人。我们对"第五代"的印象是思考的一代，但我其实是个另类。属于我自己的第一部作品是《红高粱》，那是充满了娱乐精神的电影，唱了三首歌，跳了两段舞。后来我拍《英雄》《黄金甲》《十面埋伏》，还拍动作电影，我根本不抗拒它。

本质上，我认为我一点都没有抗拒过娱乐性。生活中，有时候我拿了一堆碟回来，也经常先看商业片，把文艺片搁到最后，还看是不是话题，有时候看到一半看不动了，我就关了。

对我自己来说，我没有那么高看自己，我其实是一个从老百姓当中长出来的人，也没有那种世家子弟的优越感。我认为电影不是哲学思考或者参与哲学思考的形式，电影就是可以承载很多东西的游戏，一个幻觉，一个梦。你真的不要把它端那么高，你要是端那么高，你可以学哲学、学思想、学社会学，你写诗都可以，这些东西深。但电影真不深。

申奥片的拍摄，包括奥运会总导演，是我自己愿意做的。中国人嘛，总是有一份特殊的情感，奥运会在自己家开，所有中国人把它看成一种光荣，我也是这样一种心态。从个人角度，这种机会一生只有一次。

我从创作上第一次有机会接触这么复杂的一个体系。最后没病没灾没退缩，把它完全做下来了，这对我真的是一个考验。

我生于1950年，我们这一代导演，是在一个非常政治化的时代中过来的。赶上那样的时代，是没办法的。我们从政治时代来到了这个交融、裂变的时代。我的平常心让我能正常、健康地面对时代。有媒体认为我做的是投机选择——怎么可能投时代的机？

很多东西都是跟着时代走的。去拍很多商业电影，也是这个时代带给我的信息，我愿意去尝试——有几部不见得是我真正心里想拍的，但是我自己在导演技术层面也得到些锻炼，比如拍不同风格的动作、商业电影的故事怎么讲、视觉上怎么营造、和电脑特效公司怎么合作等。手艺人嘛，还是要练手艺。

如果我不愿意拍商业片，可能我会获得另一部分人的赞扬，觉得张艺谋“很坚持”。但人是靠夸奖生活吗？也不是吧。我的人生也并不是要做一个样子给别人看：我相信每一个人的选择都是自己愿意做，不是要考虑别人怎么看。

我自己做的事情绝对不后悔。该发生的就发生，停留在对它的后悔不后悔没有用。那时候对于商业时代的到来，所有人都有迷茫。对我自己来说，选择一些东西、迎合一些商业诉求，也好像是一种时代的影响。成也罢，败也罢，过去做的事情都是时代留给个人的烙印。

奥运会后的这10年变化非常大，更新换代更快。“90后”成为观影主力军，社会也发生了很大的变化，网络时代迅速来临，影响了我们所有的人。颠覆性非常大。从电影的角度来说，中国电影经历了接连的票房高增长，“世界最大票房市场”突然就到来了。然而，今天的中国电影，在国际影坛上很难再现“第五代”的摘金夺银。不是我们的水平变化了，是他们的眼光变了。

开放这么多年，又是互联网时代，他们对中国的了解已经够多了，所以他们不再抱有猎奇和神秘的角度打开一扇大门，就会更客观地来看你，作品本身就要更过硬。还有一个就是我们市场非常好，我们的媒体天天宣传我们的票房，第一、第一、第一，这个话说多了以后，人家很容易把你当“暴发户”，也就会觉得你们的电影都很商业。

《长城》是我对“重工业电影”的一次尝试。当年这个项目打动我的，是我经纪人说的一句话：“导演你想没想过，一部中国电影在全世界 150 个国家首周上映，同时开花？”我们之前一直把好莱坞挂在嘴边，但没有人真正进入这个体系去工作。我当时认为，这是借水行船非常好的一步。因为看这种电影的是年轻人，加上附带的动漫和游戏，如果电影成功了影响力会非常大，可能还会有续集，成一个系列……那就是一代人的记忆。这部电影是中国题材，有中国人的美学、思考、习惯、形象，可以通过这类电影让几亿人了解中国。这不是从中国选一个演员去好莱坞打个酱油那种合作，这是从“根”上来做的。

我在《长城》这部电影上花了 3 年多的时间，学到了本事，长了见识，也看到了其中的糟粕。最后，一句大白话：做好你自己。我认为，《长城》最后的票房没有达到预期，主要的原因有两个：一是这个剧本是一个十几年前的老剧本，非常老派；二是这还是一个中国故事。虽然搭了好莱坞的车，但是在全世界 150 个国家还是不能成为爆款。要真正成为爆款，可能还是要等到中国更加强大了。

● 采访手记

在张艺谋的新工作室里，有一个空间，几米高的墙壁上，挂满了他从艺以来的所有海报，从《红高粱》到《对话·寓言2047》无一遗漏。

站在那面海报墙下，会感受到一种无形的冲击力。

从1978年考入北京电影学院摄影系算起，2018年，张艺谋从艺已经整整40年。如果要探讨人与时代的关系，张艺谋和他的作品是一个无法绕过的典型案例。在当代电影研究领域，包括张艺谋在内的“第五代导演”，被称为“改革开放代导演”。他们获益于时代的转变，得到上大学的机会并脱颖而出，每一个个体都受惠于时代变化，也因时代不断发展而培育才华。这一批导演应时代革新登上舞台，也成为改革开放景观中具有持久生命力的独特群体象征。这其中，以摄影师身份起步的张艺谋，每一个创作时期，都跟随着改革开放的步伐而拓展延续、改变创新。

张艺谋各个时期的创作，看似反差极大、无迹可寻，然而事实上，“求变”“求新”一直是他内在的动力。让“第五代”登上时代舞台中心的那部《一个和八个》，借鉴了当时国外最新的电影语言，革新了中国电影的影像表达。结尾处的影像，牺牲的战士躯体摆成一个大大的“人”字，凸显出了改革开放人性解放的精神。《红高粱》则将人的内在精神状态用写意手段外化，呼喊出轰轰烈烈的人性之光。《秋菊打官司》《有话好好说》等作品，从新时代的乡村转型到中国都市文化的兴起，张艺谋都敏锐地观察到了时代的潮流，并用自己的作品予以探讨展示。

进入21世纪后，张艺谋又以自己本身的艺术修养和影响力，成为推动中国电影商业化进程的中坚人物。尽管评论界对此褒贬不一，但他确实成为中国电影人与时代相呼应最密切、最为成功的代表者。在很多时代转折的当口，他都是那个“第一个吃螃蟹”的人。

事实上，中国改革开放40年，也是中国电影现代化的40年。从视听语言的现代化，到工业体系的建立、商业规则的规范化，中国电影在这40年里，逐渐摆脱了西方主流电影界眼中的“奇观”地位，融入世界主流电影体系。其实，走近张艺谋，会发现他身上有很多优点——朴实、低调、谦虚、踏实、勤奋，乃至在这次采访中流露出的感恩、知足。他身上保留了老一代电影人的很多作风，比如重视剧本、重视人物刻画。

他的很多被知识界诟病的观念，比如关于个人与集体、个人与国家的关系的理解，其实都是“50后”一代普遍的思维方式。几年前的一次采访中，我问过他：“你认为自己是一个现实主义者，还是一个浪漫主义者？”

他回答：“我们都是现实主义和浪漫主义的结合体。”

孟京辉

“先锋”，多好听的一个词

口述 | **孟京辉**　采访、整理 | **驳静**

“戏剧它不能改变人的生活，但可以改变人的看法。”

我 1992 年从中央戏剧学院导演系毕业，把自己投掷到社会。但学校和社会，差别不大。20 世纪 90 年代，大家都迷茫。我跟廖一梅和几个朋友到三里屯喝酒，她要一杯橘汁，我要一杯啤酒。该散场了，可大家都坐着，迟迟不动身，大眼瞪小眼。为什么？因为不知道该怎么结账，那时没有 AA 制，更没有钱，就这样互相看着。

这一次结账行为，我到现在都记得，因为那种不知所措的情状太叫人印象深刻。生活叫人不知所措，工作也是同样。当时我们理想非常灿烂，但无事可做。胡军、郭涛他们就在学校溜嗓子，我就找他们排贝克特的《等待戈多》。

这是我排的毕业大戏，还给自己起了个宣传口号，叫“超实验废墟摇滚话剧”，现在想来真是闹着玩儿。我清楚地记得，学校给我批了 1000 元钱，我花超了 80 元。我们买了颜料把四楼礼堂通刷一遍，刷成雪白，买了道具，还有 100 多元吃了饭——可能就是多吃了两顿饭给超的。

胡军扮演弗拉基米尔，每次演到结尾，他都要伸出一把雨伞，击碎窗玻璃，第二天再给安一块新的，道具钱就是这么花掉的。1989 年 12 月 31 日就想演《等待戈多》，用它给 80 年代告别。但就在那天中午，我接到学校通知，说晚上演出别进行了，老师不支持，觉得“瞎胡混什么”。演出是没演，但就在中戏操场煤堆那块儿，胡军和郭涛他们还是穿着军大衣，把台词都给念了。戏剧就这样瞎弄了一些，但又觉得自己做的东西肯定是好东西，怎么肯定？因为老师们都不喜欢。这帮老师一不喜欢，毫无疑问，我们就觉得特来劲。

1993 年，我导的另一个戏《思凡》参加北京小剧场展演，在研讨会上遇见一个日本戏剧制作人，叫丹羽文夫，他问我想不想去日本学习。我心说，日本有什么可学的。我只知道日本有个铃木忠志，还有什么？我不知道。过了几年，1997 年，丹羽文夫又出现了，他说，日本有一个文化基金，可以资助我去日本，一天能给我差不多 120 美元补贴，可以连续资助我一年，还说“这是世界上最好的奖学金”。我一听，这可以。

到了东京，丹羽文夫甚至让我住他家里，好帮我省下住旅店的钱。他家有一条大狗，名字叫西巴，纯种斑点狗，大色块，眼神不太好。这条叫西巴的狗，后来我还梦到过。所以在日本的半年，我过的是什么日子呢？下午游泳，晚上看戏，看完戏得晚上 10 点，我再骑自行车，车把拴着西巴，带着它，在中野遛一圈。每天如此。有时候我遛完狗，丹羽文夫还在那忙，我俩就聊聊天，然后睡觉。一睡睡一整个上午，第二天起床，继续过这样的生活。除了在东京看戏，我们还去过一趟名古屋和大阪。

去也带着狗，丹羽文夫开车，狗坐副驾，我坐后排。丹羽文夫的夫人是大阪的教授，二人一起建起一个特别特别小的剧院，叫 Little Alice（小爱丽斯剧院），只有 80 个座位，后来我的《思凡》和《我爱 ××》都去那演出过。

所以日本培育了我在戏剧上一种全新的思维方式。它可以有这么小的剧场，它也可以是东方的，同时呢，它又接受强烈的现代观念。那个时期，我正在成长，我觉得自己没那么拘谨了，没那么狭窄了。现在想来，所幸没有把我扔到美国这样一个戏剧形态单调的土壤里，也不是去了有强大戏剧传统的欧洲，而是日本这么一个跟自己有关，却又很丰沛的文化环境里。

我突然感觉到，戏剧它不能改变人的生活，但可以改变人的看法。日本之后，我一点点抛弃原来那种特别象牙塔的东西，因为它们跟"人"无关。如果戏剧能够跟更多的人发生交通往来，才重要。如果一直徘徊在学院派灌输给我的东西里边，我觉得特没出息。

话是这样说，但我还是躁动，想排戏。本来我可以待一年，但半年后我就回北京了。回来的时候，哥儿们已经是大款了。我在日本，一天基本只吃牛肉丼，一顿才花 300 日元。我集结了七八万元人民币就回来了。哥儿们牛了，你们什么臭电视剧，破广告，跟我没关系了，哥儿们排戏了。

达里奥·福（Dario Fo）是一个社会性的剧作家，他面对的是人的尊严和公平问题，这些问题很具体，跟具体的人产生巨大的关系。讨论这样的问题，我觉得只有放到更大的人群里去才不虚伪。所以这部戏我一开始就要做大剧场。制作人觉得没人看，我坚持说，小剧场坚决不行。

我们就在北京人艺演，800人的场子，前10场稀稀落落没几个人看。大家急了，说，亏了，完了。我心说，亏不亏跟我有什么关系，亏，你们制作人就得承担，人生你都得承担呢，这点事儿你都承担不了？人家就说，又不是你赔钱，我说，我这儿还赔名声呢。因为大剧场小剧场，我们就吵起来，“没人看，没人看，怎么办”，不可开交。我还给人出主意，卖不掉票你就降票价，或者干脆请大家进来看。这才是达里奥·福最初的意图。

主演是陈建斌，那时候谁知道他是谁。我跟他排完，我说，30场挺多的，咱俩得坚持住。后来，为了坚持，我自己也上台。我现学了几下吉他，在舞台边上坐下来弹。就这么坚持着，前10场是真没人。后来他们把票卖起来了，我记得，800多人的场，全满。我亲眼看见，一个笑点弄完，那效果就跟拿一根火柴点着似的，呼啦一下。观众的笑声真就像海浪一样，从第一排往后蔓延，哄……特别快就过去了。太来劲了。

那是1998年。达里奥·福那时候已经得诺贝尔文学奖了，我本来是学文学的，早就喜欢他。两年后，我和廖一梅到米兰参加一个艺术节。见到了达里奥·福，我跟他那张合影就是廖一梅给我俩拍的。这张照片，现在都不知去向了。

到了米兰，先见了达里奥·福的爱人，到了她的办公室，我们见到一位特别优雅的女士，达里奥·福作品演出的录像带，她送了我们一堆，我就提溜着一个大兜子去见达里奥·福。在他们夫妇离办公室不远的家中，我们见到了达里奥·福。我说："我从中国来，就想见见你。"我带着报纸上的报道，给他看陈建斌主演的剧照。他说："你排的这个戏，看的人多吗？"我说："很多人看。"他听了就笑，说："很多人看，这还是我写的戏吗？"

后来我想起来，觉得应该问问他作品里关于音乐创作的部分，但当时没问，挺遗憾的。但没关系，也挺好。《一个无政府主义者的意外死亡》里，陈建斌有句台词，大概是说：我一直看不上那帮先锋派，十个八个破纸盒子，十个八个破电视放在舞台上，这就是先锋吗？我看这是哗众取宠。别人说我拿这话自我揶揄，其实我是讽刺那帮批评我的人呢。

也说不上谁率先使用"先锋"这个词，反正大家就管我们排的这些戏叫先锋戏剧，因为区别于当时中国比较现实主义的主流戏剧。这个词仔细想想，还挺好。"先"是一个时间概念，就是时间上你比它早一些，走在更前面，"锋"是一个物理空间概念，它更锐利一些，可以破掉一些东西。所以，"先锋"，它准确而宽广，多好听的一个词。

去日本的时候，我跟廖一梅说，是不是应该写点男女之间的激烈冲突，特别来劲。阿莫多瓦（Pedro Almodóvar）有一个电影叫"捆着我，绑着我"，讲的是从精神病院重返社会的年轻人里奇，找到自己钟爱的色情片女明星示爱，他示爱的方法是绑架她，囚禁她，要求她"像他爱她一样爱他"。电影易于展示现实细节，而戏剧可以更宽广地表现这种剧烈的情感。

关于"剧烈情感"的想法，我在日本的时候廖一梅跟我聊过一点。等我回到北京，她说，要不要发展一下。她已经写了好多相关的台词，只是没有合在一起。说发展就发展了，发展成了一个剧本，就是《恋爱的犀牛》。剧本我一读，太好了，我有感觉，愿意排。我找了张广天做音乐，我做导演。我把廖一梅文字的力量、演员、音乐这些东西，凑到一起，再加上自己的文学思绪，开始排。排到后来，我感觉到，这个戏能喷发出来。

《恋爱的犀牛》不是一个现实主义的戏。一个犀牛饲养员，杀了犀牛，把犀牛的心掏出来，献给他的爱人，现实生活中哪有这种事。但它透露出来的是一种筛选过的人类的极端情感，实际上就是你和我、男和女之间永恒不变的东西。

落实到演员表演，就不能太写实。《恋爱的犀牛》1999 年首演，到 2003 年重排，男女主角换成段奕宏和郝蕾。段奕宏那时还叫段龙，后来他是演好了，排的时候很艰难，因为最开始他的问题就是表演太写实。我希望他可以从写实出发，但最后要达到一种美好的抽象的状态。可这种表演跟电影电视剧的不一样，不是每个演员都能轻松达到。段奕宏在过程中就很痛苦，我太知道这种挣扎是怎么回事儿了，演员身临其境，实际上很脆弱，同时也很勇敢。

这个戏到现在，马上20年。已经有过十几个版本，演员换过好几拨。大家说，它成了一个经典。你要问它现在自由生长了吗，我觉得并没有。尽管有时候，在蜂巢剧场，年轻观众明显都不认识我了。有一次《恋爱的犀牛》演出，我去欢迎大家。一般观众来看戏，碰到我在，太高兴了，“孟京辉来了”。那天，我举着话筒，一看就知道，大家眼神里有疑问，“这谁呀？”我开始说话：“欢迎大家来，我们今天要演的是《恋爱的犀牛》，我是这个戏的导演，我叫孟京辉。”“哦，哦……”他们反应过来。但是大家都认《恋爱的犀牛》，知道好多从这戏里出去的金句，知道廖一梅。

它没有自由生长，是因为，往往它长一长，我就给它扳回来。而且这一“扳”，还挺重要。为什么它能活这么久，除了可能因为剧本好，我们的表演观念对头，我、演员、舞台美术不断地变化，符合当下审美。20年、30年就在不断改动中走了过去，很来劲，很锐利，也很迷人。

● 采访手记

“要是你们能等到乌镇（戏剧节）就好了。”我见到孟京辉时，他正在上海排他改编的《茶馆》。这是第六届乌镇戏剧节的开幕戏，2018年10月18日要首演，这期间他“没有别的心思”，拒绝了其他所有采访。从缝隙里抽出的这两个小时，孟京辉的状态的确与戏剧节期间迥异。作为乌镇戏剧节发起者之一，自2013年开始，10月的其中两周，戏剧观众熟悉的“老孟”会出现在乌镇各个角落，维护剧场秩序，接受许多采访，忙碌但状态松弛。

他在乌镇接受采访时常会在名为“恋爱的犀牛”的咖啡馆。显然，《恋爱的犀牛》仍然是孟京辉所有戏剧作品里最受欢迎且名气最大的一部。《恋爱的犀牛》之前，孟京辉以“先锋”“前卫”著称，从1989年到1999年的10年间，这一身份由《等待戈多》（1991）、《思凡》（1992）、《我爱××》（1994）和《爱情蚂蚁》（1997）等作品，一步步确立起来。1999年岁末，在《先锋戏剧档案》的编后记里，孟京辉写道：“10年过去了，我们确实改变了戏剧。”

他所说的“改变”，不仅是指他的作品创造过的演出纪录，恐怕更是指将先锋戏剧带入主流文化，甚至，促使中国戏剧创作者为人们带去“间接影响”。

公认为中国当代戏剧开端的作品是林兆华的《绝对信号》，那是1982年。20世纪80年代中期至90年代中期的10年间，孟京辉与牟森两位由文学进入戏剧的导演，却也共同引领了中国当代戏剧的整整10年。而后，当牟森离开戏剧圈，孟京辉的作品越来越受到市场欢迎，陆续又有《两只狗的生活意见》，自2006年首演后，成为孟京辉戏剧工作室的又一代表作。

下一个重要节点则是2008年。这一年，《恋爱的犀牛》即将迎来第十个年头，同时，孟京辉找到一家孤独的单体电影院，改造成“蜂巢剧场”，这个剧场给一位话剧导演带去安全感。在这个大本营里，孟京辉办起了北京青年戏剧节，“先锋”从一种戏剧美学意识，成为孟京辉的姿态和品牌。“青戏节”与年轻戏剧人发生密切关联的理念又进入乌镇戏剧节，以“青年竞演”单元出现。这让乌镇戏剧节不只是一个单纯的国际剧目演出承办者。

乌镇戏剧节由陈向宏、黄磊、赖声川和孟京辉共同发起，经过五届，已经“被培育得很好”。最开始邀请剧团到中国演出，他们只知道北京和上海。短短5年已获得国际认可。这种认可怎么体现呢？孟京辉跟我举了个例子，今年他去俄罗斯参加金面具戏剧节，到圣彼得堡大剧院，负责人跟他说：“莫斯科剧院去年去了，今年又要去，明年怎么也该到我们了。”

在孟京辉的“先锋时期”，有人批评，后来连“先锋”都落伍了，没人提了。有人开始批评“商业化”。在孟京辉自己眼里，批评他“先锋”的人是没头脑，批评他“商业”的人是不高兴。商业与否，孟京辉都持续受到关注。他按照自己的方式走，这么多年，越走越宽。

张亚东

流行音乐是一种情绪

口述 | **张亚东**　采访、整理 | **黑麦**

音乐的情绪是一直在变化的，制作人张亚东觉得“音乐应该找它真实的美感”，他认为，今天中国的流行音乐失去了一些最直接的东西，变成了深思熟虑的产品。

1969年，我出生在山西，小的时候在剧团长大，母亲是唱晋剧的，所以跟着剧团走南闯北，下乡演出的时候，就住在老乡家里。在我很小的时候，就去过了很多北方城市。

我对于传统乐器有一点天赋，扬琴、二胡，看得久了，自然能摆弄几下。有一次，我偶然听到了一盘古典音乐的磁带，大概是一个几重奏，我已经记不清了，只是觉得那些音符和我平日里听到的戏曲很不一样，那些音符就像是打开了一个全新的世界。就这样，我开始对西洋乐器产生了兴趣。我小时候，家里管教很严格，条件也很艰苦，没有钱买乐器，于是就借来一把破旧的大提琴，家里人还在大同给我找了音乐老师，从最基础的学起。练琴的时候感觉好神圣啊，每段练习曲都值得弹好久，就是这样。古典乐让我意识到音乐中是有一种仪式感存在的，里面没有民乐那种喧嚣调子，很平静，像是心跳。

后来，我在一位华侨那儿看到了一把吉他，就走不动道儿了，当时他只是扫了几下琴弦，我就觉得那声音很特别，莫名其妙地买了回来。那会儿没有人会弹，我就自学，当时的很多人都是自己摸索着学乐器的。在物资匮乏的年代，想学会一样乐器是非常难的事，因为根本没有书本教材可买，更别提有什么视频资料了，那时候听说谁有本琴谱，就去人家那里软磨硬泡地借。好像当时的人对于学习都有一种渴望。

20 世纪 80 年代，走穴突然开始了，电声乐器创造了一种新的音乐，走进了人们的耳朵里。我跟着大同市歌舞团演出，就这样慢慢地放弃了古典音乐。当时的演出团体非常多，很多有才华的古典演奏家都转行了，因为意识到在那样的城市里演奏古典音乐实在不现实。那段时间就像贾樟柯导演的《站台》里发生的故事。

走穴演出那会儿，有件事让我印象非常深刻，大概是演出完了的第二天，我们的乐队丢了一把吉他，就在我们报警以后，那个看剧场的人上吊了。其实那把吉他在当时也不算很值钱，但是我想那个人可能有一种责任感，或者负担，或者说把一些事情想象得很大，我有点理解那种压力，特别是在那个时期，我突然觉得人们还没有摆脱一种沉重的东西。我后来也意识到，那个时候的流行音乐，不只是一种音乐，它更像是一种精神寄托，我能体会到观众需要那种声音。

来北京之前，我在团里的一些创作拿了奖，那些作品都是歌颂矿工和团里的东西，虽然觉得这些音乐也是有感而发的，但是仔细想想，我们的作品里还是缺少一些内心的东西。就在这段时间，我看到了一些从北京传来的乐队的消息，觉得那里有我想要的音乐环境，有点艺术殿堂的意思，所以我就辞掉了工作，准备到北京去。

20 世纪 90 年代初，我到了北京，拿着作品去录音棚，有人觉得不错，就给了我工作，也算是幸运。不过，北京也没有我想象的那么好，毕竟大环境都是一样的，没人愿意听那些太个人的创作，所以我当时就专注写歌，给刘欢、韦唯这些歌手，还给晚会做音乐，那时候，作曲家董兴东对我的帮助非常大。

很多年以后，我开始和“红星音乐生产社”合作，他们在当时做了一些比较前卫的音乐，“希莉娜依”的个人专辑是我的一次“试水”。也正是那会儿，我认识了这家公司的另外一位歌手，许巍。那个时候大家都是懵懵懂懂，都需要倾听的对象。我们在中央人民广播电台的录音棚里坐到深夜，有的时候，许巍几个小时都唱不出一句，因为压力很大，他常常陷入到一种沉寂的状态。当时录音还用的是“开盘带”，如果唱不好的话，我要把带子停下来，再倒回去，重新放，再开始，这个过程非常漫长，歌手常常在等待的过程中无法集中精力。这种经历是今天的音乐人体会不到的，今天的设备可以让音乐人独立完成创作，不受干扰，而我们当时，几乎是在应用时不断地充实着经验。那时候我就觉得，写一首歌是很个人的事情，但作为作品呈现的时候，你要学会沟通、表现，还要面对很多商业的东西，或许还有妥协。

1998 年，刚好赶上世界杯，我和朴树一边看世界杯一边做唱片，但我们实在是太精益求精了，对制作和技术要求都非常高。当时资金方面也出现了问题，好几次都想要放弃感觉坚持不下去了，所以那张唱片做得真的非常艰难。我和朴树还是挺合拍的，他都用吉他写歌，用吉他写歌不像用钢琴调性那么开阔，很容易套路，而朴树不一样，他写的歌里有很多听起来像民族的东西，有五声音阶。

我经常被他拿一把吉他的弹唱感动，但音乐全部做完之后，反而没有随意弹的感觉了。出《猎户星座》之前，朴树将他租的房子的地下室改成排练室，每天跟乐队在里面死磕，他就是这样。录《那些花儿》的时候，他自己也会被感动到，比如开始那一段是没有歌词的，他觉得哼哼下来就很好。他很自我，我也曾经推荐过台湾很优秀的编曲人给他，但是他不喜欢，我觉得他可能是排斥那种过度职业化的东西，所以在我这里找到了一种平衡。

写歌和做音乐有很多不同之处，写歌是情感，不需高超的技巧，而技术往往限制创作。在我看来最好的组合，是技术和个人感受的完美结合，一个录了一万遍，雕琢了一万次的音乐，往往不能打动人，让人感同身受的常常是灵光一现的感觉，是一种很微妙的东西。比如崔健的歌，他的吐字方式、发音的位置会让人产生一种奇妙的感觉。比如你觉得张楚、郑钧、朴树和许巍有很多相似的地方，但是我从声音可以分辨出他们的不同：张楚是孤冷的；郑钧有一些色彩，有不屑、幽默感；朴树和许巍都不放松，却表现出两种拘谨，这些声音所反映的都是那个年代的情绪。

"地下婴儿"是我个人非常喜欢的一支乐队，他们所有的编曲是在演出过程中慢慢形成的，中途没有太多思考，一气呵成。其实音乐就是一口气，不用过分雕琢。他们给我带来了不一样的感受，他们不太愤怒，有时候甚至很幽默，这对我来说是很难得的，王菲的《闷》就是受到他们的启发。那个时候，我们想到什么，就会赶紧录音，人要尝试把他的积极性固定在那里其实非常难。那个时代没有什么干扰，每天一起来就是这些事情，会特别容易持续在那个状态里。这个时代，让我做一个令所有人满意的专辑，可能要花上10年，甚至更长，因为被影响的东西太多，想要的太多，思路也总在不停地变化，很难持续在一个点上。以前都是一个月，甚至几天就能出一首歌，现在讲究比较多，音乐也渐渐失去了最直接的东西，都是经过深思熟虑的。

20多年前，在东四的忙蜂酒吧，我也不知道为什么就突然跑上台狂喊，在这个年纪回看过去，觉得可能是当时被某种情绪感染了。我总是怀念那个充满灵光和激情的年代，现在大家都变得非常技术流、非常冷静，以前超乎想象的能量可以让音乐放大无数倍，不像现在都不敢下手，那个时候没有对错之分，每个“错”都可能成为点睛之笔。我觉得今天的音乐需要更真实的感受，那种真实无关技术上的对与错、简与繁，就像坂本龙一的“8小节”。

20世纪90年代初，我与窦唯结识于一个酒吧，然后就一起玩音乐，一起在酒吧里演出，他组黑梦乐队的时候，我帮他弹键盘，他的内心有着自己极为完整的音乐世界。后来我通过窦唯认识了王菲，我给她弹过一段时间的吉他，我跟她合作的第一首歌是《飘》，在《讨好自己》那张专辑里。通常的创作是先有词，再谱曲，1996年王菲出的《浮躁》是一张完全反过来做的专辑，我做完编曲，王菲再填词。所以在这张专辑里，唱的旋律不是主打的，它更像是音乐的一部分，在当年，很少有人敢这么做，其实我倒倾向这种——音乐优先。

其实《浮躁》是一个有点“低保真”（Lo-Fi）的东西，后来的专辑《预言》也是这么操作的，但对于一个已经成名的歌手来说，真要鼓起勇气去做一张这样的专辑，也要有足够的能力和信心。她没有给我什么限制，也从不开会，说录就录，有的时候唱破了，轨道冒红了，我说“补一句”，她回答“破就破吧”。她那时特别放松，状态很好，在不按套路出牌时，总能带来惊喜，现在很难遇到这样的歌手了。

我来北京之前就给自己立下目标，我一定要在30岁之前做一张专辑。碰巧有一个公司找我，于是就有了1998年的《Ya Tung》，制作只有一个月的时间，所以特别随心。过了10年，2008年我开了新作品音乐会，请了很多朋友来唱《潜流》。我做了几十年的制作人，大概知道什么样的作品会有什么样的反响，自己还是能判断出来的。这歌我能听出来要红，会有人喜欢，但我觉得不是很有意义，能做出自己理想里的声音，营造出空间感，对我才是最重要的。显然，这并不是大多数人最关注的东西。

音乐和人一样，会有很多性格。音乐不是万能的，跟人的状况是有关系的，是一种情感的投射。之前看大卫·鲍伊（David Bowie）的展览，他的艺术就是他的生活，而我们现在错位了。我不认为自己是挑剔的，我从20世纪70年代到现在经历了这些改变，可能不能用语言总结。但感觉在那里，会理解一些行为，无论是音乐还是歌词，有些人想改变这种状况但是非常艰难的，需要持久。

音乐的情绪是一直在变化的，华丽久了就会愤怒，亢奋久了就会消沉、舒缓，有时候是个轮回，这种变化的趋势，是音乐的走向。现在全球范围内愤怒的音乐已越来越少了，大家都回归到自身的角度，从自身挖自己看能不能挖出其他的东西。音乐应该找它自身的美感，除去你所表达的一点点事情外，若没有音乐之美，对我来说那它就没意义。无论如何你可以表达你自己，但是不要把音乐当成附庸。你可以花钱买一把吉他，你却拥有不了这把吉他的声音，当有一天一个大师去弹吉他的时候你才知道这把吉他原来可以这样。

似乎不会再有一个歌手、艺人像杰克逊那样拥有“统治”地位了，未来不是要求多少人认同，而是自己寻找跟你可以心灵相通的小族群，甚至可以以此为生，就够了。如今中国的整体音乐水平，年轻人的审美、品位，音乐人的水准和技术都已经高到一定程度。单一从创造性来看可能不是黄金时代，但不能小视基础的改变，必将有一天会达到创造力繁盛的时期，这是必经之路。我是这些年轻人的前一代，我也在疯狂学习，经常学了很久才发现，还要再学。其实音乐不神秘，它非常具体又有逻辑，有点像数学，是只要付出努力就可以拿到门票的。

需要从各个角度了解音乐，这样才能知道为什么这个音乐听到这里才让我感动，这是基础的东西，没有捷径。当今速成的东西变得越来越多，但假以时日中国会出现特别好的创作，会再度有黄金时期的来临。未来会变得更丰富，音乐人要做好自己，不管别人认同不认同。

● 采访手记

和张亚东的采访被安排在他位于北京798艺术区的工作室。进门时，他正坐在堆满乐器的屋子中间练习打鼓，他说自己最近痴迷节奏和打击乐的音色，似乎每隔一段时间，他就会给自己找到一些新的课题来练习，因为他觉得听到了好听的音乐，会发自内心地忌妒。讲话时，张亚东消瘦的身体挤在沙发的中间，他仍旧抽着软金桥香烟，这一习惯似乎是从他创作音乐时就开始的。

他的音乐作品贯穿了华语乐坛30年，从窦唯、王菲、朴树，再到之后的莫文蔚、李宇春，从磁带到唱片，再到 MP3 和今天的网络，他用一种漫长的方式构架了声音和质感之间的关系，也塑造了流行音乐与中文旋律的新审美。他是一个较全能的音乐人，至少在音乐方面，他试图用声音技术表达出歌曲歌词之外的含义。

很多人对张亚东的第一印象，仍停留在窦唯的《艳阳天》专辑中的清脆吉他音色上，但是更多的人记住了他给王菲制作的《只爱陌生人》，这些音乐的表达在彼时的中文环境中是新颖的，也是一种情绪的爆发，特别是王菲的专辑，那更像是一次被视觉化的声音尝试，在流行暗涌的音乐元素中，张亚东用一种特别的方式，为 20 世纪 90 年代的鼎盛时期画上完美句号。

张亚东说音乐制作人好比一首歌曲、一张唱片的导演，在过去，这都是作曲家的工作，而在今天，这一头衔被极大地丰富了。“比如李宗盛，他主要把握歌词；有的人喜欢抓录音；而我喜欢用音乐表达。”张亚东说，“我只是不唱歌而已，但我做唱歌以外的所有事情。”

年少时，张亚东便抵触登台，他觉得自己羞于当众展示才艺。“我只是喜欢音乐里的编曲和音色，我一直对做歌手有点排斥，不爱成为焦点，所以遇到很好的艺人是幸运的，像王菲、朴树，他们才是应该发出声音的。我就负责把我想表达的放在里面，挺完美的。”他说。

“我一直认为语言消亡的时候，音乐才真正开始。”几年前，他回老家，参加同学聚会，大家都在各说各话，十分嘈杂，张亚东掏出本子，写上了这句，直到开车回北京的路上，听到音乐响起时，才感到真的平静。后来，这句话成为他的某种创作原则，无论是流行歌曲还是电影配乐，他都觉得要为音乐的响起找到合适的契机，而这个契机，也不只是声音的留白。

第八章
体育：不止于体育

主笔　张星云

北京奥运会是体育领域这40年中的一座最高峰。2008年8月8日晚，北京欢迎你，祥云火炬，开幕式上凌空踏来的脚印，李宁被吊上40米的高空，在鸟巢上跑了一圈。45岁的李宁为了这一圈，每天晚上10点出门去鸟巢，凌晨一两点钟回，连续练了一个多月，体重降了10斤。这是种执念。

那年初，姚明在火箭队的赛季里再次受伤，赛季报销，职业生涯如风中之烛。医生对他说，别打奥运会了，恢复期可能来不及。姚明说，他不管他的职业生涯以后怎么样，北京奥运会他一定要打。这也是执念。

8月18日上午，刘翔进入鸟巢赛场前，用脚使劲踢墙垫，在他用尽各种治疗后，发现自己依然无法忍受来自跟腱的巨大伤痛。他觉得他辜负了全国人民的期待。奥运会后他去美国进行手术，取出了右脚跟腱里的三个钙化物和一个骨刺，发疯似的康复训练，放弃已经熟悉了15年的“八步上栏”，改为“七步上栏”，甚至担上了可能旧伤复发的风险，这些都是错过北京奥运会金牌让他产生的执念。

邹市明2004年拿下雅典奥运会铜牌后拒绝了美国拳击推广人唐·金递出的一张100万美元的支票，23岁的他放弃进军职业拳坛的第一次良机，为了备战北京奥运会，他和教练张传良双双将手机尾号换成了2008，这也是一种执念。

这些看上去不可思议的执念，就是当时整个国家的状态。人们充满了热情，是不容辩驳也不容思考的热浪。人们都在这热浪中燃烧着。

如今北京奥运会已经过去10年了，人们怀念它，是因为它是中国一段30年执念的终点。这段30年的开端是一台9寸大的黑白电视机，左邻右舍挤在电视机前，人们听宋世雄高亢的解说，看孙晋芳的二传，郎平的扣杀落地。中国女排赢了，大家一起涌出去游行，《人民日报》提出“女排精神”。中国女排赢了美国队，就像中国真的击败了美国一样。几乎在同一时期，1981年在诺维萨德，中国队历史上第一次拿下乒乓球世锦赛全部金牌。自此之后直至2015年的苏州世乒赛，17届比赛，7个项目，每个项目17块金牌，中国队仅仅丢掉了21.5块金牌。

体育，成了最快让中国在平等舞台上取胜的方式。

1984年洛杉矶奥运会是新中国参加的第一届奥运会，许海峰实现“零的突破”，中国总共获得15枚金牌。但接下来一届奥运会，中国体育兵败汉城（今首尔），总共得了5块金牌，霍英东在香港宴请中国奥运代表团，却发现冠军们凑在一起连一桌都坐不满。

汉城奥运会后，中国竞技体育确定了奥运争光战略。1990年北京亚运会紧跟在汉城奥运会之后，中国代表团最后得了180多块金牌，韩国代表团第二名，才30多块。自此后，一方面中国竞技体育在奥运会上金牌数大幅提升，另一方面体育发展越来越失衡，尤其是作为最具社会基础和群众影响力的三大球项目不断沦落。

北京奥运会把中国对体育的期待推到了顶点。中国代表队一下子拿了50多块金牌，力压美国和英国，登上金牌榜榜首。北京奥运会之后，人们逐渐放下这30年来牵动整个民族疯狂的执念，重新审视自己的国家，以及自己的命运。我们应该怎么理解体育成绩背后的国运，以及体育的意义究竟是什么。

奥运会后，姚明逐渐从NBA隐退，回到中国成了CBA上海大鲨鱼队老板，后来又成了中国篮协主席，他的国家队AB队政策尽管在颁布初期饱受争议，却在本次亚运会上收获到意想不到的成功。因北京奥运会女子网球整体成绩的不理想，各方决定放女网四朵“金花”单飞，中国网球最终迈出职业化最关键的一步，金花之一的李娜2011年法国网球公开赛夺冠，成为第一位夺得大满贯的中国球员，也让她就此跻身WTA（国际女子网球协会）历史顶级球员。与此同时，中国足球超级联赛逐步进入金元时代。高额的转会费使得各国国脚和名帅纷纷来到中国，撼动整个欧洲足坛。中超联赛的火热与国家队成绩的惨淡形成了鲜明对比。

从1984年为奥运会一块金牌举国欣喜若狂，到2008年力压美国登上金牌榜榜首，再到里约奥运会金牌榜座次受大众关心的程度越来越低，从当年倾全国之力的举国体制，到如今每周末全国各地都有广泛参与的马拉松赛事举行，这40年的历史，是体育的历史，但远远不只是体育。

李宁

巅峰与低谷，不忘初心

口述 | 李宁　采访、整理 | 卡生

20 世纪 80 年代的中国体坛，李宁的出现点燃了中国人的信心，退役后李宁品牌则成为国产体育品牌的领军者。每一次转身，李宁交出的答卷都是对未来希望的开创。

媒体铺天盖地的报道起始于 1982 年南斯拉夫萨格勒布的世界杯体操赛，但对我个人而言，1981 年，是一个更重要的时刻。

那一年，我只有 18 岁，第一次参加罗马尼亚世界大学生运动会，对于一个新人来说我并没有太多的压力和负担，可以说是全身心投入到比赛中。1981 年的吊环决赛，我的分数一直是第一，到了颁奖的时候排名第二的苏联选手和我并列第一，后来才知道，是国际裁判组织在后面做了改分。颁奖现场，中国代表团提出抗议，吊环比赛的裁判组和组委会进行了交涉，现场观众在颁奖现场起哄、跺脚以此抗议。现场一直这样僵持了大概 10 分钟，组委会最终扛不住压力，维持了现场原判给了我冠军。

20 世纪 80 年代初的国际体坛处于“冷战”时期，中国刚恢复体育组织没有多长时间，虽然有一些项目例如乒乓球、女排在世界上获得了一些成绩，但总体来说，20 世纪 80 年代的中国，在现代体育的竞技比赛中，依旧处于弱势位置。那个年代，每个国家派出的运动员都非常优秀，国际体育组织几乎被苏联、欧美集团控制，这就意味着，如果你想赢得胜利，不仅要水平一流，还需要压倒性的分数才能获得好成绩。

同年的世界锦标赛，我由于受伤，并没有获得太好的成绩，而中国男子体操队第一次获得了团体铜牌，颁奖现场第一次升起了中国国旗。可以说，这一年是中国体操以及我个人而言最为重要的起点。

大家所熟知的 1982 年南斯拉夫第六届世界杯体操比赛上，经过一年的备战和训练，我坚信自己有实力获得冠军。但连我自己也没有想到，最终获得了单杠、自由体操、跳马、鞍马、吊环和全能六项冠军的成绩。80 年代的冠军获得者，已经不仅仅是个人的胜利，它超越了体育本身的输赢，在世界舞台上国人看到了我们国家正在发生的变化，以及在世界崭露头角的自信。

我记得在参加完 1984 年洛杉矶奥运会后，3 金 2 银 1 铜的成绩，是我们当年整个奥运军团奖牌总数的五分之一。回到老家广西南宁，乡亲们的欢呼声、鞭炮声、掌声充斥着大街小巷，这样巨大的光环落在 21 岁的年轻人身上，这里面有比较复杂的情绪，兴奋、荣幸、自豪，当然也夹杂了更多的责任感。

从事体育训练的运动员大多数都浑身是伤，尤其是体操运动，更是一个吃青春饭的比赛项目。在经历了 1984 年的巅峰之后，我也想过差不多到了年纪就功成身退，但无奈于当时国家体操队青黄不接，在教练的劝说和组织的安排下，我参加了1988年的汉城奥运会，这一战让我陷入到巨大的痛苦与自责中。

韩国汉城综合体育场，全世界的目光聚集在这里，如果说没有对胜利的渴望和期盼，那是不准确的，尤其是在过去获得的赞誉之下，我必须要为国争光。吊环比赛失利，跳马比赛坐到了地上……我当时整个人都蒙了，并没有意识到这一切发生接下来该如何收场，我听到了现场观众失望的惊叹，我下意识地露出自我安慰的微笑被电视台记录下来，在那个集体荣誉大于一切的年代，这个镜头成为一个不折不扣的罪证，下场之后我和队友哭成一团。这种椎心刺骨的痛苦，虽然已经过去了20多年，但依旧历历在目。我后来想，如果不是这次失利，是否会有后来的李宁运动品牌，是否会继续从事体育教练的工作？我不知道。

回国下飞机时，等着所有人都离开，我独自走了一条灰色通道，从至高无上的荣誉到人生的谷底，感觉只是咫尺之间，对于一个25岁的年轻人来说无疑是重创。嘲讽、谩骂，一时间从四面八方蜂拥而至。在那条灰色通道的尽头，出现了一个人——李经纬（健力宝品牌创始人）。他站在通道的尽头，拿着鲜花来接机，开导我一切都会过去。

现在回头来看，我非常能理解当时曾经喜爱我的观众对我的失望，在那个物资相对匮乏、选择很少的时代，中国代表队在国外赢得的每一块金牌，每一份荣誉，都远超过其本身的意义。但是，作为个人来讲，我确实经历了一个漫长的痛苦过程。

同一年，我正式从体操队退役。退役之后，国家给出了体制内最好的安排，让我在广西体委副主任和国家体操队教练两者中任选其一，但最终，我前往广东三水进入了李经纬的健力宝公司。我常常会想，人生大起大落，给你失败，给你机遇，给你选择，莫不说我们在时代中所经历的一切，最后都只不过是我们人生需要的成长。如果没有汉城之败，也许就不会有“李宁”这个品牌。

从运动员到商人的身份转变，我花了许多时间去过渡。最开始我担任的是李经纬的特别助理，负责公关宣传、市场策划、筹办运动服装厂的工作。后来我们找到了新加坡的投资，“李宁”牌得以成立，主营运动服装。当然我有过纠结，汉城兵败还是心中的痛，那时我已经是一个“罪人”，再这样张扬做生意是否妥当？而李经纬告诉我，健力宝的梦想是要让中国运动员喝上国产的运动饮料，李宁品牌是要让中国运动员穿上国产的高档运动装。

万事开头难，我们在第一次订货会上，无人订货。20 世纪 90 年代的经商环境，有的是机遇和挑战。1990 年的亚运会，我穿着“李宁”牌运动服，从藏族姑娘达娃央宗手中接过亚运圣火，这是一次历史性时刻。当初为了拿到火炬传递权，我向国家体委谈起了自己的创业梦想，以及“国产”品牌的责任，而最终我争取到了这个机会。亚运会结束后，李宁公司收到了 1500 万元的订单。从 1992 年巴塞罗那奥运会开始，中国的奥运军团上台领奖穿着的“李宁服”成为中国国家队的标配。而这，正是激励着我不断走下来的动力。

李宁公司一路走来，其间有过许多反思，这个运动品牌最终是要走向体育专业化用品，还是走向一个泛“体育”化的服装品牌的方向？我记得有朋友跟我开玩笑，李宁，你现在是在做服装品牌还是体育品牌？这个思考过程其实非常艰难，这不得不提到中国变化的速度，从一个极度匮乏的时代，进入到一个过剩的时代，我们国家也许只花了十几年的时间。

1997 年，我们卖得最好的一款产品是一件夹克，难道以后以市场反应作为调整李宁战略的标准吗？那么李宁以后就可以都卖夹克了。当时我就想，那么我最早的初心——做一个专业化的运动品牌，促进现代体育的社会发展理想，是否就渐渐偏离了？

作为李宁牌的创始人之一，有时候需要思考赚钱和最初的理想之间是否能做到取舍和平衡。这时候我发现告别体育赛场那么多年，最终在商业上的判断，和体操精神里的初心、专注、平衡其实是一脉相承的。那年之后，我离开公司去北大读书，开始在慢下来的生活中换另一个视角，只有李宁渐渐淡出人们的视线，“李宁”品牌才不会被忘记。

“源于体育，用于体育”是李宁品牌一贯的宗旨，在如今的时代下，李宁品牌的转变应该说颇有成效。我们在 1998 年建立了第一家服装与鞋产品设计开发中心，建立专业运动员的脚型数据，对专业运动特征进行数据化搜集分析，目标是提高产品的专业性和舒适度。

有了专业团队的研发、生产、制作，再配合对它的文化价值的思考，结合年轻人所关注的时尚与审美，那么就有了 2018 年李宁品牌在纽约时装周上的良好表现。对于运动品牌的时装化这个主题，也是我们最近在研究的课题。现如今运动是一种时尚，李宁品牌要把专业的运动材料、科技注入到时尚设计中，这是目前李宁发展的空间。

曾经，我去过一个意大利小镇旅行，那是一个背靠大山、面朝大海的传统小镇。到了那之后就非常感叹，在这样的小镇上，保留的传统工艺本身就是我们今天看到的所谓时尚的历史积淀，这种积淀涉及审美的传承，这种时尚的震撼应该最后回归到人们的生活中去，这才是时尚应该有的样子。

在纽约时装周上，国人看到了一个国产体育品牌全新的样子，同时也能找到它内藏着的中国人很有情怀的元素——熟悉的配色、熟悉的“中国李宁”的字体，以及打破了中式设计边界的未来感和潮流性。我们收获了许多评论，他们对李宁在纽约时装周上的表现感到振奋。这种感觉超越了服装或者是时尚本身的意义，与运动员在场上为国争光是同样的自豪感。

时间已经过去 20 多年，其中的荣光和失败种种，都是人生必不可少的课程，而接下来，与时俱进地理解时代，活在未来，是我们对过去最好的致敬吧。

● 采访手记

1963 年，李宁出生在广西来宾一个普通教师家庭。他 7 岁开始练体操，17 岁进入国家队，并在 1981 年罗马尼亚世界大学生运动会上拿下 3 项冠军，下一年横扫世界杯体操赛，拿下 7 枚金牌中的 6 枚。一时间，世界哗然，一个不到 20 岁的男孩创造了世界体操史上的神话，他成了国人心中的英雄，更被称为“体操王子”。

1984 年的洛杉矶奥运会上，全国人民都在电视机前等待着李宁的吊环比赛，“吊环正吊臂后悬垂前摆上接直角支撑”和“双杠大回环转体 180 度成倒立”，当这两个高难度动作播放时，观众倒吸一口凉气，而李宁不负众望，干脆利索以零失误完成这两个独创的高难度动作，电视机前的观众们发出欢呼。

20 世纪 80 年代，是属于李宁的体操时代，他所向披靡，共获得过 14 个世界冠军，合集 106 枚国内外重大比赛的金牌，他已经成为国人的骄傲。李宁已经成为战无不胜的标杆，当他因为浑身的伤病以及年纪的限制提出退役申请时被驳回。

1988 年汉城奥运会上，浑身带伤的李宁再次站到了赛场上，全国人民坚信过去的辉煌依然会延续，已经“高龄”的李宁依然是他们心中唯一的英雄。跳马失利、吊环失利，接踵而至的落败让李宁一夜之间成为众矢之的，嘲讽与谩骂铺天盖地，一个 25 岁的年轻人从神坛跌落，漫长的痛苦和自责重创了李宁。退役之后的李宁有许多选择，他最终选择转变身份开始从商。历经一年，他慢慢从过去的低谷中走出，在李经纬的帮助下，1989 年，创立了体育运动品牌——李宁。

李宁运动品牌带有先天的优势，在 1990 年亚运会后，获得了 1500 万元的订单，从此走上了民族运动品牌的路。作为创始人的李宁，其间有过许多困惑，如何平衡商业发展和推动体育发展的初心？

不忘初心，一直是李宁在采访中提及的主题。李宁一直关注和支持着世界尤其是中国体育事业的发展，李宁品牌成为中国奥运军团的服装赞助商，李宁品牌还常年赞助中国体操队、射击队、跳水队、羽毛球队，目前，李宁公司支持世界体育事业发展的各项投入累计早已超过十亿元。

作为一个民族运动品牌，李宁 25 年的发展历程很像是中国体育运动品牌发展的缩影，在不断壮大的过程中，遭受到来自 Nike、Adidas 等一系列国际品牌的激烈竞争，正是因为不断地调整与平衡，让李宁品牌规划出独特的品牌发展战略。经过 20 年的发展，李宁品牌由最初生产单一的运动服装发展到拥有运动服装、运动鞋、运动器材、运动生活等多个产品系列的专业化体育用品公司，今天的李宁，产品结构日趋完善，销售额快速增长，已经在中国体育用品行业中占据举足轻重的领先地位。

2018 年，离李宁退役已经整整 30 年。就在今年纽约时装周上，李宁品牌以全新的面貌进入国际视野，并在互联网上引起了新生代年轻人的关注和赞誉，李宁品牌脱胎换骨般的时尚气息再次点燃了人们对国产品牌的信心。

熊倪

中国跳水队也是“梦之队”

口述 | **熊倪**　采访、整理 | **张星云**

作为中国跳水“梦之队”之始，熊倪 14 岁少年成名，四度参加奥运会，几次萌生退意又几次复出，而他在退役后的选择和轨迹，也成为中国众多运动员的一种缩影。

我 14 岁就代表中国参加奥运会，连自己都没想到。

1985 年我们湖南省跳水队的一名女队员入选了国家队，教练借机把我们送到北京训练，希望通过他们的推荐让国家队教练关注我们。最后国家队的正副总教练梁伯熙和徐益明都看上我了。第二年初我就入选国家集训队，1987 年第一次出国，那时还分东德、西德，我去参加东德举行的罗斯托克国际跳水邀请赛，第一次代表国家参加跳水邀请赛就拿了冠军。所以通过短短两年国家队的选拔，就能参加 1988 年汉城奥运会，意想不到。

更没想到的是，我可以和美国跳水运动员洛加尼斯同场竞技。他是我小时候的偶像，在省队的时候，我们都把他的跳水动作当作一种艺术去欣赏。正是这种不知天高地厚的心态，让我在那届奥运会发挥出色，尽管只拿到了亚军，却被很多媒体称为“无冕之王”。

奥运会结束后我们去香港，霍英东宴请中国奥运代表团，我记得我们当时在汉城奥运会总共就得了 5 块金牌，陈静乒乓球单打，陈龙灿、韦晴光男乒双打，体操是楼云，跳水是高敏和许艳梅，一共就 5 块金牌，一桌都凑不满，所以就把我们这些成绩好的亚军也叫到那一桌。

现在回想，1988 年比赛当天早上，教练为了让我多睡一会儿，就先去奥运村的餐厅排队为我取早餐，他不知道我喜欢吃什么，就拿了很多，结果我全吃了，到比赛场地时还觉得挺撑，可见当时心态的放松，不像后来几届奥运会，茶不思饭不想。

当时我从国内飞赴汉城（首尔）准备比赛，刚落地，就听到洛加尼斯在三米跳板预赛时头碰板了，但他并没有放弃之后的比赛，以实际行动去感染观众和裁判员。最后他得了金牌，我得了银牌，也觉得有些许遗憾吧，如果以 14 岁的年龄就拿了奥运金牌，也许会开创一个历史纪录。

20 世纪 90 年代初，我经历了一些波折。1990 年北京亚运会和 1991 年澳大利亚佩斯世界锦标赛，我都只获得了银牌和铜牌。1992 年巴塞罗那奥运会，我也只获得了铜牌。我记得巴塞罗那奥运会后，新华社写了一篇报道，意思是说熊倪少年成名，有点飘飘然了，不努力，永远只徘徊在亚军和季军。

其实我那时并没有不付出努力。我们为了备战巴塞罗那奥运会，在三亚鹿回头专门设了一个训练基地，就在海边的沙滩上造了一个跳水池，每天在最接近正式比赛的时间训练，以模拟巴塞罗那的海风和光照强度，结果我被晒得起红疹子，脸上身上全都是，队里请的老中医看了都说很多年没见过这么厉害的热毒。

但是1992年奥运会比赛的时候，我得失心太重了。1988年汉城奥运会之后，1989年世界杯我一下拿了三项冠军。随着洛加尼斯的退役，当时媒体就说即将开创一个“熊倪时代”。每个人对我的期望值越来越大，我的备战压力也很大。巴塞罗那奥运会预赛我也拿了冠军，当时的赛制是预赛后休息一天才决赛，中间休息的那天我训练时就有点沉不住气了，跳得好时会想为什么今天不是决赛，跳得不好时又捶胸顿足，非常焦虑。

决赛前一整晚近乎失眠。决赛当天，在规定动作中出现了一个小小的瑕疵，整个人就变得非常急躁，摔毛巾，接着又一个失误。因为我预赛第一名，所以决赛时最后一个跳，我跳完，最终成绩大家一目了然，我只得了第三名，失望至极。

当时场地有地上和地下两层更衣室，一般大家都在地上更衣室换衣服。我跳完之后，黯然走向了地下更衣室，推开更衣室门的一瞬间，就潸然泪下，觉得自己付出了那么多努力，很委屈。当时比赛结束马上要进行颁奖仪式，结果工作人员全场找不到我，最后在地下更衣室找到我，发现我还穿着泳裤傻坐在那儿，于是最后我连领奖服都没穿，穿着短裤和拖鞋就上台了，因此还受到了中国代表团的批评，说没有充分展示中国运动员的形象和精神面貌。从巴塞罗那回来后，确实有过一段时间不想再去从事这项运动，起码小一个月。当时徐益名也知道我的心态，就不理我，让我冷静一段。

我认为自己真正的转折点是在1993年，在北京举办的世界杯跳水赛，是第一次在北京办世界性的跳水比赛，方方面面看得也比较重。

1992 年巴塞罗那奥运会那场决赛，孙淑伟拿了冠军，但他之后就查出视网膜有破口，进行了手术，不能参赛。因此男子跳台只有我了，当时老领队和我说，为了集体也要努力。那时尽管我手臂拉伤，但还是拿下了十米跳台冠军。自此之后，我觉得我对胜利的渴望又被点燃了。

但怎奈 1994 年意大利世界锦标赛前，我又遭遇了横突骨折，最终只获得了第五名。之后参加过 1992 年奥运会的男子跳板选手谭良德、李德亮都退役了，跳板后继无人，中国跳水队让我从高台跳水转向三米跳板，两者都兼顾。1995 年，我在三米跳板上拿了世界杯亚军后，彻底转项。

1996 年亚特兰大奥运会成了我实现多年愿望的最好时机。当时我三米跳板只拿过一个亚军，而对手马克·伦奇是 1992 年巴塞罗那奥运会冠军，余卓成是世锦赛冠军，萨乌丁也是多次世界冠军，因此我没有心理压力，从预赛到决赛都很顺利。最后一跳很完美，出水上岸后我久久地面对墙，背对着镜头，参加了三届奥运会，我终于拿了冠军。

奥运会结束后，当时人们普遍认为运动员最好急流勇退，所以同一年我和伏明霞同时退役，退役后我赶着时髦“下海”经商，和朋友合作开了一个以我名字命名的服饰公司。与此同时，中国跳水队废除总教练制，任周继红为领队，完成了重组。但之后的两年里，凡是奥运会的项目中国跳水队一块金牌都没有拿到。于是在多方劝说下，我 1998 年 8 月复出，当时所有人都说会为我一路开绿灯，为回到国家队创造最好的条件。于是我在一年停训后开始恢复训练。

半年的准备很辛苦，但就在 1999 年澳大利亚世界杯比赛开始前不到一个星期，我接到通知说，因为跳水队选拔制度改革，复出时间并不长的我因为没有参加选拔赛，也就没有参加世界杯的资格。因为之前他们都说好为我参赛开绿灯了，等我付出了这么多，却没有得到当初的承诺，这种极大的反差让我很难受。我记得跳水队队长和领队来我房间谈话，我流着泪和他们谈了一小时。谈完话，第二天正好是星期一，每周一上午是中国跳水队的例会，于是我就趁着例会，在房间里收拾了行李，订了机票，自己拖着箱子搭了辆出租车就从首都机场飞回湖南了。就这么走了，因为我都不知道该怎么面对跳水队里的每个人。

如今看来，这更像是冥冥中注定的事情，那届世界杯萨乌丁也缺席了，总共 10 个项目，中国跳水队拿了 9 块金牌，唯独男子三米跳板这块金牌没有拿到。比赛结束后，国家体育总局游泳中心主任石天曙从北京飞到长沙，再做我的工作。于是我 1999 年年中又回到国家队，伏明霞后来也复出了，队里郭晶晶、田亮他们那时还都很小，人们开始期待 2000 年奥运会的中国跳水队。当时整个悉尼奥运村里有两支“梦之队”，一支是美国篮球队，一支是中国跳水队。

本来是金牌大户，但没想到一开始极其不顺利，那届奥运会上跳水的前三项单项都丢了金牌。后来我才知道，前三项丢了以后，当天晚上中国代表团召开了一个紧急会议，国家体育总局局长袁伟民说明天跳水一定要实现突破，就问中国跳水队教练有没有信心，我的教练说男子三米跳板是所有 8 项中夺金机会最小的。

当时是有这么一个前提和气氛的。当然教练也不会把这样的话传到我们耳朵里。比赛前我还和教练开玩笑说，规定动作是我的弱项，是萨乌丁的强项，只要我规定动作不输萨乌丁 10 分以上，我就还有希望在自选动作中赢回来。

后来规定动作做完，萨乌丁赢我9分，我觉得还不错。谁想到自选动作开始后，前两个动作萨乌丁表现非常好，一下把我们两人分数拉开到31分。当时我就觉得不用管别人了，跳好自己就行了。后面又进行了三轮，每一轮我都在追近萨乌丁的分数，第五轮过后，我看了眼记分牌，我们之间的差距只有不到10分了。

他预赛第二，我预赛第一，他先跳，我最后跳。那时我感受到了萨乌丁的压力，他把新学的难度动作放在了最后一跳，恰恰失误了。我在爬楼梯的时候内心还是平静的，但等我登上跳板，发现萨乌丁最后一跳失误了，心理就起了变化，脖子开始硬了，手也是哆嗦的，全场最后一跳，不紧张不可能。

入水的一瞬间我都是后悔的，觉得水花稍微大了一点。但当我出水，看到记分牌上代表中国队的CHN字母排在了第一行，依然被吓了一身冷汗，因为总比分就比第二名多了0.2分，这在700多分的跳水得分中，就像游泳比赛中千分之一秒的差别一样。后来的镜头大家通过电视机都看到了，我再次赢得了金牌，领队周继红哭了，我的教练哭了，而我也没忍住。而中国跳水队之后的比赛全都拿了金牌。

● 采访手记

2008年7月，北京奥运会开幕式前，熊倪被定为主火炬手李宁的替补。

当时在点火方式确定后，导演组对主火炬手人选规定了范围：不能是现役运动员，首选体操运动员。其实最初射击传奇名将许海峰原本是第一选择，但由于身体和时间原因未能实现。于是，根据体育总局领导推荐，内定李宁为 A 角，熊倪为 B 角。之后的那一个月，熊倪和李宁一样，每晚 10 点去鸟巢排练，凌晨一两点钟回。

熊倪虽然曾是高台跳水运动员，但当被威亚吊上 40 米的高空，依然觉得害怕，第一次练习当晚都没睡着。在地上单手拿着火炬跑 400 米都很累，何况是在高空，难度会更大。他在酒店里拿着水壶做了试验，结果单手举了一分多钟就受不了了。对熊倪自己来说，那是一段难忘的经历。而从旁人看来，这也是对他整个职业轨迹的一种认可。

中国体坛明星，尤其是奥运会项目运动员退役后的转型向来是个问题。袁伟民、邓亚萍、李宁，都算是其中的佼佼者。熊倪说，当年大家都在国家体育总局训练局里一起训练一起生活，在同一个食堂吃饭，住在同一栋宿舍楼，经常抬头不见低头见。而退役后，每个人的轨迹又如此不同。

绝大部分体坛明星想在仕途上有所作为都会选择走体育局这条路。蔡振华当了一阵国家体育总局副局长，而袁伟民则在体育总局局长位置上退休。邓亚萍是先在国际奥委会的道德委员会以及运动和环境委员会担任职务，之后于 2009 年开始任共青团北京市委副书记，一年后成为人民日报社副秘书长，完全跳出了体育系统。李宁 1988 年退役后，加盟广东健力宝集团，以自己姓名命名创立了“李宁”运动品牌，抓住了赞助 1990 年亚运会中国代表团的机遇，发展至今。

1997 年第一次退役后，熊倪也曾尝试过李宁这条路，他与朋友一起开办了以自己名字命名的服饰公司，但并不成功，随着次年回国家队，他也把公司注销了。待 2001 年正式退役之后，熊倪转而选择了蔡振华和袁伟民的那另一条路。他先任湖南省体育局机关党委专职副书记，2007 年又成为湖南省体育局副局长。

熊倪说自己每届奥运会之后都想过退役，1992 年是因为伤心，1996 年是因为想急流勇退，2000 年后也曾想过继续再跳，“但中国跳水队太强了，顺其自然就退下了”，让他后来决定彻底走上别的道路。

苏炳添

我必须追上去

口述 | **苏炳添**　采访、整理 | **傅婷婷**

“我发现，如果在一个项目中，你一直是一个领军人物，你可能会很安逸，是很难想到要去做出改变的。只有更强大的对手出现的时候，你才会把自己的神经绷紧，才会想到：已经有人超越我了，我要不要追上去？”

和很多调皮的男生一样，我小时候也很爱表现自己。初中时，我的座位在靠墙的位置，如果从外面回到座位，我常常不会让旁边的人站起来，而是自己从过道跳到两个凳子的缝隙，然后坐下去。身体的弹跳力和灵活性从小就还不错。那时虽然只有一米五几，但是立定跳能摸到三米二的篮球架上比较高的位置，我记得当时能做到这一点的同学没有很多。那时我也没专门地练习过，更没有想过自己是不是有什么天赋，只是知道如果跑步，我可以跑得很快，但是跑得远不远我不知道。

我作为广东人，和北方人对比来说，身材可能偏矮小一点，但是在运动的灵活性方面可能会强很多。对于短跑来说，身高固然重要，但是灵活性一定要有。短跑需要很强的爆发力，如果不够灵活，听到枪声跑出去的步伐就难以有特别快的节奏。身高和灵活性两个条件都具备并且做到很好的，现在世界上只有一个人，那就是博尔特（Usain Bolt）。其他的运动员要么有身高优势，频率没有很快，要么频率很快，没有身高优势。

在灵活性方面，如果想要有新的突破，需要针对一些更加细节的小动作进行训练。一个很小的动作就会改变向前性，包括下地给予整个身体反馈的力量。我们的教练常常拿着一件衣服作为比喻，跟我们讲一个很简单的动作：他捏住衣服的一个点，那个点是固定的，而点以下是不固定的，不固定的地方，就像我们灵活的双腿。就像太极一样，如果你用蛮力，很容易泄气。

2007 年，我 18 岁，到了广东省队。现在想来，这是我人生一个很重要的转折点。刚到专业队时，我成绩还不错，练了近一年，成绩没有提高反而一直下降，我心里很不好受。为什么经历了很长时间的训练，比赛成绩却退步了？当时我想了很多，甚至不想再练了。教练袁国强让我再坚持一下。他说："你之前不是跟我练习，所以这段时间肯定会有起伏，可能再过一段时间，你的成绩就会慢慢体现出来。"我听了他的这句话，又坚持了两三个月，后来经历了一场比赛，我才真正确定自己要继续走下去。也是在这个时候，我发现，训练方法的不同，会影响跑步的技术水平。如果没有这个经历，我不会有后来的成绩。

在后来的几年里，我取得了一些还可以的成绩。我发现，如果在一个项目中，你一直是一个领军人物，你可能会很安逸，是很难想到要去做出改变的。只有更强大的对手出现的时候，你才会把自己的神经绷紧，才会想到：已经有人超越我了，我要不要追上去？

从跑步技巧上来看，跑 60 米和 100 米，我感觉到二者的不同之处在于，60 米需要的爆发力更强，在节奏方面的要求没有 100 米那么细。我的优势是起跑很快，这在 60 米比赛中很有用，100 米如果以 60 米的节奏去跑，后面的 30 米或 40 米会降速，所以需要一个更完整更适合自己身高的节奏。相对来说，100 米跑出去以后不仅要快，还要保持时间更长。这个问题一直存在，只是我没去改变。

如果没有对手，我可能不会改变。当时遇到的对手是张培萌。那几年里，我和他在相互竞争中，把百米的成绩推到了 10 秒。

我出道时，张培萌已经是国内第一。2011 年，我们同场比赛，我第一次破了全国纪录。我记得张培萌跟我说过他对我印象很深的一件事，2012 年，我在日本，他在现场看我跑的 100 米，跑了 10 秒 04。这个事情给了他很大的震动。他也做出了改变。2013 年，他把自己的成绩提高到了 10 秒，盖过了我。他让我知道有一个对手存在。我感觉到了威胁。

影响都是相互的。未必是你自觉地要改变，而是在你到达一定的水平之后对于自己所处的位置感到危险时，如果你想要拿第一，你可能会想尽办法把自己的潜力逼出来。有时候，对手不逼你一把，可能你就还是觉得自己已经足够了。你看到别人更强，你也想更强，你就会思考，在自己原来优势的基础上如何发挥更好？

张培萌突破 10 秒之后，如果我不改变技术，不可能突破他的成绩。通过什么办法？原来的节奏已经形成一种记忆，难以进步，必须做出一些改变。当时，我也不确定改变之后是否一定能够进步，但我想尝试一种可能性。如果我重新学习，会是一个什么样的节奏？

2013 年和 2014 年，我去美国训练，学习到了很多新东西。我在技术上的突破，很大程度上得益于此。2014 年，我做出的最大改变，是换了起跑腿。以前是右脚在前面，我换成了左脚在前面。这相当于把以前的东西打破，重新学跑步，就好像你一直是左手吃饭，突然变成右手的感觉。我还不知道改变后会不会真的更快，我只是为了得到一个更新的节奏。后来的事实证明，我的尝试是对的。

张培萌跑了 10 秒之后，2015 年，我把成绩提高到了 9 秒 99。一直到我现在的 9 秒 91。如果在训练上更早地做出这个改变，是不是可以取得更高的成就？我问了现在的教练兰迪·亨廷顿这个问题，他的回答是“不一定”：“很多东西是需要积累的，你这几年经历的东西更多了，体会的东西更多了，才有现阶段的境界，如果很早之前你就跟我练，也许你的心态不会像现在这样。”

现在，我的竞争对象变成了自己。我的下一个目标，就是要突破 9 秒 90 的成绩。这是一个大关，就像破 10 秒一样。因为我是国内第一个破 10 秒大关的，我也希望自己能够成为第一个突破 9 秒 90 的运动员。

中国田径队有“走出去，请进来”的政策，之前，是我们去国外学习。现在，和我同时期的短跑运动员已经成熟了，达到了国际的水平，国家把一些国外厉害的教练请过来直接带我们，针对性更强，可以得到更及时的指导，对一些技术上面的要求也会更仔细。而年轻一些的运动员，还在走出去学习。对于体育运动来说，再高水平的运动员，都会有退出的时候。有那么一刻属于自己，就很好了。更重要的是，我们能够推动这个项目继续发展下去，让国家年轻的一批运动员，看到我们在奥运会、世锦赛、亚运会上做到一些他们觉得不可能做到的事情，让他们觉得他们继续练下去，也许可以做到更好。让他们看到希望。

在我这些美好而短暂的荣誉背后，也有过痛苦的经历。记得在2009年的时候，我有一次做力量练习不知哪里不对，当天还好好的，第二天睡醒以后，发现自己躺着起不来了，需要别人拉着才能起来。当时，走路走不了，睡觉趴着躺着都不行，坐着也不行。这种状态一直持续了3个多月，我以为自己练不了了，是不是要退役了？我看着别人训练，自己很想练，但没法儿练，那段时间挺痛苦的。但我还是挺过来了。

短跑一直被认为是挑战速度的极限。对我来说，人不应该给自己设限，而要看看能不能逼自己做出新的成绩。突破自我极限的方法很简单，就是好好训练。有时你在特别累、特别无聊、特别枯燥的时候，你想一想自己的目标，那就不累了。我的目标就是跑得更快。

● 采访手记

苏炳添是亚洲百米径赛里程碑式的人物。他是首次突破百米径赛10秒大关的亚洲人，曾两次追平百米径赛亚洲纪录，也是60米亚洲纪录保持者。2018年8月26日，在雅加达亚运会田径男子100米决赛中，苏炳添以9秒92的成绩打破亚运会纪录。

2008年到2018年，是苏炳添成长的10年，也是中国百米径赛发生转变的10年。此前，中国百米短跑在世界上一直没有什么存在感。苏炳添出生于20世纪80年代末，当时改革开放已经进入到第11个年头，一批一批的年轻人在这样的时代快速成长起来，谁也不知道他们会做出什么样的事情，成就还是破坏，对这个世界会有什么样的影响。而苏炳添，正是这批年轻人中，在百米短跑这个体育项目中实现了重要突破的那一位。

苏炳添第一次对短跑有印象，是 2001 年在电视上看到的全运会。当时，他只是一名 12 岁的普通小观众，看到自己家乡穿红色衣服的广东队，他的心里会给他们加油。当时，他不会想到，自己以后会代表省去参加全国比赛，代表中国去参加国际比赛。

2007 年，苏炳添在上海的莘庄基地第一次参加室内 60 米全国比赛。当时，18 岁的他还处于一种类似懵懂的状态，尚未熟练比赛规则。起跑的时候，他迅速跑了出去，但他以为自己抢跑所以停了一下，当他发现自己并没有失误的时候，其他人已经超过了他。那次，他拿到了第九名的成绩。那时，他还没有想到，自己会打破全国纪录。

2010 年亚运会，苏炳添在现场目睹了劳义以 10 秒 24 的成绩夺得中国在亚运会百米径赛历史上的第一个冠军的全过程。苏炳添回忆说："这个成绩在中国来说很厉害，但是在亚洲来说并不是很厉害，其实是非常的一般。但是我看到他做到这一点，觉得挺厉害的。"第二年，苏炳添跑了 10 秒 16，打破了百米短跑的中国纪录。也是这次突破，使苏炳添开始成为中国短跑的领军人物。

见到苏炳添的时候，他正在北京花家地一家影棚拍摄照片。闪光灯下，他表情变化的幅度精准细微，每一次改变都符合摄影师的要求。这种精准也体现在他的跑步训练中。在 100 米径赛这样持续时间短、需要极强的爆发力的项目中，一个成熟的运动员如果希望做出调整和突破，往往需要做出一些微小细节的改变。

在采访中可以感觉到，苏炳添一直以一种探索的方式对待百米短跑。2012年在伦敦奥运会，他代表中国田径一百米参赛。回忆这段经历时，他坦言："能去参加就是一个荣誉，对我来说，没有什么压力。我就想，我能突破全国纪录吗？当时的全国纪录是10秒16，我觉得我还是有机会的。"那次，苏炳添跑了10秒19。虽然成为中国短跑史上第一位晋级奥运会男子百米半决赛的选手，但似乎并未达到他的心愿。

众所周知，百米竞赛史上一直存在着肤色神话。牙买加短跑运动员博尔特至今仍然以2009年9秒58的成绩保持着世界纪录。而苏炳添，从10秒多的成绩，到突破10秒大关，如今达到了9秒91的成绩。在亚洲，他已经实现了突破，但是他距离世界纪录，还有一段距离。

如今，苏炳添对于百米竞赛，比起初期的懵懂和青涩，多了一份清醒和责任。这些认知，是在突破自己的过程中得到的："体育需要固执的人，别人说你不行，你就不做了吗？那不可能。百米竞赛的存在，就是要证明别人说的未必是对的，就是要证明自己的人种也是优秀的。曾经，全世界都说亚洲人破不了10秒，但是我们通过自己的努力，做到了。大家的定论不是结果。很多东西你不去尝试，哪里知道结果呢？"

邹市明

拳拳相扣

口述 | **邹市明**　采访、整理 | **刘畅**

“拳击对我意味着，一个人的能力有多大，责任就有多大。”

2014 年 4 月 6 日，在澳门的威尼斯赌场，我平生第一次踏上职业拳击的赛场，我还记得对手是墨西哥的选手巴伦苏埃拉。相比奥运会的竞技场，职业拳击的赛场更像一个秀场，仿佛就是专为我搭建的舞台。我压轴登场，场馆里叫我名字时，我有些发蒙。像以往一样，我在比赛前拍拍自己的脸，给自己鼓鼓劲儿，却忘了职业拳击赛的拳套比奥运会的薄，差点把自己拍晕了。现在想想都觉得有趣，那时自己已经 33 岁，拿过两届奥运会冠军，竟还如此紧张。毕竟，那是我儿时的梦想。

我仿佛冥冥中就要与中国拳击为伍。1979 年，拳王阿里来访华时，邓小平就说，拳击将是中美之间交流的一个桥梁。1980 年，我们恢复了曾经一度被禁止的拳击，第二年我就出生了。我成长在贵州厂区中的一个知识分子家庭，但我不喜欢普通学校里的条条框框，上完初一，就进了遵义西郊深山的武校，之后又考到省体校。起初我练的是武术，可相比武术每日站桩，我看到拳击的队员辗转腾挪，那才是我想要的自由，从此我就下定决心，投入拳击的世界。

四肢长而壮是拳击手必备的先天条件，但我身材弱小，手臂又相对短，就要反复移动，进入有效的攻击范围，这就需要加倍的体能和脚步耐力，对方跳一次，我要反复跳多次。这决定了我后来的防守反击式打法：靠快速步伐移动和躲闪，避开对方攻击，一旦被对方击中，立刻还击，一旦击中对方，则立即跳开，不与对方纠缠。

这种海盗般的打法，在我 17 岁时遇到的恩师张传良的创制和训练下日臻成熟，帮我一步步从全运会，打到世锦赛，乃至夺得奥运会冠军。美联社曾称我为“中国最伟大的业余拳手”，但我不喜欢“业余”二字，一位真正的拳手，如果没有打过职业比赛，没有站上过美国麦迪逊花园广场的拳台，职业生涯就不完整。

奥运会与职业赛的体制是竞争关系，打了职业赛就不能参加奥运会，所以国外都是小孩在五六岁时接触拳击，七八岁就开始训练，20 岁时已经打完奥运会进入职业赛。2008 年夺冠时，我已经 27 岁。我那时就想走向职业赛场，我把头盔从我的床头拿走，挂上一只比业余拳击拳套更薄的职业拳套。可国家希望不能仅仅在家门口夺冠，将我挽留了 4 年，我得知消息后醉了两天，但最终也很庆幸仍能在 2012 年的伦敦奥运会上卫冕，得到中国代表团的第 38 金。

夺冠后，我揣着金牌在人前笑容满面，回家就陷入迷茫。我该继续往哪里走？继续走奥运的路？再过 4 年岁数大了，不知还能否坚持。要不干脆就此退役，到地方担任个职务，还是追逐自己的梦想？但我去找谁呢？我老婆见平时活泼的我，在家中每日沉默，了解我的心意。

她问我想去吗，我说“想”。又问我决定了吗，我说“定了”。她说“好”，便帮我和美方联系、接洽，找到经纪公司和教练。2013 年，我赌上之前的一切荣誉，和她两个人提着箱子，只身来到洛杉矶。

我的儿子轩轩那时只有 1 岁半，在美国人生地不熟，我们只好把他留在国内，由我父母照看。我和妻子在好莱坞星光大道旁租了只有一个卧室的家庭公寓，之后学英文、找房子、消化训练，全靠自己，甚至看到按摩师一个月 3000 美元，我就叫老婆给揉揉算了。

比适应生活更艰巨的是，我要重新适应拳击比赛。职业比赛只需开赛前 3 个月准备，比赛完就可以休息，而奥运会的节奏则是天天都有训练，一刻不停，常年备战奥运，我的竞技状态还算不错。但奥运比赛和职业拳击的差别，就像九球与斯诺克，对拳手的要求完全不同。奥运比赛是打点为主，为的是淘汰对手，即使打得好，输了也与金牌无缘。卸下头盔的职业拳击却不一样，观众肯买票，看的就是一方击倒另一方，每场都要全力以赴。所以在职业拳击面前，我就是菜鸟，几乎所有打法都要调整。但我毕竟已经拿过两块奥运金牌，又是个“高级”菜鸟。教练总会觉得，很多东西是我理所应当知道的。

改变谈何容易？重新调整十几年形成的习惯，增强对抗和进攻，那个阶段非常痛苦。一般业余选手转型职业选手，拿到金腰带需要三四年，但那时我已经 32 岁，只剩下两年时间，就得加倍训练。那段时间，我基本每天早上 8 点起床，简单吃完早餐，就出门进行两个小时的训练。打手靶、跳绳、陪练、对着镜子空击，日复一日。虽然一周 14 个小时的训练不算多，但极其紧凑。每到比赛前夕，一天练体能，一天练技术。

每隔一天，体能师就带着我在好莱坞山跑上 10 公里来回，把我的跳绳从 3 磅，增加到 4.5 磅。而为了改变发力方式，我每天要在教练的俱乐部里练习之前从未见过的弹力球。我在家里也安了一个，每天训练完就在家里琢磨，有时候夜里睡着了，一想起来，也会爬起来对着镜子空击。空击的时候都对，但第二天到了训练馆，和陪练打就又不对了。那时候我会暗自骂自己笨，心里的苦只能冷暖自知。

准备了不到两个月，第一场比赛就开始了。虽然训练时尝试了不少偏进攻的打法，但就像是扳左撇子拿筷子，几天之内肯定扳不过来，何况是在情急之下，当时啪啪打了两拳，我就不知不觉进入了奥运比赛的套路。虽然比赛赢了，但外界也有争议，觉得打法应该要有区别。我也在慢慢适应，打了两三次比赛后，我再回到美国拳馆，终于让所有人感叹："这场打得真漂亮！"

但在走到巅峰之前，上天还给我安排了一场淬炼。2015 年 3 月 7 日在澳门威尼斯赌场，我的第七场职业比赛，遭到 10 年首败，对手是之前奥运会的老对头——泰国拳击手阿泰·伦龙。那场比赛如果获胜，我就将获得自己职业生涯的首条金腰带，享有拳击界至高的荣誉。其实在比赛前，我的身体就出了状况，最终胜负在毫厘之间，我以 111 比 117 的点数输掉了比赛。败北以后，我感到从精神到肉体的疲惫，猛然发现，我此前的练拳生涯，我浑身上下，神经紧绷只为赢，固执地以为只有赢才能给我幸福。却没想到，其实赢给我名利，但更多的是带来压力。

为了体验拳台输赢之外的生活，我参加电视真人秀节目、公益行动，增加曝光率的同时，也学着与家人相处。远离了拳台 8 个月，我领悟到没有人不想赢，但"试图"与"务必"之间，有天壤之别。我的庆幸之处也在于，只是想赢，却不再逼迫自己必须赢。

抱着这样的心态，我回到拳台。2016 年 1 月，我在上海战胜巴西小将桑塔纳，那是第一场在中国内地进行的职业拳赛。我在第 8 回合 TKO（技术性击倒）对手后，重获万人的掌声和欢呼。6 月，我站在梦寐以求的纽约麦迪逊花园广场，战胜匈牙利拳王阿伊塔伊，紧接着，11 月在拉斯维加斯战胜坤比七，赢得 WBO（世界拳击组织）蝇量级世界拳王金腰带，终于完成自己人生的大满贯。

回看我个人的成就，我总想起当年在运动队时，和我一同训练的队员有全运会冠军，我当时就想像他一样。如今，我也希望我能成为年轻人的一个动力，让他们一看到我，就敢去憧憬奥运冠军，乃至世界拳王。我都能拿，他们为什么不行?

● 采访手记

在世界拳击史上，拥有奥运会金牌、世锦赛冠军，进入职业拳坛并在 10 场内拿到世界拳王金腰带的只有 4 人，邹市明便是其中之一，他无疑是中国拳击的一位里程碑式的人物。回顾邹市明的拳击生涯，从中国西南的深山，跨入美国东海岸最顶尖的拳击殿堂，看似梦幻，却是偶然与必然的多重交织。

从 13 岁进入武校到 15 岁考入遵义的体育运动学校，瞒着父母转到拳击队，虽然那时的训练方式被他称为“走的都是野路子”，但贵州本身的条件得天独厚。那里是中国轻量级拳击的天堂，国内拳坛素有“贵州拳击，撑起中国拳击半边天”的说法，即使在山中的武校，邹市明也能看到拳王阿里早年的比赛录像，他记得“阿里穿着因黑白画面而分辨不出颜色的短裤，如钢铁黄蜂用利刺蜇人”。

偶像为邹市明输送源源不断的动力，而遇到恩师是他的幸运。在邹市明17岁时，时任贵州省体工队拳击队总教练的张传良发现了邹市明，他结合自己的武术功底，融入到邹市明的拳击训练中，便成了后来媒体所说的海盗式打法。邹市明在自传中回忆，当时他面临每一场比赛能决定去留的压力，张传良尤其善于为他排解压力。20多年来，他们已经情同父子。邹市明记得，当他2016年6月前往麦迪逊花园广场比赛时，已经不是教练的张传良又出现在他身边，“他像父亲一样看着我长大，经历过大小比赛、结婚生子，我们相互信任，一步步开创了所有可能。最了解我的人还是他。比赛开始的时候，和他抱一抱，我的心会很静、很稳。他清晰地告诉我技战术，哪怕一句话，我可以想象到三步五步以后”。

觅得罗奇是他冲击金腰带的另一个幸运。在众多体育媒体人与弟子眼中，罗奇就是被一众拳击手奉为经典的电影《洛奇》中，洛奇的导师米奇的现实翻版，极尽严苛。他在拳手时代就是一个非常激进、敢于冒险的运动员，他的这种精神对刚进入职业生涯的邹市明恰是一种互补，因为在美国拳击界看来，初来乍到的邹市明，仍有太多中国传统体制里运动员比较保守的东西。而邹市明也能呼应教练的要求，虽然他打的是防守反击的风格，但他本人从不畏惧被打。罗奇记得，邹市明因第一场职业比赛又回到了奥运比赛的老路，在第二战中，他几乎是站着不动，跟对手硬碰硬，用重拳对轰，“他就是为了给我留下深刻印象，好显示自己已是个无所畏惧的职业拳手”。

邹市明已37岁，虽然去年卫冕失败，但他已经实现儿时的梦想，他对自己的定位在逐渐转变，由领跑者变为推动者。他如今着手推广自己的拳馆，向大众介绍拳击文化。他和他的团队准备了8个月，为突出中国拳击的源头，特意在曾经洋拳登陆中国的黄浦江边选址，建起一座占地1.8万平方米、以拳击为生活方式的体育综合馆。

在拳馆里，除了面向大众定制的拳击课程，也做专业的培训。邹市明告诉我，他自己现在也是华东师范大学的老师，他们签约了近20名拳手，他会抽时间指导年轻人，也会承接和推广国际大型赛事。他通过这些赛事，在提升专业选手能力的同时，也期待随着时代发展，观众对体育鉴赏的能力越来越高。“与重量级的拳击比赛一定要观看击倒不同，中小量级的比赛，拳手间不光有力量的比拼，还会有战术，我希望人们能够越来越欣赏技战术结合的环节，改变对拳击的看法。”

邹市明在采访时调侃他与拳击的难解难分。“别人总和我开玩笑，说我十三四岁就出门打拳，慢慢把胡子打出来了，头发也打出来了，连两个宝宝也打出来了，现在我的两个宝宝也都在练拳击。”

第九章

文学：重返本源

主笔　孙若茜

1990年，马尔克斯来中国访问，他和版权代理人一起先后到了北京和上海。让他们无比惊讶的是，书店里随处可见未授版权的《百年孤独》。他当即愤愤然撂下狠话，“死后150年都不会授权中国出版他的作品”。

马尔克斯当时并不了解，自他在1982年获得诺贝尔文学奖，《百年孤独》就被摆上了中国各大书店最显眼的位置上，那时中国还没有加入版权公约。他无法想象，经过20世纪80年代的文学热潮，中国有多少文学青年早已对这部小说的开头倒背如流，又有多少专业作家在它的影响之下，打碎自己已有的文学观念，重新探索了写作道路。

他更不可能知道，22年后，一位叫莫言的中国作家会和他一样摘得诺贝尔文学奖，以及这位作家在20世纪80年代时就曾捧着没有版权的《百年孤独》感慨：原来小说还可以这样写！而最让他无法预知的，恐怕是自己在莫言获奖的前一年，收回了气话，《百年孤独》在中国得到授权，重新回到书店显眼的位置上。

不明就里的马尔克斯几乎“参与”了改革开放至今的中国文学发展。其实，他的书最初被翻译，最重要的原因并不是诺奖，而是改革开放——西方文化思想和现代文学作品在国内翻译出版的放开，带来了前所未有的阅读狂潮。20世纪70年代末，画面开始变得有些梦幻：人们在半夜到新华书店门口排队，等待那些被重新出版的外国经典名著，他们买《战争与和平》《安娜·卡列尼娜》《堂吉诃德》，读契诃夫、莎士比亚。

80年代初，译介的重点开始由“经典”转向20世纪的西方文论和文学创作。马尔克斯，只是一长串被翻译的作家名单中的其中一个，卡夫卡、福克纳、萨特、加缪、博尔赫斯、劳伦斯等，无一不是当时被热切捧读的对象，且无一不对活跃在当时的中国作家们产生过巨大的影响。“原来小说还可以这样写！”这恐怕不是莫言一人的感慨，而是整整一批作家在如饥似渴地补上20世纪西方文学这一课之后的内心独白。

开放的环境，形成的是一个较量场。在对西方文学的阅读中，作家们难免不去反观自己，而努力地吸收和消化，更是催生强烈的创作欲望。“他们普遍期望在不长的时间里，走过他人百年走过的道路，创造一批有思想深度和艺术独创性的作品。不同知识背景和不同年龄段的作家，都努力从各个方面，去获取激活‘超越’的创造力，追求‘从题材内容到表现手段，从文艺观念到研究方法’的‘全方位跃动’。”（洪子诚《中国当代文学史》）

换句话说，20世纪80年代的文学理想就是尽快赶上西方，幻想着没准儿还能一下超过去，超越的办法，就是创新。与陈平原、钱理群一起提出“二十世纪中国文学”概念的黄子平当时有句俏皮话：小说家被创新之狗追得连在路边撒泡尿都来不及。创新的结果是“潮流化”。用查建英的话说，三五年就把西方作家一个世纪各种流派都过了一遍。从伤痕文学、反思文学到改革派、寻根派、先锋派，各种文学派别和潮流萌生、涌动。王蒙形容，作家“各领风骚三五天”。

1985年是80年代文学盛世的转折与高潮。大量极具代表性的，与早期“伤痕”文学、“反思”文学不同艺术形态的作品都是在那一年发表的，其中包括韩少功的《爸爸爸》、马原的《冈底斯的诱惑》、刘索拉的《你别无选择》、王安忆的《小鲍庄》、莫言的《透明的胡萝卜》、残雪的《山上的小屋》等。以至于当时和后来，不少评论者及作家用“新时期文学的新起点”“雪崩巨变”之类夸张的说法形容当时的震动。

在20世纪80年代就已经交出重要作品的作家，大部分人至今依旧在写作，且在文坛拥有着巨大的影响力。朱伟曾说，80年代中国改革开放是如何重要，80年代中国文学的重要性也就如何重要。只不过我们对于80年代文学的理解，远远没有达到我们对于80年代社会改革的理解。

20世纪90年代是否可以作为一个文学阶段看待？在什么意义上看待？文学界一直存在争议。市场经济发展，生活方式改变，大众流行文化崛起，文学边缘化或许无可回避。新世纪以来，我们不再只把文学放在“家里”讨论，中国文学比以往都更为充分地参与到世界文学的建构之中，2012年莫言获得诺贝尔文学奖，2014年刘慈欣获得雨果奖，2016年曹文轩获国际安徒生奖等，中国文学不断地被世界看见。

但更重要的是，中国的作家群体与世界的关系对等，越发紧密。

1981年，丁玲受邀到爱荷华大学国际写作中心访问时，世界对她政治遭遇的关注远远超过了写作本身，她曾在一篇访美散记中写道，当时聚会上被问到是否在北大荒养过鸡。而2005年，同样是到爱荷华写作中心交流的作家迟子建则感叹于与世界各国作家的融合感，她的笔记上写着，他们所谈关于：性别与写作、怎样描写恐怖，以及想象与写作的关系。

陈平原

黄金 80 年代中诞生的“20 世纪中国文学”

口述 | **陈平原**　采访、整理 | **刘周岩**

从“20 世纪”的角度重新审视中国文学，改写的不仅是文学史叙述，更蕴含着对现代中国的来路与去处的时代思考。在陈平原的讲述中，这一成果之所以能在 1985 年诞生，与那时的文化氛围乃至学者们的居住条件，都有着密不可分的关系。

1985 年 6 月的一个周日，我和夏晓虹在北京大学 19 楼结婚。“夏家”在二楼，直对着楼梯，房间有将近 20 平方米，算比较大了。那是两人合住的年轻教师宿舍，周末趁她同屋回家，我们把两张书桌拼在一起，成了宴客的场所。宾客加上我俩，总共 9 人。黄子平的夫人张玫珊像变戏法一样，从袋子里掏出各种吃的，大家欢欣鼓舞。都是熟人，吃喝不要紧，主要是聊聊天。那时我和钱理群、黄子平正在捣鼓“20 世纪中国文学”的议题，结果“婚宴”几乎变成了学术研讨会。

1984 年，我从南方跑来北大念博士，认识了夏老师。当时我是北大中文系的第一届博士生，同是“77 级”大学生的夏老师从北大硕士毕业留校任教。我们 1985 年初开始恋爱，6 月就结婚，那个时候都很单纯，觉得好像可以了，看对了，就结婚，根本不考虑经济问题。日后她还笑我当时是“负资产”，因为我买自行车找黄子平借了钱。她学近代文学，我学现代文学，曾一起在1985年的《中国现代文学研究丛刊》上发表文章，那是钱理群约的稿，他说：“我们不是要打通近现代文学吗？就先从你们家里开始吧！”

博士入学，正式拜在王瑶先生门下，当初向王先生推荐我的“钱老师”钱理群，便成了我的师兄，他让我改口称“老钱”。钱夫人还没来北京，他的房间成了“单身宿舍”，也就成了我们聊天的主要场所。当时大家住的都是筒子楼，没有独立的厨房、厕所，只有一个一个的房间，像学生宿舍一样，一层楼中间有一个厕所，还有水房，老师们就在门口弄一个煤油炉做饭，一人做饭，满楼飘香。

老钱家是“永远的煮面条”，我们宁愿去食堂打饭，一打完饭，就到老钱那里去聊天。那是一个无拘无束、随时可以聚在一起聊天的时代，不像今天，见面还要预约。随时随地侃大山，也特别体现20世纪80年代北京知识界的特色。就在像集体生活一样的氛围里，我们共同酝酿做一些事情，聊出了个“20世纪中国文学”的概念。

以往文学史的分期是近代文学（晚清）、现代文学（民国）、当代文学（新中国），但我们想要把20世纪中国文学作为一个不可分割的有机整体来把握。我们定义的“20世纪中国文学”，是由19世纪末开始的，到提出这个概念的20世纪80年代时仍在继续的一个文学进程，一个古代中国文学向现代中国文学转变、中国文学走向并汇入“世界文学”总体格局的进程。我们总结它的总主题是“改造民族的灵魂”，基调美感是“悲凉”，文学语言结构表现出的是艺术思维的现代化。历史分期从来都是历史哲学的重要范畴，但这个概念蕴含的内容远远超出了分期问题，引起的理论方面的兴趣同样诱人。

1985 年 5 月，在万寿寺召开的具有里程碑意义的“中国现代文学研究创新座谈会”上，是我代表三人就“20 世纪中国文学”的设想做了专题发言。其实这命题最早是老钱提出来的，就专业知识而言，他远比子平和我丰富。那时我还是个博士生，老钱已经是副教授，比我大 15 岁，之所以推举我做代表，是因为这个机会对年轻人来说太重要了。老钱说，既然是创新座谈会，就应该让年轻人上阵。这是 80 年代特有的气象与风度——相信未来，相信年轻人，关键时刻，尽可能把年轻人往前推。其实，不仅中国现代文学专业如此，同一时代，经济学、法学、电影、绘画、小说等，都是若干志同道合的年轻人聚集在一起，酝酿一场场日后影响深远的变革。而在他们身后，往往有若干甘当人梯的伯乐。

论文还没发表，只是交稿了，我们到朝内大街 166 号的《读书》杂志编辑部去聊天。我们说起在会议上的发言，《读书》主编董秀玉一听，说好，专业论文给《文学评论》，你们再另外跟我们谈，《读书》要介入到当代的学术思潮里面来，不仅是谈书，还应该有思想、有学问。八字没一撇，我们的文章她根本看都没看，就让我们三个人继续给他们做。我们三人略一商议，提议用“对谈”的形式做一次文体实验。以聊天的形式来谈学术话题，起初还怕被斥为“没正经”，可话没说完，董秀玉已经拍手叫好，说这正是《读书》的路子！

我告诉她，这个问题比较复杂，一下子说不清，民族主义问题、世界文学问题、艺术思维问题……她说，你告诉我要几期？要六期！于是有了1985年10月、11月、12月，1986年1月、2月、3月连续六期在《读书》上连载的《二十世纪中国文学三人谈》(以下简称《三人谈》)，引起了当时知识界相当大的轰动，读者比《文学评论》上的专业论文读者广泛多了。这组文章影响之大，出乎我们的想象，多少年后不断有人向我提及当时阅读这组文章的激动心情。

两年前还有一个从美国回来的著名科学家告诉我，当年曾跟我们讨论《三人谈》。他说的是《三人谈》发表之后北京大学博士生部专门召开的座谈会，那时全北大也就一百几十个博士生，法学的、经济学的、物理学的、化学的博士生，竟然都来讨论我们的“20世纪中国文学”。有的是讨论你的话题，有的是讨论谈问题的方法，有的是讨论思维方式的改变，从各种角度提问题，对我们启发极大。讨论这么热烈，我想可能与改革开放进行了若干年，到1985年时整体的气氛有关系。

1985年，是文化艺术界发生巨大变化的一年：寻根文学、“八五”美术新潮、第五代导演、新潮音乐……“77级”大学生三年前毕业，文学艺术这些注重才气且格外敏感的领域，已经开始做出成绩，并引起广泛关注。“文化大革命”结束以后，走向新的探索，在努力和国际接轨的对外开放，以及重新发现传统这两种思潮中，所谓前卫和寻根，现代和传统，在这一年中形成恰当的张力。

当然，这一年在改革开放的历程上也是重要的一年。此前一年的国庆节阅兵，北大学生打出了“小平您好”的横幅。1985年，他继续雄心勃勃地大力推进中国政治、社会、文化的改革，提出“贫穷不是社会主义”，开始百万大裁军，中共中央发布关于教育体制改革的决定，等等。整个国家朝气蓬勃。

《三人谈》也就在这样的气氛里引发讨论。以往读者看惯了摆着十足的架子、端着说话的专业论文和指着鼻子教训人的“大批判”，发现有几个人用聊天的形式来谈高深的学术话题，读者与思考者平等地对话，自然愿意参与进来。本来嘛，厨师谢绝参观厨房，演员也不喜欢人们在后台探头探脑，但我们却愿意把“豁然开朗”之前的“茫然无绪”，把思考之中的“歧路”“火花”“陷阱”展示给大家。因为把“现成结论”一端出来就强加于人，试图“罢黜百家，定于一尊”的事，我们自己多年来受够了那类苦头了！

写作这组文章的时候，我们真的是三个人聚在一起聊天，用录音机记录，再进行整理。三人中子平对文体最为敏感，坚持借括号中的“笑”“大笑”保留对话的节奏与氛围。老钱一激动就提高嗓门，被称作“余音绕梁三日不绝”，子平是“以柔克刚”，我则一到关键时刻就笨嘴拙舌。

但我有一项“特殊贡献”，每月一次的送稿，都是由我独立承担。既然在《读书》开了专栏，就必须准时交稿，可涉及三个人之间的核对，每次都手忙脚乱，最后时刻才完工。我现在还清楚地记得，从北大骑车到朝内大街《读书》编辑部，紧赶慢赶也要一个小时。有一回路遇多年未见的老朋友，人家想跟我多聊几句，可碍于下班时间快到，着急送稿，我只好匆匆道别。那位朋友以为我是故意推托，再也不与我联系了，事后一直追悔莫及，要是另约时间再谈就好了。

最近十多年，不断有人邀我重谈“20 世纪中国文学”，我都谢绝了。毫无疑问，这个概念的产生带有清晰的时代印记，“现代性”如何阐释、“改造国民性”怎样落实、“纯文学”是否合理、“世界文学”的可能性、左翼文学思潮的功过得失，以及“悲凉”是否为20世纪中国文学的整体特征，所有这些重要话题，当初都是一笔带过，没有得到充分的论述，也就难怪日后多有争议。

所有理论预设都只是过河的舟楫，河已经过了，舟楫是否精美，不必过分计较。在某个特定历史时刻曾发挥作用，突破了原有的思维方式，让人耳目一新，这就行了。“20世纪中国文学”这个概念学术上的创获到底有多大，不好说；倒是那种合力奋进的精神状态，很是感人。或许，这就是人们常说的20世纪80年代学术的特征：虽则粗疏，但生气淋漓。值得认真叙说的，不是我们的功绩，而是背后的大时代。

1985年，对我个人十分关键。我和夏晓虹的恋爱、婚姻，和钱理群、黄子平他们的学术合作，让我完成了身份的转变，有了未来生活的方向，也坚定了学术上的信念，从一个“外省青年”，变成“京城学者”了。那一年人们的意气风发，跟以后各种各样的杂音有很大的差别。那一年的理想主义，今天看来很值得怀念。如今改革开放40年了，再看那黄金80年代的高潮，真的是：当时只道是平常。

● 采访手记

到陈平原家中采访，夫人夏晓虹亦在门口迎接。拍照时，他也要把“夏老师”喊出来，站在一旁，说这样自己会更自然和放松些。这对自20世纪80年代至今始终在北京大学中文系求学、教书的学术伉俪，颇代表了生于20世纪50年代而在恢复高考后第一批进入大学、目前已成学界权威的这批学者的经历。又因着陈平原在公共媒介的高曝光度，二人一定程度上甚至成为公众认识今日北大中文系的符号之一。采访讲述的故事，也就发生在他们相恋结婚并展开各自学术道路的1985年。

进入“新时期”，现代文学研究很大程度上摆脱了改革开放以前过分被政治左右的局面，形成了基本的学科形态与学术品格。一系列的作家被重新评价，不仅王实味、胡风、丁玲等人的历史积案得到清理，周作人、钱锺书、张爱玲等作家的文学成就也开始受到重视。中国现代文学史上最重要的人物——鲁迅，也被“请下神坛”，褪去光环的同时也显现出以往被遮蔽的复杂性。文学从来与时代密切相关，对过往与正在发生中的文学的解读，更是思想变革中的前沿阵地。

到1985年这个“方法论年”，具体作家、作品的研究之外，一系列宏观视角的理论问题也被提出。最根本的，贯穿“现代文学”的线索究竟是什么，如何理解其整体性质？只是以往说的“反帝反封建”的文学或是“社会主义现实主义”文学的预备和发展吗？20世纪80年代“思想解放”气氛下登上舞台的一代学人自然开始不满足于过往的说法。借由重构文学史而重新思考现代中国的努力，最具代表性的成果便是陈平原、钱理群、黄子平三人于1985年提出的“20世纪中国文学”概念。这一当时让很多人“受到强烈的震动”乃至引起不少争议的新提法，几乎已成为现在的学科范式。

公众眼里，陈平原的学术史、教育史研究似乎更让人感兴趣，比如他讲的老北大的故事、现代学术如何兴起、怎样触摸历史以及晚清画报研究等。但他实际的“本行”与学术起步，是在文学史，虽然话题相对专业不易引发大规模的公共讨论，却是思想的“地基”，且生命力不衰至今。不仅“三人谈”已成经典，他于1987年完成的博士论文

《中国小说叙事模式的转变》，甚至还在出版30年后获得目前中国人文学界声誉极佳的“思勉原创奖”（第四届）。

面对此番又一次以纪念为名的报道，陈平原提醒，他和其他的受访者今天能接受采访，是因他们都是改革开放的受益者并顺利发展至今。每一次社会变革都像列车急转弯，中国在近几十年中连续地转过了好几个弯，能够到达目前的一站是幸运的，可每一次转弯都要甩出去很多人。陈平原说：“也请记得那些在路上被甩出去的人。”

韩少功

放下写作的那些年

口述 | **韩少功** 采访、整理 | **孙若茜**

韩少功说，文章不是写出来的，而是活出来的。“写法”其实是一个“活法”的问题。

我 1988 年初去了海南，结束专业作家的身份。那以后，有相当一段时间我很少写作，但有关经历对后来的写作可能不无影响。当时交通十分紧张。我选择大年初一动身，是火车上乘客最少的日子。全家三口带上了行李和来自海南的商调函。原单位曾挽留我，一位省委宣传部副部长后来专程追过海峡。我让他看我家的行李，说我家房子转让了，家具也卖了，还回得去吗？他看到这种情况，只好叹了口气，放我一马。

海南当时处于建省前夕，即将成为中国最大的市场经济先行区。这让我们这些满脑子市场经济的人兴奋不已。当时的拟任省长还公开宣布，全面放开民营出版，给人更多的想象。我就是冲着这种想象去的。

不过，市场经济这东西是有牙齿的，可以六亲不认的，远不是大都市那些知识沙龙里的高谈阔论，不是我们这种小文青的诗和远方。一到海南，我就发现那里的“单位”已变味，与内地很不一样，既不管住房，也不发煤气罐，让你办刊物什么的，就一个光溜溜的执照，一分钱也没有，连工资都得靠你们去“自我滚动”。几乎不到一个月，我就发现自家的全部积蓄，5000 元存款哗啦啦消失了一大半。用自己的积蓄给自己发工资，摸摸脑袋，定了个每月两百，感觉也很怪。

起步时，我们只能给发行商打工。根据谈下来的合同，我们每编一期杂志，只得到 2 万元，开支稿费、工资、房租后就所剩无几。因为人家有资本，有市场经验和营销网络，我们就只能接受这种傍大款的身份。到后来，大款也傍不成了，因为人家要干预编辑，就像后来某些投资商干预拍电影一样，直接要你下哪个角色，加哪个角色，张艺谋也顶不住。我们不干，但谈来谈去，总是谈不拢，我和同事只好收拾满桌的稿件，塞进挎包，扬长而去。那天我们携带着一包稿子茫然地走在大街上，吃几碗汤面充饥，还真不知道自己该如何活下去，是否得灰溜溜地滚回老单位乞求收留。

这大概就是全国最早的一批“文化产业”试水。既不能走“拳头加枕头”的低俗路线，又要破除旧式“大锅饭”和“铁饭碗”。没有市场在等你。市场差不多只是有待创造的未知。为了活下去，我们这些书生只能放下架子，向商人学习，向工人、农民、官员等一切行动者学习。为了自办发行，我们派人去书商那里跟班瞟学，甚至到火车站货场，找到那些待运的书刊货包，一五一十地抄录人家的收货地址，好建立自己的客户关系。编辑们还曾被派到街上，一人守一个书摊，掐着手表计数，看哪些书刊卖得快，看顾客的目光停留在什么地方最多，看一本杂志在众多书刊密集排列时“能见区块”在哪里……这些细节都透出了市场的心跳和呼吸。

正是通过这种学习，我们后来才逐步脱困，一本严肃的综合类文化杂志，终于扛住了“拳头加枕头”的潮流，最好时能发行 120 万册。这个数字说给外国同行听，总要吓得他们两眼圆瞪。受制于当时落后的印刷技术，我们每期杂志甚至要找三个大印刷厂同时开印，才能满足市场需要。那时钞票最大面额是 10 元，当有些客户用蛇皮袋提着现钞来订货，杂志社所有人都得停下手头工作，一起来数钞票。

一位出纳员去海口市某区税务分局交税，回头高兴地给我打电话，说税务局说从未听过这种税，账上没这个科目，要她把钱拿回来。我在电话里一时同她说不清楚，就说你理解要执行，不理解也要执行，哭着喊着也要把税交进去再说。那一次我们交了 20 多万元。

我们办的一张周报，也成了赢利大户。一个函授学院，本来也是想赢利的，最后被活活地做成了公益事业。学院按 30% 的大比例奖励优秀学员，几乎是只要认真做了作业的，就获得奖学金 1000 元，登上《中国青年报》的表扬公告——而他们交的学费只有两百。

有些压力和摩擦则来自政府部门那一头。还有一次，在另一个城市，某税务局要我们的周报交税七八万，把我们的财务人员也唬住了。我几乎一夜没睡，一条条仔细研究税法，最后据理力争，硬是把重复交的税给抠了回来。

不交税就有内伤，就有隐患，路子走不长。事实上，穷日子不好过，富日子更不好过，一个成功的团队总是免不了外部压力剧增，须应对剽窃、举报、敲诈、圈套、稽查、恐吓信等十面埋伏，而且几乎必有内部的涣散和腐败冲动。按大特区当时的体制和风气，我们是事业单位企业化管理，从无任何国家投入，因此收益就给人某种模糊的想象空间。有一天夜里，几个头头在一个大学的操场开会到深夜两点。无非是有人提出改制，其实就是后来经济学家说的 MBO，即管理层收购，私有化路径的一种——只是我们当时没有这些词。我表示反对，理由是：第一，这违反了我们最初制定的全员“公约”，突然分出三六九等，很像领导下手摘桃子；第二，这不反映利润产生的实际情况，因为我们并非资本密集型企业，现在也不缺钱，由管理层出资控股，实属多此一举，不过是掩盖靠智能和劳动出效益的过程真相。如果连“出资”这种合法化的假动作也没有，那就更不像话。争到最后，双方有点僵，对方不愿看到我辞职退出，就算了。

有些人的心结当然没解开。在海南以及全国当时那种“转型”热潮中，他们肯定觉得自己更代表市场和资本的逻辑，更代表改革的方向。自那以后，团队内部的浪费、懈怠、团团伙伙、过分享乐等现象日增，其实根子就在这里，在于 MBO 受阻。到最后，我查过资料，瑞典式的“社会主义”收入高低差距大约是 7∶1，而我们的差距接近 3∶1，包括住房、医疗、保险、住宅电话等福利，都是按需分配结合按劳分配来处理。这在当时的市场化潮流中确实显得另类。由我设计的一种“劳动股份制”，有点像我当知青时在乡下见过的工分制，还有历史上晋商在“银股”制之外的“身股”制，既讲股权这种资本主义的元素，也讲劳动这种社会主义的元素，有点不伦不类，却也大体管用。凡是同我们接触过的人，那些做印刷、运输、批发零售什么的，都曾以为我们这一群人是个体户，说没见过哪个公家单位的人会这样卖命干。

这有什么不好呢？在我看来，这至少比 MBO 管用，也更讲得通。有意思的是，多少年后我在美国见到一位经济学家，他对这个“劳动股份制”特别感兴趣，一再要求我把相关资料复印给他，好像要做什么研究。

我很抱歉，这个不伦不类的制度伤了某些同事和朋友的心。根据内部公约，作为一把手，我在每个议题上顶多只有两次否决权。但就靠这一条，也靠一些同道者支持，我多少阻止了一些短视的民主，比方说 MBO，比方说吃光分光的主张——那意味着着眼于长远的设备投资不能搞，社会公益事业更不能做，国家税收能偷就偷，如此等等。我这样说，并不妨碍我肯定民主的各种正面功能，比如遏制腐败、集思广益、大家参与感强等。在这一方面，民主其实是越多越好。90 年代后期，海南的法规空间逐渐收紧和明晰，我参与省作协、省文联的管理，与此前的企业化管理相比，单位的性质已经变化，“劳动股份制”是用不上了，但定期民主测评一类老办法还可延续，且效果不错。包括我自己，因为有一段时间恢复写作，好像是写《马桥词典》那阵，去单位上班少些，出“勤”的得分就唰唰地往下掉。群众的眼光很尖，下手够狠，一心要修理我，根本不管我委不委屈。

这些故事大多没有进入过我的写作，但我后来在一篇文章里写到“真理一分钟不与利益结合，民众就可能一哄而散”。这句话后面是有故事的。我在《革命后记》中写到“乌托邦的有效期”这一章，写到纯粹靠情怀支撑的群体运动，包括巴黎公社那种绝对平均主义的理想化模式，其有效期大概只能在“半年左右”。这句话后面也是有故事的。90 年代晚期，我参与《天涯》杂志的编辑，收到温铁军先生的一篇长稿，标题大约是《现代化札记》。同作者沟通以后，我建议标题改为《中国的和人民的现代化》。突出和强调“人民的”，这后面同样是有故事的，有无限感慨的。

还有很多隐秘故事，会不会进入我以后的写作，我不知道。其实，它们是否早已潜入了一些小说与散文，我自己也并不大清楚。

● 采访手记

韩少功没有选择直接来谈他的写作，而是讲述了海南建省那年，他“下海”营建“精神之岛”，在岛上办刊的经历。他说，文章不是写出来，而是活出来的。你是一个什么样的人自然会写出什么样的文章，“写法”其实是一个“活法”的问题。所以，对一个作家而言，比表达观念更重要的，是他的生活方式和生活态度。

那段时间，被韩少功称为“放下写作的那些年”。一个作家，从书斋一猛子扎进市场经济的汪洋之中多有不易，也实属罕见。且“放下写作”时，他作为“寻根文学”的代表，正处在“寻根”之潮的浪尖上。

当时，国门初开，人人对现代化心向往之，几乎把它和“西化”画了等号。文学领域，大量外国文学作品正被引进国内，包括专职作家在内的读者如饥似渴地阅读、吸收、讨论，也有写作上的模仿。正是在这样的情境下，1985 年 1 月，韩少功在《作家》杂志发表了文章《文学的根》，文中写道：“文学有‘根’，文学之‘根’应该深植于民族文化传统的土壤里，根不深，则叶难茂。故湖南作家有一个如何‘寻根’的问题。”所谓“寻根”，他的解释是力图寻找一种东方文化的思维和审美优势。

他思考外国作家与其自身民族传统之间的内在关联，对于“从人家的规范中来寻找自己的规范，模仿翻译作品来建立中国的‘外国文学流派’”提出了质疑。他还观察到，在国内作家中，一些人当时的写作已经开始重新审视脚下的国土，比如贾平凹的“商州系列”就带有浓郁的秦汉文化色彩，李杭育的“葛川江系列”与吴越文化气韵相通，乌热尔图的写作联结了鄂温克族文化源流的过去和未来。他们都在寻根，并且似乎都已经找到了自己的文化根基和依托。只不过，当时并没有“寻根文学”的提法。

《文学的根》在当时引起了很大的轰动，并直接导致了“寻根派”的命名，“寻根文学”也成为当时“文学革命”的主要声音。韩少功之于“寻根”问题的写作实践，是他在 1985 年发表于《人民文学》上的小说《爸爸爸》，其被看作“寻根派”的代表之作。同年，他还在《上海文学》发表了《蓝盖子》和《归去来》两篇小说。朱伟在《重读八十年代》一书中写道：“我是回头梳理，才意识到韩少功这三篇小说构成了 1985 的文学转折。”

能得到强烈呼应，就必定会招致诸多误解。当时，有声音认为“寻根”无非是寻故纸堆的守旧主义。如今说起来，韩少功不以为然。“寻根”是保守的文化排外？《文学的根》发表时，他正在武汉大学英文系进修，埋头翻译当时极为敏感的捷克作家米兰·昆德拉的小说《生命中不能承受之轻》。1986 年，这本书通过作家出版社以“内部发行”的方式推出时，对文学界产生了很大的影响。

那时，很多人以为韩少功不久将再次埋首于“寻根”的写作，且会有所突破。结果，他一转身，毅然决然地去了海南，奔向了市场经济，作为全国最早的一批“文化产业”试水，进入了社会生产中的摸爬滚打。所谓知行合一，他说，不扎一个猛子下去，你怎么知道身边发生了哪些变化？“寻根”不是往后看，认识传统的前提是知道现在，在比较之间，认识才能深入。1995 年，他才再次发表长篇小说，也是他迄今为止最重要的作品《马桥词典》。可以说，是花费了很长时间的一份有关“寻根”的答卷。

到了 20 世纪 90 年代末，如他在上文中所说，由于所在单位从企业化管理变成了行政化机关管理，工作使他感觉自己进入了一种上不着天下不着地的悬空状态。对一个作家而言，这种消耗显然是危险的。于是，他又下了个狠心，1999 年回湖南老家盖房，2000 年正式阶段性居住于偏僻乡村。他说，市场经济最前沿和最后端的东西都得看看，作家在实践中检验书里的东西，才能发现新的可能性。在我理解，这始终还是在“寻根”，而且对于那些把“寻根”视为“回避现实”的书斋误解来说，不失为一种无声的回答。

迟子建

当你与世界的痛苦感同身受

口述 | **迟子建**　采访、整理 | **孙若茜**

迟子建说，当一个作家和世界的痛能够感同身受的时候，可能就会真正触及文学的一些本质的东西了。

从 20 世纪 80 年代至今，我写了 30 多年了。如果一定要在我的写作里找一道分水岭，那就是 2002 年，尽管我多么不愿提及。我爱人因车祸离世对我的迎头痛击，毁掉了我的俗世幸福，却对我的文学成长，起到了一种催生作用。

2003 年和 2004 年，对于我的写作是非常重要的两年。《世界上所有的夜晚》《额尔古纳河右岸》，还有短篇《一匹马两个人》等，都写于这个时期。长篇、中篇、短篇都有，从作品的数量上来讲是够大的，从质量来讲，不管我未来是否会写出更加令自己满意的作品，我必须承认这些作品的气质，在我个人的创作史中，是不会被自己忽视和遗忘的。这些作品里，有一个人和世界的关系，有一个人对待死亡的态度，有一个作家应该懂得的生命的重量该是什么。

我的出生地，包括我现在常回去的地方，至今仍然是中国的边疆，经济欠发达，但自然无比壮阔。命运让我出生在这样一个地方，一个四季如此分明，能够感受漫长冬天的地方，使我从小就会有一种特别感伤的东西。

生命作为生命体单纯存在的时候，总会渴望美好的、恬静的事物。可是在那里，我感受到的却恰恰相反，很早就看到永别，有大自然中生命的永别，也有人的永别。小时候我去山上拉烧柴，采野果采蘑菇，在跟大自然的生机相逢的时候，看到的死亡也比比皆是。花落了，草枯了，蝴蝶死了，再寻常不过。有时还会看到鸟儿残缺的翅膀，它可能被天敌吃掉了，但它的羽毛还在林地，跟着秋叶在风中瑟瑟发抖。有时猎人在森林里设圈套，结果自己都忘了，被捕猎的动物就死在了套里，被老鹰等食腐动物吃掉，剩下干枯的头颅和肮脏腐烂的皮毛。我至今都能想起那样的画面，那种无言的苍凉。在诗情画意的地方，你也随时有可能和死亡相逢。也许你正站在一片野花丛中，但看到聚堆的绿豆蝇发出强烈的嗡嗡声，便明白它们身下可能就是一只死狍子或者死兔子。

慢慢地，你会用渐长的生命了解到，大自然的永别，那冬天时看上去完全死寂的大地，第二年还会有生机。可是人呢？为什么去了另一世界就不再苏醒了呢？你从少年时代，就会朦朦胧胧追问人的去处。而我耳闻的神话故事，似乎告诉了我们人死后所去的地方，但这又难以说服人，那么人之死是什么？是生命的终结还是诞生？从最初的作品到现在，我始终在探讨。它不是哲学意义上对死的解析，也不是宗教对灵魂归属的指向，不是对死亡的一种温情的消解，而是一个作家在童年就开始感知死亡，发现死亡与炊烟一样生生不息后，从生中望见死，也从死里看到生。

我过去住的小镇大概 100 户人家，那时多子多女，三代同堂的也多，差不多就有近千人，几乎每一户人家彼此都认识。死亡的事件经常发生，一年四季，你会眼见这个人家支起灵棚哭丧了，那个人家的棺材又被老人用上了。一些突然暴病离世的人，会仓促打棺材，小镇回荡着木匠打棺材的声音，而没成年的孩子夭折，连棺材都不会有，就在山上找个地方埋掉了。

我看到的这些死亡及后来父亲在盛年去世，都让人格外悲痛。可是直到 2002 年，我生命里最重要的人突然离去，才让我觉得死亡一直潜在地跟随，在用各种方式提醒着我它的存在，让我不得不真正地去思考和面对，人是什么，死亡是怎么到来的，人在一生当中究竟该做什么，甚至于写作，哪些东西是你真正应该写的，哪些东西本来是轻的被你写重了，哪些东西本该是重的被你无意化解了。那个瞬间，一个世界在我的文学天地里重新洗牌了。

我爱人是那一年 5 月去世的，5 月底料理完丧事，我从大兴安岭回到哈尔滨，眼里是没有春天的。当一个人陷在悲伤、孤独、绝望中的时候，过的就是冬天。我那时候不出门，甚至连书也不想看。我觉得特别委屈，因为我是一个特别循规蹈矩的女人，一个如此热爱生活又喜欢家庭的人，还没给爱人做够饭呢，还没听够他对我做的饭的赞美呢，上帝为什么这样对待我？

直到 6 月份，黑龙江发生了一起很大的矿难，死了 100 多人，我开始关注这个事件。当我看到电视画面中遇难者家属那种无泪的绝望的眼神，真是痛心。那种眼神很难描绘，像冬天苍茫的天空，聚集了很沉很沉的浓云，却没有一道闪电，能让浓云得到释放沉闷。

遇难的那100多人都是男人，会有多少人一夜之间变成寡妇？她们面临着矿难赔偿的官司，一轮一轮的谈判，得有多揪心？之后要面对多少生计的问题？老人孩子怎么办？未来的生活怎么办？我那时正在写《越过云层的晴朗》，一个知识分子至少还可以用一支笔寄托哀思，而她们呢？我突然觉得我的痛苦和这些人相比要轻得多。

我很自然地开始向自己发问。为什么一定要夸大自己的痛苦？为什么觉得命运对自己不公？在死亡面前没有一个人有豁免权，为什么他不可能是你的挚爱亲人？为什么当死亡降临到别人身上的时候，不会问询不公？一个人，尤其一个作家，不要觉得自己是上帝的宠儿，生来就是吃蛋糕的。不，作家不是，作家可能生来就要去学会承受自身以及社会的种种苦难，并把它跟你的笔联系在一起，去探讨生之意义，以及如何摆脱、净化对死亡的恐惧感。我觉得，当一个作家和世界的痛能够感同身受的时候，可能就会真正触及文学的一些本质的东西了。

2002年之前，我去过那样的煤矿，那时候叫深入生活采访。记忆当中有一座煤矿，所在地的城市里都不能穿白衬衫，他们打的伞永远都是黑伞。我觉得那就是一个充满了丧葬气息的地方，很自然地就把它拉入《世界上所有的夜晚》里，而小说中的煤矿叫乌塘。那时候，超过10人的矿难，如果上报，无论是矿主还是各级领导都会受到相应的处分。于是，就有了种种隐藏矿难的罪恶，包括隐匿尸体。所以我当时虚构了一笔，一个人把矿难尸体藏在冰柜里。过去我也写死亡，但可能写得不是那么水乳交融，而这时候的死亡变得跟我休戚相关，写时能与心灵共振。

除了《世界上所有的夜晚》《额尔古纳河右岸》之外，我的其他一些作品也探讨了死亡，它们中有的是以一种更文学的方式在介入死亡。比如《群山之巅》，写的是一个经历过战争，没有当过逃兵却被人说成是逃兵的人。他遭人唾弃地活着，成为一个小镇的笑料，直到生命最后结束，火化他时发现骨灰中残留的弹片，他仿佛复活了。而他活着的时候，与死是一样的，没人在意他的存在，他以生的面目死着。

再比如我的新作《候鸟的勇敢》，里面也涉及死亡。这种死亡回到了我们刚刚谈到的，在山林的美好当中经常看到的那种动物的死亡。一对东方白鹳，其中一只因为被树枝上人为的超强力粘鸟胶粘住，腿折掉了。它被救助后没能及时地在该迁徙的时段飞走，另一只白鹳对它放心不下，回来搭救，两只鸟在共同迁徙的途中，最终遭遇暴风雪双双陨灭。它们的死亡暴露的是整个社会的腐烂和人心不古。

从一个人的痛看到众生的痛以后，你的世界、文学的天窗一下子就开得很大很大，那些在生命的过往里，被忽略过的很多东西，它们的色彩、厚度、质地一下子就不一样了。我开始很自然地愿意触摸这些痛，也有意识地往文学更深处开掘。当然，前提是我坚持了一些东西。

改革开放这40年，文学的思潮实在太多了。20世纪80年代，我在鲁迅文学院学习的时候，就有伤痕文学、寻根文学、先锋文学、新写实小说等，我所在的作家班当时有很多现在大名鼎鼎的人物，像莫言、余华、刘震云，还有那时很有名的徐星、洪峰，每个人的写作都不一样。那时候也有一波波的阅读热潮，比如一个时期大家都去读米兰·昆德拉，另一个时期都在读纳博科夫，再一个时期都读马尔克斯，接下来劳伦斯的东西又风靡了。这些我也都会去看，有些东西喜欢，但真正影响我的不是思潮当中的这些作家。

1990 年我回到黑龙江以后，脱离了喧闹的环境，所有的声音都好像静止了。我开始选择重读一些经典作家，像托尔斯泰、雨果。近些年，一些小语种作家的作品，像捷克作家博胡米尔·赫拉巴尔的《过于喧嚣的孤独》、南斯拉夫作家伊沃·安德里奇的《德里纳河的桥》、匈牙利作家马洛伊·山多尔的《一个市民的自白》等让我获得了更多营养，这些作家的作品不仅独特，而且和他们的民族历史血脉相连。

我的写作不属于任何思潮，不属于任何主义。山川河流、普罗大众、神仙鬼怪、炊烟云朵，都在我的文学版图里，它们是我文学边疆的徽标，孤独孤绝，难以入流。任何思潮的宠儿，在获得侧目和关注的同时，也难免沾染泡沫。所以判断今天的文学哪些是金子，应该是半个世纪后的事情。我觉得一个作家如果做了思潮的俘虏，写作的船就会触礁。而我的这条船在我文学版图的山河间划行了 30 年，还没有被潮头淹没，也没有因小磕小碰而伤筋动骨，依然能够在一颗越来越沧桑的心的驱动下，不惧寒流和黑夜地航行，这是最让我庆幸的。

● 采访手记

在迟子建接受采访的前一周，大兴安岭的气温就到零下了，有的地方已经下起了雪。这让我想起她 1986 年发表的第一部中篇小说《北极村童话》里，7 岁的小主人公灯子热切地盼望着吃到菜园里的甜瓜，可是没等到瓜变甜，9 月份，秋霜就来了。

迟子建的故乡就在北极村，冬天漫长，每年有半年的时间都在飘雪，春天却一闪即逝，最多也就半个多月。她说，大自然就像是会用一条看不见的皮鞭抽打你，刚想撒欢儿，不知怎地就成了被它役使的对象。在这儿生长的人，骨子里都有一种苍凉感。

迟子建就把这种苍凉写在了纸上。自从弥漫着伤怀之气的《北极村童话》发表后，她的写作基调就定了下来。30 多年来，她发表了 600 多万字，笔下的人、命运和自然，始终都附在这样的底色上。她的文学版图和黑龙江的地理版图是叠加在一起的，小说中那些生活在东北的人们，总是隐忍倔强，在逆境中也依然抱有对生活的热爱，就像是因为经历漫长的风雪，所以更怀有对温暖的渴望。

2005 年时，苏童写她："大约没有一个作家会像迟子建一样，历经 20 多年的创作而容颜不改，始终保持着一种均匀的创作节奏，一种稳定的美学追求，一种晶莹明亮的文字品格。"转眼过了十几年，这段文字竟依然贴切。用她自己的话说，一个很执拗的人在写作上也会特别专一。

迟子建刚刚开始写作并在文坛崭露头角时，正是 20 世纪 80 年代中各种各样的文学潮流、派别欢跃涌动的时期，在她四周包围着的是寻根派、先锋派、伤痕文学、新写实主义等潮流，但她始终没有被归入其中，用她自己的话说，是没有成为思潮的俘虏。潮流是否可以成为持久丰盈的大河？只有时间可以检验。

无奈即便如此，迟子建还是始终无法摆脱被标签化："女性作家。"其实，所有的思潮、派别、标签与写作者的创作本身都并无关联，不过是便于评论者的归纳。如她所说："艺术标签是可笑的小鞋，好作家会摆脱这样的束缚，自由自在地行走。女作家的标签也一样，别人怎么命名和定义你不重要（虽然我也强调女性的自然属性比较适合从事艺术），重要的是你自己不戴任何人赠予你的沉重的帽子（哪怕它镶嵌了珠玉宝石），不穿这样的小鞋，在艺术上你才会获得长生。”

这次采访，迟子建是通过对死亡的探讨进入其写作脉络的，这是她作品中的一个重要命题，也是文学的一个基本命题。这种“死亡情结”来源于她自幼所经历、观察的生生死死，之于生命的思考，既是个人的，也是普世的。我记得她说起过自己在美国爱荷华国际写作中心时曾遇到一个奥地利作家，他说自己开始创作的时候写爱情诗，因为女性喜欢爱情诗，等后来真正有了女人，他就写死亡了。迟子建笑言：“看来离坟墓最近的事物是爱情。”

陆建德

中国学者的“优先权”

口述 | **陆建德** 采访、整理 | **孙若茜**

在陆建德看来，真正好的批评都是从细节入手的。

20 世纪 90 年代初，学界有过一场关于“人文精神”的讨论，最开始的时候只是几位上海学者座谈的形式，发言被整理成文字在杂志上发表，专门谈人文精神的失落。到了 1993 年、1994 年，整个读书界都被这个话题吸引了，参加讨论的人数之多让人惊讶，其中很多是学界非常优秀的人物。我很不习惯标语口号式的讨论，因为实际意义不大。当时看到“人文精神”变成行话，心里好不以为然，但是我没去《读书》发声，担心我用嘲笑的口吻来说这么一个崇高的话题，好像不大礼貌。

只有个别人公开提出了批评意见，其中，王蒙的观点特别锐利。他说，你现在说什么精神失落了，就好像以前我们是有的。史学家朱维铮还发问：究竟什么是人文？什么是精神？这两个词搭配起来是什么意思？我觉得这两位前辈学者批评、质疑的声音属于少数，更多的人还是接受了“人文精神”这个标语口号。

热潮过去两三年后，我写了一篇文章《“人文精神”？——批评的贫困》。我毫不客气地说，“人文精神”这种概念亮晃晃的，实际上指涉不明，是水面上的油污，还不如去掉。我不想与呼唤“人文精神”的朋友发生正面冲撞，把它发表在了一个不太有名的以书代刊的杂志上，后来收到了文集《破碎思想体系的残编》里。

这个话题留下来的思考其实是特别多的。在我国，人们容易被所谓的热门话题牵扯，这是不是说明我们缺少鉴别力，还欠成熟？我在英国读英国文学，感受特别深的是，比较空泛的言论在英国不会有市场。为什么呢？报刊往往对具体问题展开充分透彻的讨论，普通的读者群体就养成了一种很好的鉴别力和感受力，脱空的、极端的言论没有人听，有关宏大问题的讨论自然而然也会被敬而远之。一个国家拥有一大批成熟的读者，他们通过各种方式在公共领域就具体问题表达自己的意见，这真是太重要了，是公共社会得以形成的先决条件。

我在想，呼唤“人文精神”是不是当时的市场化引起的焦虑？任何社会都有悖论，我们的社会尤其如此。那些年，过去地位较高的人文学科随着市场化进程的一步步加深，变得有些边缘化了，而经济、管理、MBA 变得吃香。于是人文学科的学者好像有点失落和焦虑。文化界、出版界、学界出现的一些情况（比如知识分子“下海”、出版社追求经济利益、学生报考不积极等）让他们感觉不太舒服，但又无法很明确地说出来那是什么，于是指认“人文精神”的失落来为之负责。

也有学者提出“拒绝投降”这样的口号，我是完全理解的，有骨气当然是好的，不过也要防止扮演英雄角色。我比较喜欢钱锺书那种看世界有点幽默的态度，人要对自己开玩笑，不能太把自己当回事。他特别看重的是人和人交往中非常细小的东西，能默会于心就好。

艺术家、小说家要对细小的东西非常敏感，创作出来的作品才会细腻感人。从事批评的人也是这样。细枝末节能够起到最有效的人和人之间的沟通，一个社会存在着相对比较共同的细腻感觉的话，它就会有一个相对坚实的基础。也因此，对宏大问题的讨论一定要警觉。

1996年是蛮有趣的一个年份，“人文精神”的讨论告一段落，有一本书出版——《人文精神寻思录》。寻思，就不免有点很沉重的样子。那一年，我在三联书店出了第一本书《麻雀啁啾》。董秀玉先生当时好心打电话问我，要不要换个书名，好像不太符合我们传统的审美。我以为麻雀这小鸟长得不漂亮，还唧唧喳喳让人有点心烦，它们胸无大志，没有想到去救世界，但是有什么不好呢？我国很多传统文人喜欢把自己比为鹏鸟，自励的同时也在自美，他们往往不愿意做社会普通成员该做的事。我们总喜欢说鸿鹄之志，为什么北大校长要鼓励大学生做鸿鹄？激发年轻人的兴趣和爱好，不是更重要吗？我特别想为燕雀平反，我觉得一个社会中很多人乐于做燕雀，这个社会才会比较平安。

我是1991年初正式到社科院外国文学研究所英美文学室上班的，那时候我对同事说了一句中国语境下的怪话：我不是知识分子。近日黄梅告诉我，她还记得此事。这句话其实有一个蛮复杂的英国背景，“知识分子”这个词背后暗含着从抽象的理念出发看事情，有一点不切实际的、一种比较左派的生活态度，比较喜欢思辨，比较把自己当回事。不过人总是会变的，我还是很欣赏萨义德的《论知识分子》。

我可能会受到经验主义的影响，比较看重亚里士多德所推崇的“实践的智慧”这个词，中文翻译过来叫“明智”，它不是建立在一个理论的前提下，而是在无数细小的具体事例上积累而成的。这种智慧不是抽象的思辨，而是来自无数阅读和待人接物的经验。20世纪90年代中期，我在《读书》上发表了一篇相关的文章。这跟我不太喜欢“人文精神”的讨论也是有关系的。有时候，理念会引领我们，但我更希望看到具体的、切实的文字，它们的含义如此生动、丰富，无法归结为一个理念。我理论思辨的能力也差一些，喜欢从细节上做文章，尽管做得不如人意。我相信，真正好的批评都是从细节入手的，理论大师的论著也是这样，福柯、德里达莫不如此。大的话题，不宜莽撞进入，不然往往是不知所云的。

近年来我对现代文学和近代史比较关注，最近在写一篇文章，讲鲁迅的“敌”意识和论辩的风格，一旦你有“敌”意识，就会将对方尽情嘲笑、挖苦，如果有权有势，还可以压制对方。不会再重视怎样论辩，用鲁迅先生的话来说就是“迎头一击”，但这有时是有些过的。

我也很佩服严复、章士钊，包括商务印书馆的杜亚泉，他们写文章重说理，讲逻辑。但是他们的论辩风格后来慢慢在我们的文学史和思想史上边缘化了。一种简单的敌我意识主宰了论辩的程序：我是对的，你是错的；我是正方，你是反方。一种二元对立的态度，黑白分明。人是要有一点是非的，但是黑白太分明了，而且总认为自己是正确的一方，时间长了以后会损害思维和论说能力。

金克木先生曾经说，思维不能局限于一条直线，应该想到一个平面上可以有很多完全是跟你不一样的直线。也就是说，不同于你的观点也可能言之成理。要有一种多元的文化思考习惯，这真是说来容易做起来难。我以为不能满足于单一的文化传统。不久前我们过了教师节，但是不能迷信老师。我觉得马克思就是一个最好的例子，他不信什么师道尊严，不断地向老师挑战。他继承的是苏格拉底的传统，一个问题追问到底。如果拿苏格拉底跟孔子比较，我会毫不含糊地说，我敬重孔子，但是更喜欢苏格拉底。

● 采访手记

我是在整理采访录音时才发现，陆建德是如何在回顾20世纪90年代的一场学界大讨论时，真诚且不厌其烦地表达了他始终对于微小、具体、细节、默会于心等的热爱，以及对于宏大、空泛的不以为然。他说，真正好的批评也都是从细节入手的。

1982年，他从复旦大学外文系毕业后，留学剑桥，主修英国文学。1990年拿到博士学位回国，转年年初进入了中国社科院外国文学研究所英美室，开始在中国研究外国文学。有趣的是，30年后退休时，他正在社科院的文学所研究中国近代文学。

20世纪80年代，大量的西方思想理论通过译介纷至沓来，在学界一番努力地吸收之后，到了90年代，国内的外国文学研究才真正开始尝试建立自己的思想体系。当时所面临的问题是，研究立场如何确立？在中国研究外国文学，若再单纯以西方的理论研究西方，有没有意义？

陆建德那时刚从剑桥归来，对西方文学及理论的熟悉是少有人能及的，而他所做的文学研究，始终以对国内问题的思考和关注作为入口和核心。他说，作为一个中国学者，即便身在国外，身处的环境也跟外国人不一样，面对一些问题时会觉得特别迫切，它们好像是在暗中叫着：“我有优先权，我有优先权！”于是那些话题就吸引了他的注意。同时，他认为，一个民族需要有比较的眼光才能认识自己。

2010年，陆建德被调到社科院文学研究所，主要研究方向由外国文学转向了中国近代文学，英国文学为他提供的比较视角依然适用。实际上，在过去专职于外国文学研究时，他就已经开始关注中国近代的思想成就。这一则出自个人的喜恶，二则也是社科院外文所的氛围和传统——素来与中国文学关系紧密，冯至、卞之琳、杨绛、李健吾、罗念生等都曾是外文所的成员，他们不仅都直接参与了中国现代文学的进程，还对文学界产生了很大影响。

陆建德出版著作多是批评、论文的合集，而非就一个问题的专著，可见对宏大理论体系的建构始终反感。他重实践批评，写文章时不喜学院派术语，谈话时就更是如此，是相信一个地方的文化传统远比抽象的理念更能为人类群体提供精神的立足点。